BIBLIOTHÈQUE HISPANO-AMÉRICAINE

L'ÉTOILE ROUGE ET LE POÈTE

DU MÊME AUTEUR

Romans

La Bonne Pauline, Mercure de France, 1980
Mon arbre, mon amant, Mercure de France, 1982
L'Arbre de la gitane, Gallimard, 1991
Femme couleur tango, Grasset, 1998
Anita, Grasset, 2005

Biographies

Maradona c'est moi, La Découverte, 1992
Eva Perón, la madone des sans-chemise, Grasset, 1997
Dora Maar, prisonnière du regard, Grasset, 2003
Camarade Carlos : un agent du Komintern en Amérique latine, La Découverte, 2008

Alicia DUJOVNE-ORTIZ

L'ÉTOILE ROUGE ET LE POÈTE

Traduit de l'espagnol (Argentine)
par Claude de Frayssinet

Éditions Métailié
5, rue de Savoie, 75006 Paris
www.editions-metailie.com
2009

Titre original : *La muñeca rusa*
1e publication : Alfaguara, Buenos Aires, 2009

ISBN : 978-2-86424-689-3
ISSN : 0291-0154

“*Dans le secret de moi-même à moi-même secret.*”

Dora Maar

Dans la mesure où la réalité se trouve à notre portée, les faits ici relatés sont réels, ainsi que les personnages (mis à part certains gestes et certaines attitudes d'ordre imaginaire, pour lesquels je présente mes excuses à qui de droit). Un seul personnage, Oleg, a été créé pour répondre à une question clé : qui a bien pu avoir une telle idée ?

Trois messieurs uruguayens fort respectables discutent sur une place de Montevideo. Le premier qui vient de flairer subtilement la réalité a un nez d'une extrême finesse, le deuxième arrondit les lèvres en s'efforçant de faire ressortir le *f* d'un prénom – qui se coince parfois –, tout en imprimant à ses paroles, en bon francophile, les sons aigus requis pour énoncer un raisonnement logique, et le troisième, qui a les yeux bleus, sourit comme s'il avait passé sa vie entière pieds nus sur une plage. Ce sont trois messieurs d'un certain âge, bien habillés, bien nourris, fort instruits, aimables, et maintenant perplexes. Nous sommes en 1994. Ils discutent depuis des heures et ils savent pertinemment qu'ils continueront de le faire jusqu'à la fin.

Ils viennent d'apprendre la nouvelle qui brise leur vie. Si l'éclair de la révélation ne les blesse pas au plus profond, c'est qu'ils ne sont pas les protagonistes de l'histoire, mais les témoins. Leur condition de témoin accentue peut-être leur malaise et leur responsabilité. S'ils étaient les protagonistes, ils souffriraient; étant dépositaires d'une chose inimaginable, ils doivent réfléchir attentivement.

Ils ont été les acteurs choisis pour un spectacle monté loin de chez eux. L'amie espagnole n'était pas celle qu'ils croyaient. Ils s'étaient déjà perdus en conjectures après qu'elle eut disparu sans laisser de traces, quelques années auparavant. L'un d'eux avait même essayé de suivre ses pas, sans succès, évidemment. Rien ne peut être comparé à cette nouvelle qui leur explose à la figure. Il serait presque plus simple de se sentir trahis, mais ils ne le peuvent pas. Si on insistait, ils confesseraient que, dans le fond, la plaisanterie dont ils ont été les victimes les amuse. Cette nouvelle ne diminue pas leur affection, ni – l'homme au nez subtil tient à le souligner – leur franche admiration.

Les trois hommes sont d'accord sur un point : un travail de réflexion sans fin les attend. Dorénavant, leur tâche consistera à reconstruire l'histoire avec les éléments dont ils disposent, qui sont peu nombreux. Et à répondre à cette question qui leur fait mal : ils savent bien que l'amour était un masque, mais l'amitié qu'elle leur a prodiguée abritait-elle quelque sincérité ?

AFRICA RÉPÈTE À MOSCOU

Elle se regardait dans le miroir, souriant à son teint olivâtre, à ses yeux bruns, à son profil aplati comme un museau de vache, à sa tête encadrée par des rouleaux de cheveux noirs un peu rêches, à son double menton en gestation. Elle articulait lentement pour imprimer le texte dans sa tête. Elle récitait. Elle parlait pour le miroir et pour un interlocuteur imaginaire, pour lequel elle se déhanchait de temps en temps en altérant sa voix, comme si son intention de le séduire s'accompagnait d'une certaine obliquité.

C'était un discours de présentation. Sitôt ce dernier prononcé pour de vrai, devant son véritable destinataire, elle changerait de vie, de travail, de pays. Son nom ? María Luisa. Son métier, sa situation ? Couturière, veuve, née à Ceuta, réfugiée républicaine de la guerre civile, domiciliée à Passy, un quartier élégant de Paris où elle dessinait des modèles exclusifs pour une clientèle choisie. Ses rêves ? Visiter Montevideo, avec dans la tête la mer et les palmiers de son Maroc natal. Et, pour finir, quelle impression lui laissaient les récits de Felisberto (ainsi s'appelait le personnage illusoire du miroir chimérique) ? La réponse à cette question était suivie d'un nouveau murmure, d'un déhanchement plus prononcé. Ses récits lui plaisaient. Pour être plus précis, l'unique récit qu'elle avait lu lui avait plu, *Le cheval perdu*, tombé par hasard entre ses mains, mais elle ne prétendait pas le comprendre de bout en bout, car elle n'était pas écrivain et n'entendait rien à la littérature.

La phrase concernant ses capacités littéraires lui avait valu une discussion avec son chef. Non pas à visage découvert, mais par personne interposée : les émissaires à la mine contrite de l'homme invisible à qui la récitante avait donné un nom de corrida, Olé. Non qu'elle fût incapable de prononcer Oleg, mais c'était le prétexte avancé: une petite vengeance après qu'il eut refusé de la voir depuis son arrivée à Moscou.

En regardant le contenu du dossier que les émissaires venaient de lui remettre, avec toujours ces mêmes gestes austères, comme s'ils lui administraient le saint sacrement, Africa (c'était son vrai nom, donné sur les fonts baptismaux, bien que difficile à croire, comme si chez elle le vrai sonnait faux), Africa avait lentement levé les yeux de ses notes et, ravie de les prendre en défaut, elle avait dit:

– Là-dedans on ne me dit rien concernant la dernière femme de ce Felisberto.

L'agent qui faisait la liaison entre Olé et Africa devint violet de rage. Trop tard, marmonna-t-il. Se renseigner prendrait du temps. Elle ne disposait que de quatre mois pour mener à bien sa mission.

Africa resta ferme sur sa position: ne pas connaître les détails sur la dernière épouse pourrait tout compromettre. Eux-mêmes ne lui avaient-ils pas appris à conquérir un mari en prenant le contre-pied de l'épouse?

Le dossier contenait l'essentiel:

"Felisberto Hernández. Né à Atahualpa, Montevideo, Uruguay, en 1902. Fils de Prudencio Hernández González, originaire des Canaries, entrepreneur, et de Juana Hortensia Silva, surnommée Calita. Il a fait des études musicales et gagne difficilement sa vie en jouant du piano dans des cinémas et des bars de province. Deux mariages, le premier avec María Isabel Guerra, le second avec Amalia Nieto, deux divorces, deux filles. Il a publié quelques livres. Il commence à se faire connaître comme auteur de nouvelles. C'est un anticommuniste convaincu. Actuellement il se trouve à Paris avec une bourse octroyée par l'ambassade de France en Uruguay, par l'intermédiaire du célèbre écrivain franco-uruguayen Jules Supervielle. La bourse prend fin en mai 1948. Il est logé à l'hôtel Rollin, 18 rue de la Sorbonne. Nous conseillons d'agir vite."

Quelques heures après sa requête, et toujours avec cette tête d'enterrement qui était la norme, ils lui apportèrent le renseignement demandé: l'écrivain était en train de se séparer de Paulina Medeiros, une poétesse appartenant au parti communiste uruguayen qui écrivait des poèmes révolutionnaires pleins de fougue. Les idées de Paulina n'enchantaient absolument pas Felisberto. Allure de la poétesse? Elle s'était passablement arrondie ces derniers temps.

Avec ça elle fut satisfaite. Si l'autre était une intellectuelle grassouillette et exaltée, elle devrait se présenter devant Felisberto comme une femme avenante, moyennement cultivée et sans idées marquées.

Elle recula pour mieux se regarder. Depuis le miroir, l'Andalouse basanée aux formes épanouies mais à la taille mince lui envoya son sourire malin et maternel. Elle conservait ça, heureusement : ils n'avaient rien changé à sa façon de sourire. Ils lui avaient juste demandé d'accentuer sa manière de pencher la tête, comme si elle ne pouvait jamais dire non. Une femme d'une étrange mansuétude, du moins pour qui ne saisissait pas l'ironie. Pour ses chefs, qui captaient peu cette forme d'ironie, c'était sa plus grande qualité. C'est la raison pour laquelle ils lui réservaient des missions où il fallait qu'elle se glisse de côté, avec docilité, et qu'elle s'adapte à tout comme si elle était liquide.

La discussion la plus dure avec les envoyés du chef n'avait pas porté sur la dernière femme, mais sur la lecture des nouvelles. Africa voulait lire absolument tout ce que Felisberto avait écrit. Olé en personne s'y était refusé en arguant que Felisberto pourrait se demander pourquoi une couturière d'une quarantaine d'années, originaire de Ceuta, s'était ingéniée à connaître sur le bout du doigt l'œuvre d'un Uruguayen inconnu. Il lui faudrait mettre en avant une multitude de hasards (le livre était tombé entre ses mains grâce à la belle-sœur du frère de... elle verrait bien de qui ; en tout cas, il était de son ressort d'inventer quelque chose) et lire ce que tout hispanisant lirait s'il se trouvait alors à Paris, où résidait Felisberto Hernández grâce à une bourse, bichonné par le poète Jules Supervielle. Une nouvelle seulement, lui faisait dire Olé.

Elle connaissait la chanson par cœur : quand on mentionne devant toi ce qu'on ignore que tu sais, tes yeux te trahissent. Elle insista :

– Quoi de mieux que de lire ses œuvres de A à Z pour l'étudier tout à mon aise ? Et elle ajouta, sans espoir qu'ils attachent quelque importance à ses paroles : mes yeux ne disent jamais ce que je leur interdis de dire.

Effectivement ils n'y firent pas attention. Olé se tenait sur ses gardes. Pour obtenir des informations sur Paulina, il avait été obligé de mêler une taupe de Montevideo à cette histoire. Et il avait été contrarié d'apprendre que Paulina était membre du Parti. Il convenait de laisser le Parti en dehors de ça. Africa avait fait parvenir sa requête et la réponse ne s'était pas fait attendre. En message codé. Inutilement mystérieuse. Comme si le chef, après l'eau qui avait coulé sous les ponts, se plaisait encore à lui communiquer des énigmes et des sermons.

Elle lut cette réponse en soupirant. Elle connaissait également ce trait par cœur : les Russes se méfiaient du "tempérament" espagnol. Ils vivaient en se gargarisant de ce satané tempérament. Au Mexique, Ramón était toujours prisonnier, il supportait les coups sans rien dire, mais à Moscou on continuait de traiter les Espagnols comme des gamins. "Crois-moi, lui écrivait Olé, les yeux des Espagnols ne se vident jamais autant que les nôtres."

Quand elle commença à ruminer la nouvelle de l'Uruguayen, elle le remercia presque. C'était comme mâcher de l'étoupe. C'était l'histoire d'un cheval qui traversait le récit sans qu'on sache d'où il sortait et où il allait. Mais comme Olé avait souligné des passages en rouge, Africa sauta des paragraphes entiers, ne s'arrêtant que pour lire les passages soulignés. Elle remarqua aussitôt une chose : le chef avait déchiffré le récit de Felisberto pour elle, comme il aurait décodé un message.

De toute façon l'histoire ne valait rien. Ce Felisberto délirait. Il est vrai qu'elle aurait difficilement pu émettre une opinion. Elle n'avait jamais eu le temps de s'instruire avec des lectures, elle ne connaissait que les romans espagnols qui étaient autorisés au Sagrado Corazón de Madrid, et les romans soviétiques autorisés par cet autre Sacré-Cœur de Moscou où officiait Olé. Les livres défendus étaient, à Madrid, *La hermana*

San Sulpicio, cette nonne gitane qui adorait danser des *bulerías*, et à Moscou, un roman d'Aleksandra Kollontaï, où une belle femme solide qui avait été ambassadrice quelque part soutenait que l'amour était un verre d'eau. Elle avait lu ces deux romans en cachette, parce que les rabat-joie du premier collège n'aimaient pas le *zapateo*, par respect pour le Christ, et les bornés du second par obéissance à Lénine. Lénine avait dit que l'amour n'était pas un verre d'eau. C'était sans doute pour cette raison que, du jour où ils l'avaient emmenée hors d'Espagne, boire ce verre d'eau était devenu pour elle bien difficile.

Dans le récit souligné comme un message, un enfant attendait son professeur de piano dans un salon aux meubles sombres. *Il y avait beaucoup de choses qui provoquaient en moi le désir de découvrir ou de violer des secrets*, lui avait souligné Olé. Cet enfant violeur ne violait pas des femmes, comme il aurait pu le faire, mais des objets : des objets dissimulateurs, des objets liés à des actes mystérieux.

Plus loin, une marque au crayon rouge signalait des paragraphes sur… un crayon rouge. A cette différence que le crayon de Felisberto avait une gueule. *Il était comme un cochonnet quand il tète, il s'accrochait voracement au blanc du papier, y laissait les petites empreintes fermes et accentuées avec son ongle court et remuait joyeusement sa longue queue rouge.*

– Le cochonnet qui tète ce doit être lui, se dit Africa en riant sans le vouloir (ce qui était souligné lui apparaissait comme un clin d'œil ; il lui semblait parfois que son supérieur immatériel avait même de l'esprit). Il faut faire attention avec ce Felisberto, il est comme un enfant. Ce sont les pires.

Les phrases suivantes la confirmèrent dans ses intuitions : *Certaines femmes voyaient l'enfant de Celina tandis qu'elles discutaient avec l'homme. Ces femmes le regardaient lui, pas moi. C'est lui qui les attira et qui les trompa en premier.*

Africa n'avait pas la fibre maternelle. Du moins elle ne pensait pas l'avoir envers les hommes. Elle parcourut la suite, piaffant d'impatience, excitée et curieuse à la fois : *L'homme les avait dupées avec les manières de l'enfant. Il s'agissait d'amours tardives, comme d'une lointaine ou légendaire perversité.*

– Perversité, fit-elle au miroir. Je m'en doutais. Je me suis mise dans un beau pétrin.

Quelques lignes plus bas, dans un passage fermement souligné par le déchiffreur, un nouveau personnage surgissait, que ce fou d'Uruguayen appelait "l'associé". Pas un associé en affaires, à qui on serre la main, mais quelqu'un sorti de ses entrailles, qui travaillait moitié-moitié avec lui.

Pour le reste, tout n'était que cachotteries. Et toujours à propos d'histoires tirées par les cheveux, jamais de faits réels vécus par les gens. Quand Felisberto, selon les marques d'Olé, disait dénoncer les secrets, il continuait à se référer à des choses, non à des personnes. Quand il ajoutait *il n'avait pas besoin d'aller chercher les preuves, celles-ci venaient dissimulées derrière les soupçons, comme des vêtements derrière un drap*, il ne s'agissait pas davantage d'un délit avec du sang véritable.

– Dénoncer, dénoncer, marmonna-t-elle, quelle âme de mouchard. Et tout ça pour un fauteuil ou une fenêtre qui lui paraissent suspects. On croirait qu'il est né pour croiser une espionne.

Ses interlocuteurs étaient toujours le miroir, accompagné d'une deuxième ou d'une troisième présence qui semblait se trouver à son côté, peut-être superposée à la fantasmagorie qui prenait les traits de Felisberto. Toujours est-il qu'elle avait l'air de les prendre comme une chose naturelle. Elle s'adressait alternativement à l'un et à l'autre, bavarde et exubérante. Si un visiteur imprévu l'avait observée dans son dos sans qu'elle le voie, il aurait compris que cette femme exagérait ses gestes par simple solitude.

Elle tourna cette histoire d'associé un bon moment dans sa tête et fit un effort de mémoire. N'y avait-il pas une maladie qui vous partageait par le milieu, comme si on était deux? Elle demeura songeuse. Elle ne parvenait pas à se rappeler le nom de cette maladie bizarre. Cependant elle existait, c'était une chose sérieuse, dont s'occupaient les médecins. Et en ce qui la concernait? Cela ne lui était jamais arrivé de se partager par moitié et d'être deux? Elle décida que non, même si ses chefs passaient leur temps à lui faire jouer toutes sortes de rôles, faisant d'elle une parachutiste, une secrétaire et maintenant, avec Felisberto, une femme fatale. Elle aussi travaillait moitié-moitié avec quelqu'un, mais ce quelqu'un n'était pas en elle. L'unique associé qu'elle avait n'était pas un associé de cœur. Son seul associé était le service d'intelligence de l'URSS.

Le 13 décembre 1947, une jolie brune se dirigea vers la tribune du Pen Club, à Paris, où Jules Supervielle venait de présenter son protégé, Felisberto Hernández, que Roger Caillois avait proclamé "l'écrivain le plus original d'Amérique du Sud".

La brune portait un tailleur noir, cintré, avec des épaulettes carrées et des basques gansées de fourrure. Sa carrure, sa ceinture bien serrée à la taille et ses basques en faisaient un sablier. Deux rangées de perles illuminaient son visage verdâtre, le chapeau conique et les chaussures à talons la grandissaient. Supervielle la regarda du coin de l'œil, mais baissa très vite les yeux vers le sol. Vu sa haute taille, il observait l'assemblée comme monté sur un banc.

Felisberto signait des exemplaires la tête baissée. Cette position mettait en valeur ses cheveux, noirs et bouclés, plantés en forme d'ailes de chauve-souris, comme le chaperon de Fantômas. Elle examina sa bouche, câline, enfantine. Se sentant observé, Felisberto leva les yeux.

Il ne les baissa plus, tout occupé à lancer des sourires en direction du teint olivâtre, des yeux sombres, de la face aplatie comme un museau de vache. Comme il l'avait toujours dit, les femmes se penchaient sur lui, avec sollicitude, quand il jouait du piano et, maintenant, alors qu'il signait des livres. Il n'avait jamais eu besoin d'aller les chercher, elles venaient seules. Mères attirées par son air désemparé.

– Ah, tu es venue ? fit-il dans un murmure.

Personne ne l'entendit. Personne sauf elle. Il murmurait pour établir une complicité secrète avec l'exubérante Espagnole qui, comme sortie d'une pièce de Lope de Vega, l'avait abordé dans un restaurant quelques nuits auparavant, avec force *áis* et *ois* très castillans ("Excusez-moi de vous interrompre, quel bel espagnol vous parlez, d'où venez-vous, du Venezuela ?" L'écrivain l'avait invitée au Pen Club. De retour à l'hôtel, il avait passé un long moment à répéter *"vosotros habláis, vosotros sois"*, essayant de libérer sa langue qui se coinçait en parlant une langue d'un autre temps) et tâchant d'éviter que deux femmes présentes dans la salle, l'une superbement mise et l'autre impotente, ne tendent l'oreille.

Ce soir-là, Felisberto et Supervielle n'ont pas observé la même chose. Pour ce dernier, la *gallega* (sa condition d'homme du Río de la Plata l'empêche de la cataloguer autrement), la *gallega* est un résumé de tous les lieux communs sur les Espagnoles depuis Mérimée. Brune, mauresque et piquante, mais avec un teint si olivâtre qu'elle en paraissait presque bilieuse ; des jambes courtes et les fesses basses d'une danseuse de flamenco.

Ce n'est pas pour autant qu'il s'est abstenu d'envoyer un clin d'œil coquin à son protégé. Il a fait la connaissance de Paulina Medeiros à Montevideo. Rencontre catastrophique. Habituée à prodiguer à l'écrivain des conseils littéraires que ce dernier avait l'habitude d'accepter, du jour où Supervielle avait commencé à s'intéresser à cette œuvre difficile, et pire encore, à lui donner des conseils différents, Paulina – timide, possessive, jalouse – n'avait cessé d'abreuver son amant de reproches. Durant cette unique invitation à prendre le thé chez Jules Supervielle, elle a regardé la théière en argent et la petite tasse en porcelaine en roulant des yeux, avec des airs de récrimination prolétaire. Elle a fait tomber la petite cuiller à deux reprises et trois fois sa serviette ; elle s'est sentie petite et mal fagotée à côté de ce monsieur français impeccablement mis, tandis que dans la pièce contiguë Felisberto continuait d'écrire à son aise, sans voler à son secours.

En revanche, cette gitane pimpante paraît très sûre d'elle, pense Supervielle, perché sur son estrade. Une rivalité sur le terrain littéraire ne troublerait pas son sommeil. Elle n'a franchement pas une tête d'intellectuelle. Mais elle doit avoir quelque chose pour afficher une telle confiance en elle. De l'argent, peut-être. Ce qui, pour son protégé, ne serait pas malvenu. Et quelle présence, quel port. Quelle allure. Elle s'est approchée de Felisberto le plus naturellement du monde et l'a proprement emballé, comme si elle l'avait saisi entre le pouce et l'index. Supervielle a l'impression de voir son ami se blottir confortablement dans l'espace compris entre ces doigts. Petit Poucet heureux.

Et le dîner à la brasserie Lipp ? Ce sera pour un autre jour. Quand Supervielle expliquera aux Argentins Oliverio Girondo et Norah Lange et à la mère littéraire de l'auteur uruguayen, Susana Soca, avec qui Felisberto fricote, que l'homme à qui on a rendu hommage ce soir les a plantés là pour une inconnue entièrement vêtue de noir, la légende de Felisberto, tout aussi noire, ne cessera de croître.

Qu'a vu Felisberto ? Quand la femme avec son cône sur la tête tourna la tête pour répondre aux œillades de Jules Supervielle, le museau de vache lui a sauté aux yeux. Mais pas accroché au reste, non, seul. Séparé. Comme la tête d'une statue grecque dont seul le profil aurait survécu.

Il se gardera bien de le dire. Depuis l'époque où Mlle Celina lui donnait des cours de piano, Felisberto a appris à dissimuler ses visions. Visions brisées, visions démembrées, visions réduites en miettes. D'abord ce fut le bras de Celina, pas elle tout entière mais juste son bras, couvert en hiver par une manche de gros tissu et nu l'été ; ensuite, des fragments, des portions de femmes que son regard déchiquette. Nul ne s'en rend compte, mais lui le sait. C'est justement parce qu'il le sait que Felisberto a mauvaise conscience.

Le fait de se trouver à Paris ravive en lui un espoir de célébrité, qui s'estompe aussitôt. Puis c'est le petit manège ininterrompu. Supervielle lui inspire confiance (il a mis sa vie entre ses mains), le reste est un ballon qui rebondit sur lui. Parfois il préférerait que le ballon vienne le frapper à la tête et poursuive son chemin. Abasourdi, il se pince et sursaute, il se comporte comme si tout ça ne le concernait pas. Peut-être tout cela arrive-t-il à l'associé, pas à lui. Tourneboulé et échaudé, il se recroqueville, enfouit sa tête dans ses épaules en jouant l'innocent. Celui qu'on fête, cet homme lettré qu'on traduit, ce ne peut être lui. À moins que l'évidence révélée le fasse rire : tous ces Français si importants qui louent exagérément ses écrits ne seraient-ils pas tombés dans le piège, comme des pioupious ? Les aurait-il séduits de la même façon qu'il séduit les femmes, en jouant à l'enfant génial que l'on doit protéger et choyer ? Le premier jour où il s'était regardé dans le miroir, à l'hôtel Rollin, tandis qu'il montait l'escalier vers sa chambre du cinquième étage, il s'était montré du doigt et s'était dit à lui-même : "Si tu te voyais maintenant."

Il n'est pas vraiment surpris de ne pas être chez lui. Il a passé sa vie à errer de petits hôtels en pensions, et on ne peut pas dire que l'hôtel Rollin soit d'un luxe exagéré, mis à part cette plante verte devant le miroir qui simule la finesse. Les Français lui ont octroyé une bourse maigrichonne. Mais me voilà à Paris, se répète-t-il avec emphase et d'une voix de fausset ; Paris, Paris, pas à Montevideo, à Durazno ou Treinta y Tres, ni dans aucun autre patelin uruguayen ou argentin, à courir le cachet en tâchant de localiser un théâtre où donner un concert de "bonne musique" – c'est-à-dire classique –, un bar ou un cinéma où jouer des tangos et, s'il n'y a pas d'autre solution, égayant la soirée avec de la "mauvaise musique".

En fait, il le répète à satiété pour se convaincre lui-même, en essayant de se mettre l'eau à la bouche et voir s'il se laisse emporter par la fièvre générale. Il enfle la voix et déclame "Paris, Paris !" sur deux tons, plus aigu, plus grave. Cependant, à peine a-t-il posé un pied sur la première marche de l'escalier de l'hôtel Rollin que, sous ses yeux, les choses lui sont apparues avec une extrême clarté : ici aussi, à Paris, ses complices seraient des objets immobiles, le bégonia reflété dans le miroir, le tapis couvrant l'escalier.

Rien ne pourra le convaincre que le bégonia et le tapis sont là juste comme ça ; tout tend à montrer qu'ils l'attendent. Un air de famille les unit. En écartant une feuille de la plante pour prononcer à son aise sa phrase inaugurale ("Si tu te voyais maintenant"), Felisberto s'est vu reflété au milieu d'un feuillage velu, poussiéreux, violet, avec des veines allant du vert au rose. Ces feuilles laineuses copient les tons et la matière du tapis. A moins que ce ne soit le contraire, à moins que le tapis n'imite le bégonia. En tout état de cause, leur parenté saute aux yeux. Ils doivent avoir quelque intention occulte.

Les escaliers lui sont toujours apparus comme la traîne d'une robe. Jamais à ce point: monter et descendre sur une traîne de mariée sur quatre étages, recouverte de peluche, avec les bords poilus comme les feuilles, avec la trame visible dans la frange centrale – là où les gens marchent –, on ne voit ça qu'à Paris. A mesure qu'il monte, l'histoire se précise. Découvrir les fils internes de la traîne lui permet de percer le secret. La future mariée était donc pauvre? Râpée? Foulée aux pieds?

Le tapis percé par Felisberto suit l'escalier, marche après marche, comme un chien fidèle. Mais, parvenu au quatrième étage, il oublie d'être lui-même et se transforme en un chemin de linoléum bordeaux, perforé par des centaines de petits trous. A partir de ce jour-là, Felisberto se mettra à observer les femmes qui perforent le linoléum avec leurs talons.

Dans sa petite chambre, la même séparation du sol en deux secteurs se prolonge: l'un, le plus important, avec le tapis plus velouté près des murs et un peu moins dans la portion où la trame est visible, entre la porte et le lit; l'autre, le pauvret, couvert d'un linoléum, verdâtre maintenant, qui correspond au périmètre du lavabo avec son bidet à côté, réduit et accueillant comme un side-car.

A la différence de celui qui se trouve dehors, ce linoléum n'est pas perforé. Les femmes doivent retirer leurs chaussures et marcher pieds nus. L'idée de femmes pieds nus dans sa chambre, se lavant dans son propre lavabo, dans son propre bidet, lui fait fermer les yeux. Quand il les rouvre, il se trouve entouré de murs tapissés d'un papier peint avec de grosses fleurs.

Le fond du papier peint est d'un rouge sombre. Les grosses fleurs jaunâtres ont des formes de visages. Felisberto passera de longues heures claquemuré dans sa chambrette, blotti sur son lit qui gémit et qui grince, à regarder les personnages sur le mur avec une terreur croissante.

Ce qui parvient à l'extraire de son enfermement, c'est le succès. Ils prennent tout ça au sérieux, et lui a du mal à y croire. On le lit, on fait son éloge, on lui parle d'argent. Comme si ses récits pouvaient se monnayer! Avant que Supervielle ne parvienne à convaincre la Editorial Sudamericana de Buenos Aires de publier un de ses livres, Felisberto avait publié ses premiers ouvrages grâce au soutien financier de quelques amis. Ils se cotisaient, peso à peso. En revanche, ici il n'est point question d'amis, il est question de critiques célèbres qui ne rêvent pas de lui prêter une paire de chaussures pour qu'il puisse se présenter devant le public, comme l'a fait à Montevideo le fils de son ami Carlos Benvenuto ; ils n'imaginent même pas que Felisberto puisse avoir besoin de chaussures. Ici, la tendresse est plus rare, mais elle est réelle. Paris n'est pas chaleureux, il est respectueux et fait son possible pour que Felisberto se sente écrivain.

A Montevideo, depuis qu'il a abandonné le piano pour se consacrer à l'écriture, ses amis lui répètent : "Felisberto, tu es un écrivain." Son maître, Vaz Ferreira, a même mis ça par écrit : "Il n'y a sans doute pas dix personnes au monde pour qui vous êtes quelqu'un d'intéressant, et je pense être un de ces dix." La différence est dans le ton. A Paris on ne le complimente pas avec des yeux caressants mais avec des yeux de circonstance. C'est pour cette raison, et parce qu'ils sont français, ce qui revient à dire adultes ou petits vieux, que ça sonne plus vrai.

Dans les lettres qu'il envoie à Paulina, il lui demande de cesser de le tourmenter et il ajoute : "Laisse-moi travailler." Il ne lui a jamais demandé autre chose, mais il utilisait un autre mot. Elle se souvient avoir entendu le verbe "travailler" dans la bouche de Supervielle ; en Uruguay, écrire se dit écrire, pas travailler. Paulina fait la grimace en constatant que Felisberto maîtrise maintenant une autre langue. Son ex-amant l'abreuve de revues, lui cite des maisons d'édition, des noms prestigieux. Le gamin du quartier d'Atahualpa a pris la grosse tête. Roger Caillois par-ci, Jean Paulhan par-là, et la Sorbonne ceci, et le Pen Club cela. Elle veut continuer à l'aider depuis Buenos Aires, pour lui montrer que, s'il s'agit d'avoir de l'entregent avec la Editorial Sudamericana, elle n'en a pas moins que Supervielle. Mais il lui répond : "Laisse, je préfère que tu ne me défendes pas." Entre les lignes cela signifie : j'ai déjà un défenseur.

Ah, si Paulina savait que Felisberto était toujours aussi seul, malgré les MM. Machin et les MM. Truc! Elle n'ignore pas qu'il est toujours aussi pauvre. Il a bien fallu que Felisberto recommence à jouer dans un bar, comme en Uruguay, comme en Argentine, et de son côté elle a dû lui envoyer du café, du tabac (ce qu'elle ignore, c'est que Felisberto ramasse les mégots dans la rue et les garde dans une boîte à chaussures qui empeste). Elle est ravie de pouvoir lui envoyer ces choses, ainsi se sent-elle indispensable. Bien qu'elle ne tarde pas à réagir: "Égoïste, tu t'intéresses davantage à ton paquet de café qu'à moi." Par ailleurs, depuis Montevideo, aucun Parisien ne semble être vraiment pauvre ou seul; toute nouvelle provenant de Paris semble auréolée d'une petite couronne.

Pour Felisberto, travailler veut dire changer un mot par un autre, enlever ce fragment de cette partie du récit pour le mettre autre part. Il n'oublie pas pour autant ce qu'il a toujours souhaité: que ses histoires aient l'air d'être racontées à voix haute. Il répète des mots? Quand nous parlons nous en répétons aussi. Il commet des erreurs? Il ne voit pas la raison de les extirper violemment. En marchant dans le quartier (il s'aventure rarement au-delà de la Sorbonne: pour quoi faire, puisqu'on lui a dit que le vrai Paris c'était le Quartier latin), il a pensé à une chose qu'il devait dire sans faute à Supervielle: travailler ses récits, c'est en retirer ce qu'il y a de plus *urgemment* laid et y laisser ce qui est moins pressant, parce que le laid lui appartient davantage que le beau; chez lui, le laid est plus naturel.

Dans la vie sociale parisienne, Felisberto a également l'impression qu'on lime les erreurs jusqu'à laisser toute chose lisse comme une coquille d'œuf. Un tel polissage le met mal à l'aise. A peine arrivé à Paris, à la réception de l'hôtel Rollin, on lui avait remis une petite enveloppe bleue. On ne lui avait jamais envoyé une enveloppe comme celle-là, aussi petite et aussi bleue. Il l'ouvre en tremblant. C'est une invitation à dîner. Susana Soca, la très élégante, la très cultivée, la femme qui connaît tout le monde et qui sait tout. La formulation de cette invitation le laisse pantois. Tant de perfection pour lui dire "viens manger". C'est peut-être la raison pour laquelle il se trompe de date. Il fait irruption le lendemain. Peu importe, la bienfaitrice qui l'a attendu en tapotant sur la table à côté d'un tas de bienfaiteurs potentiels lui remet une certaine somme d'argent, pour une nouvelle à venir. Cinq mille francs. Avec ça Felisberto pourra agrémenter les ragoûts qu'il se mitonne à l'hôtel Rollin, lavant les pommes de terre dans le bidet.

Il n'éprouve aucune curiosité de voir Paris ou d'aller rendre visite à quelque célèbre intellectuel. C'est par pure ignorance, rien d'autre, et il ne tente pas de le cacher. De Borges, il dit, il écrit "un monsieur Borjes". Le poète Girondo est "un millionnaire argentin". Pourquoi irait-il frapper à la porte de cet André Breton qui, selon Supervielle, s'intéresse comme lui aux objets, au point de les rechercher dans la rue (et dans les marchés aux puces, ajoute Supervielle avec une ironie un peu maudite qui échappe à Felisberto), comme si les choses étaient prémonitoires, comme si à l'instar des rêves elles renfermaient des prophéties ? Felisberto ne connaît pas Breton, et comme il ne le connaît pas et qu'il ne connaît personne, mieux vaut rester dans la chambre avec ses grosses fleurs jaunasses pour travailler en paix.

Pour le traîner au Louvre il a fallu pratiquement le menotter. On lui montre la tour Eiffel et lui se concentre sur un petit bout de papier gonflé par le vent, qui agonise par terre comme un poisson hors de l'eau. Felisberto est un poisson hors de l'eau. Partout, aussi bien à Paris qu'à Montevideo, à Mercedes ou à Chivilcoy. Une fois pourtant il quitte le Quartier latin pour aller passer quelques jours dans une maison de campagne que lui prête Supervielle près de Blois. Dans la région il y a beaucoup de choses à voir entre musées et châteaux, mais Felisberto s'intéresse davantage à une grosse fille appelée Ursule. Pour lui épeler son nom, la grosse Ursule fronce les lèvres comme pour lui donner un baiser. Ou deux, un pour chaque *u*.

Elle lui inspire une nouvelle. La grosse fille sera l'ancêtre d'une autre grosse femme qui vivra dans une maison inondée (un autre récit sur lequel Felisberto a commencé à réfléchir). Pour l'instant il explore la grosseur.

Ursule est une femme qui se répand tellement sur les côtés qu'elle ne s'intéresse même plus aux alentours de son corps. La totalité de ses chairs lui est étrangère. Elle est toute dans ses yeux. Ce qui ne lui appartient plus heurte les murs, quand ce n'est pas le contraire, quand les ruelles étroites de Blois ne deviennent pas encore plus étriquées pour frôler ses hanches.

Felisberto s'arrange pour qu'Ursule vienne faire le ménage dans la maison et lui prépare à manger. Ursule est timide et fuyante. Elle ne fait pas la bonne pour venir voler, mais son père, lui, est un voleur qui se retrouve périodiquement derrière les barreaux. Mais quand il n'est pas en prison et que Felisberto accompagne Ursule dans les ruelles de Blois, en essayant de la prendre par la taille, parvenue devant chez elle, elle l'arrête :

– Partez maintenant, mon père est très jaloux.

Un jour Felisberto entre dans l'étable et s'allonge sur un tas de paille. Il a les yeux fermés. Quand il les ouvre il voit une vache qui le regarde. Il prend peur. Sans savoir pourquoi, il crie de toutes ses forces : "Ursule !" Ni lui ni la vache ne bougent. Ursule arrive en courant, elle comprend, rit et emmène la vache. *Toutes deux agitaient leur corps en s'éloignant vers une petite porte du fond ; moi je les ai regardées jusqu'à ce que l'une sorte et l'autre referme la porte*, écrit Felisberto ces jours-là, ceux-là mêmes où la *gallega* qui l'a abordé dans un bistrot, parlant comme on parlait au siècle d'or, et qui l'a saisi délicatement entre ses doigts le soir du Pen Club, lui propose à l'oreille avec une haleine tiède qui le fait frissonner :

– Viens manger à la maison, mon chou, je te ferai des pommes de terre sautées à l'espagnole, coupées en rondelles selon les règles, pas à la manière des *franchutes* en forme de quarts de lune.

L'idée des pommes de terre coupées en forme de pleine lune, comme les fait sa maman, ravit cent fois plus Felisberto que le dîner chez Lipp.

La *gallega* habite Passy, rue Lauriston. Au 82 de la rue Lauriston. Un bâtiment bien français, ancien et discret, comme toute chose chez eux. L'élégance consiste à ne pas en faire étalage. Seul est élégant ce qui ne le paraît pas. C'est ce que lui a dit Supervielle. Il pense qu'avoir de l'argent est une chose honteuse pour les Français, alors ils ont mauvaise conscience.

Avant d'entrer il jette un coup d'œil sur l'agencement du bâtiment, qui lui fait penser à celui du tapis de l'escalier, à l'hôtel Rollin. Le rez-de-chaussée est l'espace qui reçoit les gifles (ce qu'il comprend en y mettant les pieds). Il n'existe que pour abriter la concierge et quelque autre âme solitaire qui épie derrière les rideaux. Les gens le méprisent et le regardent en passant par-dessus l'épaule sans y prêter attention, immobiles devant l'ascenseur étroit aux petites portes ouvragées. Le premier étage a meilleure allure. Au deuxième habitent les rois de France, à en juger par les balcons, solennels et majestueux, avec leurs balustrades en fer forgé autour desquelles s'enroulent des figures semblables aux grosses fleurs de sa chambre. Au troisième il y a des balcons distingués, tout en discrétion. Un étage pour les marquises. Au quatrième, des fenêtres ornées avec de courtes balustrades, sans doute les restes des balcons des deuxième et troisième étages. A partir du cinquième, les fenêtres sans ornements annoncent, à l'intérieur, la fin de la section avec le tapis épais et le début de celle avec le linoléum. Les fenêtres du sixième le font rêver : ce sont les mansardes des poètes. Elles ont des toits inclinés en forme de maisonnette. Il se reconnaît dans leurs pentes affligées, il aimerait bien vivre dans une de ces mansardes pour s'y sentir comme dans un nid.

María Luisa habite au troisième étage. Cela signifie, traduit Felisberto, que la couturière espagnole n'est pas millionnaire, mais qu'elle n'est pas non plus dans le besoin.

Dans l'appartement de la *gallega* il y des meubles aux pattes torsadées que Felisberto palpe tandis qu'il renifle la bonne odeur de ce qu'elle persiste à appeler *patatas*. Un mot que Felisberto préférerait ne pas prononcer parce que, dans les lettres qu'il adresse à Paulina, il l'appelle toujours *Paulinotas*, *Paulinotas* chérie, ce qui revient à dire *patatas*.

Chères pommes de terre. Rondelles dorées, rondelles brillantes, au cœur tout blanc, aux bords grillés et croquants, bien collées les unes aux autres, de sorte que chaque rondelle en transporte d'autres, toutes amies entre elles.

Elle lui a servi une grosse platée et elle le regarde manger d'un air satisfait. Dans son assiette elle a mis deux rondelles de pommes de terre, pour ne pas le laisser manger seul. Felisberto déglutit en gémissant et boit avec des bruits gutturaux. Le vin dans sa gorge a une sonorité de lait.

Lui aussi la contemple. D'un air satisfait? Difficile à dire, pense-t-elle. Ce petit gros, mou et tremblotant, qui remue nerveusement ses petites mains poilues, est pour elle un mystère. Elle apprendra à le comprendre (dans la mesure où l'effort en vaut la peine). Voyons maintenant ce qu'il pense, lui.

De face, María Luisa, car tel est le nom de la *gallega* (Felisberto a déjà eu plusieurs chéries appelées María, à commencer par sa première femme, María Isabel, mais celle-là s'appelait Guerra, et celle-ci fait tout ce qu'elle peut pour simuler la paix), de face María Luisa ne présente aucun intérêt. Mis à part la couleur. Et le brillant. Comme si on lui avait frotté la peau avec des olives. A moins que son teint olivâtre soit un effet de quelque crème française onéreuse que la couturière raffinée applique sur sa peau sans regarder à la dépense.

Vue de profil, tout change. De face c'est une femme; de profil, c'en est une autre. Deux femmes appartenant à des pays différents, avec des coutumes différentes. Celle de face est une femme bonne, compréhensive; celle de profil engendre le doute. Sa mère dirait que, vue de côté, elle a la tête d'une domestique prête à voler. Ce nez si droit et si peu proéminent, qui s'écarte à peine de la ligne de sa joue, cet œil allongé...

– Quand tu tournes la tête on dirait une Chinoise, lui dit-il.

María Luisa pense que Felisberto lui parle de la Chine. Elle ignore que dans le Río de la Plata il y a des *chinitas* de la campagne qui entrent dans les maisons honnêtes pour voler. Les mères se méfient de ces *chinitas*, surtout quand elles fricotent avec les garçons de la maison.

– On me l'a déjà dit. Je suis tout simplement de Ceuta, mon chou. Le Maroc espagnol. Mon père était militaire, tout le monde dans la famille l'était, sauf les femmes. Tu es fatigué? ajoute-t-elle en le voyant s'étirer et faire le geste de desserrer sa ceinture. Elle lui caresse le nez avec le bout du doigt.

Avec cette María Luisa chinoise tout est simple. Pas de petite enveloppe bleue, pas de repas élaborés à petit feu avec de grosses rasades de vin coûteux, qu'il vaudrait mieux boire dans un verre. C'est à la bonne franquette. Elle n'essaie pas de jouer les savantes. Elle lui a avoué qu'en littérature elle n'y entendait goutte. En écoutant ça il a l'impression de s'être débarrassé d'un fardeau. Felisberto a tripoté un moment le mannequin recouvert d'un chapeau, avec une étoffe drapée posée sur l'épaule comme une toge antique, il a feuilleté l'album de modèles où elles ont toutes des épaulettes carrées et des basques qui amincissent la taille, il a fait tourner la machine à coudre – une Singer à pédale, identique à celle de sa mère – parce qu'il aime entendre le cliquetis; mais les pommes de terre sont arrivées sur la table et le silence s'est mis à régner.

Sur le lit matrimonial, celle qui règne maintenant c'est une poupée brune habillée en *manola*.

DU JOURNAL D'OLEG

Moscou, juillet 1948. J'espère qu'un jour Africa recevra ce carnet des mains d'un homme qui le lui tendra avec la mine contrite, comme elle se plaît à qualifier mes pauvres émissaires qui lui semblent saisis d'abattement. Sauf que le deuil prendra alors tout son sens. Cela voudra dire que je ne serai plus en condition de donner quoi que ce soit à quiconque. Ça peut paraître dramatique, mais c'est la vérité pure. C'est la raison pour laquelle je veux écrire ce journal dans mon espagnol précaire, pour qu'elle n'ait plus le prétexte de dire que, après tant d'années, le russe continue de lui briser les molaires, et pour qu'elle apprenne ce qu'elle aura beaucoup de mal à apprendre autrement.

Nous l'envoyons à Montevideo pour un temps indéfini, sans couverture diplomatique et sous une fausse ou semi-fausse identité pour qu'elle s'y installe de façon clandestine ; en attendant nos directives, elle commencera à mettre sur pied un réseau d'agents secrets qui devra couvrir l'Amérique tout entière, du nord au sud. Là-bas, elle en saura encore moins sur les dessous de cette affaire (et elle en sera d'autant plus efficace). Quand ils restent à Moscou, les Espagnols vivent comme s'ils étaient prisonniers alors qu'ils ne le sont pas, tout ça parce qu'ils vivent entre eux, entassés dans une Espagne minuscule sans castagnettes, sans fenêtres ni soleil.

Africa croit ne pas connaître mon visage. Elle se trompe. Nous nous sommes rencontrés en Espagne, en 1936. Moi je travaillais comme radio avec Eitingon. Dans notre jargon, nous, les experts en radiocommunication, on nous appelle des pianistes, à cause du clavier sur lequel nous tapons les messages. A cette époque Eitingon était déjà un vieux routier, alors que moi j'étais un poussin à peine sorti de sa coquille. Nous avons tous utilisé l'Espagne comme une école. Elle nous a servi de répétition générale. Ce qui s'est joué là-bas, ç'a été la défaite du trotskisme, pas du fascisme. C'est pour cette raison qu'on a l'habitude de dire que les républicains ont perdu la guerre, mais que nous, les envoyés de Staline, l'avons gagnée. Ce *nous* pluriel ne me représente pas totalement, je l'utilise par pure fidélité.

Il existait plusieurs groupes de travail dépendant du NKVD, à Madrid avec Alexandr Orlov, à Barcelone avec Eitingon et Ernö Gerö, celui-là même qui avait été membre du Bureau sud-américain de l'Internationale Syndicale rouge de Montevideo en 1933. Mes conversations avec Gerö m'ont convaincu que la capitale de l'Uruguay était la planque idéale. La police est peu ou pas du tout présente, et un pays aussi tranquille que celui-là ne peut attirer les soupçons.

Je suis entré dans les services secrets à l'issue de mes études. A Moscou, à partir des années 20, nous avions une école de sémiotique extraordinairement avancée. Elle trouvait diverses applications dans l'art, la littérature, le cinéma. Parmi mes maîtres et mes condisciples on peut citer Roman Jakobson, Victor Shklovsky, Boris Eichelbaum, Grigori Vinokur, Mikhaïl Bakhtine, Juri Lotman... Tous des compatriotes, ou presque. Selon ma modeste opinion, ce qui nous a poussés vers cette discipline, c'est l'entraînement que nous avons reçu dès notre enfance. Étudier les significations de la Torah et du Talmud dans une école judaïque vous prédispose à devenir linguiste. Malheureusement, dans la Russie d'aujourd'hui, on regarde d'un mauvais œil la sémiotique à laquelle se sont tellement intéressés Lénine et Plekhanov. On nous accuse de ne pas communier avec le réalisme socialiste. Je précise que jamais aucun de nous n'a abandonné le marxisme.

Comment je me suis retrouvé dans l'espionnage ? Parce que la sémiotique est l'art de la cryptographie. Nous étudions les textes cryptés, qui ne peuvent être lus que par ceux qui en possèdent les codes, et les techniques pour obscurcir l'information. Les mots vivent dans une boîte imaginaire, placés dans une position verticale et disposés selon leur relation d'opposition ou de ressemblance. L'individu qui écrit tire les mots de la boîte et place ces derniers dans un système horizontal. Le choix des mots et leur répétition sont autant de signes que la sémiotique décode. De là à chiffrer et déchiffrer des messages secrets, il n'y a qu'un pas.

J'ai été komsomol depuis mon enfance. A mon adolescence je me suis affilié au Parti. Mais vu mon assiduité à cette école, qui faisait l'objet d'une suspicion croissante, ma situation devenait délicate. Quand j'ai été convoqué à la Lubyanka, j'ai compris que cette soi-disant situation périlleuse n'était qu'un prétexte : ce qui les intéressait, c'était ma spécialité. C'était très clair, soit j'entrais au NKVD, soit j'étais expulsé du Parti, avec les conséquences que l'on sait : perte de mon appartement moscovite, probable condamnation aux travaux forcés. J'ai préféré me consacrer aux travaux... spéciaux (c'est l'euphémisme inventé pour désigner un travail qui peut vous entraîner dans des missions assez terrifiantes).

Ce n'est pas seulement la peur qui m'a poussé à prendre cette décision. Il est vrai que les purges ont commencé cette même année, 1934, suite à l'assassinat de Kirov, mais il est également vrai que l'idée de servir le communisme en vivant des aventures à l'étranger, en m'extirpant de l'asphyxie qu'on vivait à Moscou, m'enthousiasmait. Par chance ou par malchance, en revenant d'Espagne, où ma timidité et mes lunettes d'intellectuel cloîtré n'ont pas contribué à me transformer en héros soviétique par antonomase, j'ai été relégué dans un bureau où mon travail se limitait à chiffrer et à déchiffrer. Avec le temps, ce travail minutieux a été agrémenté d'une touche créatrice. Mes chefs découvrirent que l'imagination aussi pouvait leur être utile. "Tu t'es trompé de vocation, me dit un jour en plaisantant mon chef et compatriote (il est ukrainien comme moi), Pavel Sudoplatov. Tu aurais été un excellent metteur en scène."

Les choses s'enchaînent d'elles-mêmes. Tu as l'impression de tout contrôler quand tu entres dans les services d'espionnage, quand tes supérieurs hiérarchiques te sollicitent pour élaborer des mises en scène auxquelles personne n'aurait jamais songé. Ils te demandent d'inventer des codes et des combinaisons, et utilisent des êtres humains comme si c'étaient des pantins. Voilà comment tu succombes à la grande tentation : te prendre pour le destin. Ensuite l'expérience te fait redescendre sur terre : il survient souvent un événement imprévisible qu'on croirait combiné par quelqu'un d'aussi inventif que toi. A ton plus grand étonnement, cette chose imprévisible est très semblable à ce que tu avais imaginé.

Ainsi par exemple, le fait que Felisberto ait été pianiste avant de devenir écrivain m'a amusé : ces clins d'œil occultes surgissent de façon périodique. Ne nous appelle-t-on pas des pianistes ? Felisberto en est un. Comme si dans le texte vivant que nous sommes en train d'écrire à trois mains, Felisberto, Africa et moi (à l'insu du premier, même s'il le sait au fond, d'une tout autre manière, qu'il me plairait d'éclaircir), certains mots se répétaient.

Deuxième exemple. Quand il vivait à Montevideo, Ernö Gerö a acheté un livre minuscule d'un écrivain uruguayen dont le titre avait attiré son attention : *La femme qui avait avalé du poison.* Comme mon camarade hongrois a passé sa vie à faire des recherches sur les poisons, il a cru qu'il s'agissait d'un livre sur le sujet. En comprenant son erreur (c'était un récit absurde dont il n'a pas compris un traître mot), il a failli le jeter à la poubelle. Mais pour une raison quelconque il n'en a rien fait et, en 1936 à Barcelone, voyant que je m'intéressais à la littérature espagnole, il m'a offert le livre. L'auteur s'appelait Felisberto Hernández.

Disons-le d'emblée, j'étais amoureux d'Africa de Las Heras. Africa, à qui mes camarades russes donnaient le surnom de Znoy, la chaude, la suffocante. A cause de son prénom de continent tropical, mais aussi à cause de son caractère. La température indiquée pour un sang de canard comme le mien... Eitingon m'a aussitôt prévenu : "Cette femme, nous sommes en train de l'entraîner. Nous l'emmènerons bientôt en Russie. Tu sais comme moi que des amourettes entre nous sont impossibles." Il voulait dire : entre agents secrets. Il voulait également dire : fiançailles spontanées, ni prévues ni ordonnées par eux. Je fus abasourdi par son cynisme (à cette époque j'étais encore capable de m'étonner de quelque chose). Je n'ai pas osé lui objecter que lui-même avait enfreint la consigne. Eitingon est un grand coureur de jupons. Je ne me souviens plus combien de femmes il a eues en 1936, ni celles qu'il a possédées par la suite. Toujours est-il qu'il est devenu l'amant de Caridad Mercader.

Caridad était déjà à cette époque une femme mûre. Catalane de bonne famille, élevée chez les sœurs et devenue une communiste acharnée, à l'instar d'Africa, elle était séparée de son mari, un homme fortuné. Il suffisait de voir Caridad et ses yeux sombres pour comprendre que cette femme était consumée par une autre flamme que son fanatisme ; une ardeur que l'âge excitait au lieu de l'apaiser. Leonid la rendait folle avec ses airs de bonimenteur français, avec sa cicatrice au menton qui semblait évoquer des batailles héroïques (lui-même n'en parla jamais, laissant à chacun le soin de supposer à loisir : batailles ou barbier aux mains maladroites), avec sa masse de cheveux noirs, ses yeux verts, son béret incliné sur un œil et son foulard autour du cou. Raffiné et sceptique, il adorait ramener toute chose à l'absurde ; sarcastique, il savait manœuvrer le feu rentré de cette femme au cœur de mère supérieure. Mais tous deux étaient capables de jouer le tout pour le tout. Je pense qu'avec eux le NKVD s'est permis de faire une exception : Caridad serait plus encline à les servir heureuse que frustrée. Ils avaient vu juste. Leonid et elle formaient un couple d'agents efficaces, parcourant le monde pour mener à bien leurs missions. Ne me demandez pas lesquelles. Ils se séparèrent une fois revenus à Moscou, après l'assassinat de Trotski.

L'autre raison qui m'a empêché d'approcher Africa de Las Heras avait pour nom Ramón Mercader, le fils de Caridad. Parfois un ex-mari d'Africa faisait son apparition, puis après quelque temps il disparaissait ; il travaillait dans un syndicat de la banque. Je crois qu'il s'appelait García Lago, ou Lagos. Elle le traitait avec affection, comme un frère. En revanche, la voir avec Ramón était un spectacle tellement émouvant que cela me guérissait presque de ma jalousie (de toute façon Africa n'a jamais fait attention à moi). Ils avaient tous deux les cheveux noirs, tous deux étaient pétillants, avec cette peau mate qui nous transforme tous tant que nous sommes en petits cochons roses (j'allais écrire "cochonnets qui tètent"). Carmen et don

José. Je ne pense pas qu'ils se soient aimés, mais c'étaient deux séducteurs et deux jouisseurs, et ils auraient bien voulu en profiter davantage, à l'instar de Caridad et Leonid. Mais on y a mis un frein, et si Africa ne m'a pas vu c'est qu'elle n'avait d'yeux que pour lui. Il est vrai que moi, quand je l'apercevais de loin avec son fusil en bandoulière et cette veste fermée avec une corde ou un morceau de cuir qui mettait en valeur sa taille fine, ses formes arrondies, je m'éclipsais comme si je voyais le diable. Elle avait une façon de se planter là avec ses grosses bottes masculines, arrachées à un fasciste mort au combat… La représentation de l'arrogance. Féminine.

D'après ce que j'ai pu comprendre, le NKVD n'est pas le seul à s'être opposé aux amours entre Ramón et Africa. La plus hostile fut Caridad. La Catalane menait ses cinq enfants à la baguette, transformés sous ses ordres en fervents bolcheviks (avec Caridad on ne pouvait être que fervent, Leonid était une exception, qui se moquait de sa ferveur tout en l'attisant; un jeu qui m'inspirait autant d'envie que de mépris). Caridad avait expédié au front un de ses gamins, le moins dégourdi, bien consciente qu'il ne reviendrait pas vivant; quant à Ramón, le meilleur, elle le réservait pour de grandes actions.

Africa fut envoyée à Moscou fin 1936. Moi je suis resté encore quelque temps à Barcelone. Des années plus tard nous avons décidé de l'envoyer à Montevideo où vivent encore, depuis l'installation de ce Bureau sud-américain dissous en 1943, plusieurs de nos agents qui attendent des papiers uruguayens pour entrer aux États-Unis. La Troisième Guerre mondiale est à nos portes, et Montevideo est un nid de taupes qui n'attendent qu'un signal pour se mettre en marche.

Africa est la personne la mieux à même de s'occuper de ce groupe. Depuis la Seconde Guerre, et depuis l'aventure de Mexico, quand elle officiait comme secrétaire de Trotski, elle est une héroïne de légende. Elle a le grade de colonel. Elle a beaucoup changé. Aujourd'hui, elle ne se plante plus devant le premier venu avec cette odeur de femelle qu'elle exhalait à Barcelone, quand elle était encore libre. Moi je l'observe en me dissimulant derrière les cintres. L'homme invisible. Les petits yeux qui perforent nos bureaux me servent à observer sa métamorphose. Elle est devenue dure, massive. De corps et de cœur. Elle me fait penser à la Sphinge du British Museum, pas l'Égyptienne, la Grecque. Une femme forte au profil très droit, avec une poitrine énorme, projetée en avant, assise très à l'aise sur ses pattes de lion. Imperturbable. Peut-être a-t-elle ressenti quelque chose un jour; aujourd'hui je ne le pense pas. (Pardonne-moi, ma chérie, si un jour on te remet ce carnet: ce n'est pas de ta faute. Nous sommes les seuls responsables, nous t'avons si bien entraînée!)

Conséquente avec son entraînement, l'Africa d'aujourd'hui obéit au doigt et à l'œil, presque toujours (sauf quand elle pointe un détail auquel personne n'avait fait attention jusque-là, et le plus souvent elle a raison). Elle a appris à se plier, à courber la tête en un geste qui ressemble à de la soumission. Ce geste la rend encore plus belle. Sans doute parce qu'il renferme un mystère. Et une moquerie: elle continue de m'appeler Olé pour se moquer de moi. Ce qu'elle ne sait pas, c'est que Oleg est un nom inventé, tout comme Olé. En réalité je m'appelle Shlomo. Juif ukrainien de Vinnitsa, pour te servir, ma chérie. Si tu ne le sais pas encore, maintenant en URSS, nous tous les juifs, nous nous inventons un nom. Leonid, l'amant de ton amie, ne s'appelle pas Leonid mais Nahum Isakovich.

Je me suis creusé les méninges pour trouver le moyen de l'envoyer à Montevideo, afin qu'elle prenne le commandement du réseau et pour lui procurer des papiers qui ne puent pas le faux, afin qu'elle puisse mener à bien sa tâche en l'installant le plus commodément et le plus sûrement possible.

La réponse m'est parvenue de façon inattendue. Dans le déroulement de cette histoire, Ernö Gerö a plus d'une fois joué le rôle principal.

Un jour, le Hongrois s'est présenté à Moscou, toujours séduisant avec sa mèche dorée sur le front et ses traits fins. Il montre à mon endroit une sympathie à laquelle, après l'assassinat d'Andreu Nin, j'ai du mal à répondre. Je me trouvais à Barcelone quand c'est arrivé, et j'en ai été en quelque sorte le témoin. Il fallait tout de même que je dise à Gerö et à Alexandr Orlov ceci: il y avait bien des ordres de S. pour tuer ce trotskiste, ce paria, ce traître, ce chien galeux, mais était-il vraiment nécessaire de le torturer pendant des jours et des jours ? Je suis conscient que mes propos ont dûment été consignés dans quelque archive. Un jour ou l'autre je serai convoqué pour m'en expliquer.

Gerö me glisse l'information sur un ton négligent (elle n'a pas une grande importance pour lui) :

– Tu te souviens de cet écrivain uruguayen si mauvais qui a écrit *La femme qui avait avalé du poison* ? Eh bien, j'arrive de Paris et lui s'y trouve avec une bourse du gouvernement français.

J'ignore si j'ai pâli extérieurement. A l'intérieur je me suis vidé de mon sang. Cela fait des années que je lis, que j'étudie, que j'analyse... que je décode Felisberto Hernández. Après *La femme qui avait avalé du poison*, ce tout petit livre, presque introuvable, j'ai chargé nos agents à Montevideo de me faire parvenir ses ouvrages publiés jusque-là. Lire cet écrivain a été pour moi un banquet de roi. J'ai établi une liste des mots réitérés : énigme, délation, viol. L'information chiffrée passe à travers ces mots. Felisberto est l'écrivain le plus proche de l'atmosphère de suspicion dans laquelle nous vivons tous. A cette différence près que, dans mon pays, nous soupçonnons les gens, alors que lui soupçonne les choses créées par les gens. Mais ce qui m'attire, c'est le soupçon en lui-même.

C'est pour ça que j'ai été surpris d'apprendre qu'il s'est toujours déclaré furieusement anticommuniste. Les idées politiques peuvent-elles appartenir à quelqu'un qui ne vit pas parmi nous, dans notre monde je veux dire, quelqu'un qui perçoit ce que nous autres ne percevons pas ? Visiblement, elles le peuvent. Ce sont des idées dont Felisberto se nourrit et qu'il défend. Des idées primitives, sans aucune élaboration (selon ce que j'ai pu vérifier, il s'agit de préserver la liberté d'expression), mais très enracinées.

Tout à coup je sursaute et, sous le regard étonné du Hongrois, je crie en me frappant le front :

– Et si Africa se rendait à Paris ? Si elle parvenait à séduire Felisberto, et s'ils se mariaient ? Et si elle allait en Uruguay avec des papiers en règle, en tant que Mme Hernández ? Qui pourrait soupçonner l'épouse espagnole d'un antibolchévique déclaré ?

J'ignore pourquoi j'ai dit ça, ni comment je me suis laissé aller à l'émotion devant un féroce stalinien qui, un jour, pourra se servir de cet incident pour l'utiliser contre moi. Je parle de marier Felisberto avec Africa, et je ne sais même pas si cet homme est célibataire. D'autre part, elle, nous l'avons utilisée comme radio ou comme secrétaire, jamais comme Mata Hari. Certaines personnes qui la connaissent, Pavel peut-être, Pavel Sudoplatov, ou peut-être Eitingon, pourront m'objecter qu'Africa, qui frôle la quarantaine et son entraînement soviétique aidant, n'est plus la Carmen irrésistible que j'ai encore dans la peau. Cependant l'idée prend corps en moi. Cette idée est subite, incontrôlable. Comme tombée du ciel. Je ne sais pas qui je suis. Parmi nous, personne ne le sait. Mais si je me reconnais dans une chose, c'est bien dans ma condition de romancier. Un écrivain raté qui prend du plaisir à écrire sur la chair de ses personnages.

Rue Lauriston, au 82 de la rue Lauriston, troisième étage, la poupée est assise, le dos calé sur un coussinet. L'édredon parsemé de boutons enfoncés dans l'épaisseur qui forment des plis en forme de moustaches, le couvre-lit à volants en satin et la robe à pois, tout est de la même couleur. Tout est d'un bleu uni. L'ensemble est aussi innocent que la chambre d'une fillette.

Felisberto s'en approche avec précaution. Elle le regarde fixement avec ses yeux vitreux de couleur bleue. Avec le dos de sa main Felisberto frôle ses cheveux d'étoupe noire, sa mantille à franges. Ses doigts n'ont jamais autant tremblé. Il consulte María Luisa du regard ; c'est le regard pudibond d'une vierge.

– Je peux ?

– Bien sûr, je t'en prie, prends-la dans tes bras. Je l'ai depuis toute petite, elle ne m'a jamais quittée.

Felisberto la soulève, la couche (elle ferme les yeux), il la remet en position verticale (elle les rouvre), il la pose à côté du visage de María Luisa et les compare :

– Vous êtes pareilles.

– Elle aussi ressemble à une Chinoise ?

Il ne répond pas. Il continue de trembler.

– Tu as une robe comme celle-ci ?

– De *manola* ? Bien entendu. Chez moi, toutes les femmes en possèdent une. Tu veux que je la mette ?

Le désir rajeunit Felisberto. Il a une bonne quarantaine d'années mais à cet instant il en paraît neuf.

María Luisa revient avec sa robe à volants, à pois évidemment, roses et blancs. Elle porte des boucles d'oreilles, des souliers de danseuse rouges à lacets, et une fleur rouge sur la tête, accrochée à son peigne.

– Tu voudrais t'étendre à côté d'elle ?

María Luisa s'allonge sur le couvre-lit en satin et étreint la poupée. Les deux petits visages olivâtres le regardent depuis la candeur de l'oreiller. Felisberto s'assied sur le bord et allonge une main, petite, poilue, nerveuse, lentement ; il joue le distrait, comme un enfant qui dissimule en regardant ailleurs, comme s'il n'était pas là, comme si ce n'était pas lui, attendant le coup de règle sur les doigts.

Personne ne le frappe.

Alors il met ses deux mains en action. Avec sa main droite il soulève la robe de la grande, avec la gauche celle de la petite. Ni l'une ni l'autre ne réagit. Elles ont fermé les yeux, on voit leurs cils sombres qui ombrent leurs joues. Il procède avec lenteur. C'est un tas de volants et de jupons qu'il faut soulever. Surgissent quatre jambes tournées comme les pattes de ces meubles qu'il vient de palper. Puis apparaissent deux culottes blanches de deux tailles différentes. Ses doigts font glisser les culottes, la petite et la grande, vers le bas, jusqu'à hauteur des quatre genoux. Entre leurs jambes apparaissent deux orifices : lisse et moelleux chez l'une (la *manola* a un visage et des bras en porcelaine et un corps en tissu) ; chez l'autre, noir et bouclé. Les doigts de Felisberto s'enfoncent dans tous les deux.

Il a retrouvé son calme, il vient de croiser les jambes avec indolence et distinction, comme s'il était assis dans un fauteuil, au théâtre. Il est sur le point de dire sur un ton détaché que la touffe chaude de la grande est semblable à ses cheveux frisés et qu'il est tout étonné de ses cheveux coupés si courts, parce que, en la voyant dans le restaurant sans trop la détailler (troublé par tant de *habláis* et de *sois*) – et au Pen Club avec son chapeau conique –, il imaginait une coiffure avec deux postiches sur le front, l'un plus haut que l'autre… quand la femme qui se contorsionnait sur le couvre-lit étincelant pousse un grand cri.

– Tu es un petit dévergondé, Felisberto, soupire-t-elle, l'air comblé, ravalant la salive qui coule sur la commissure de ses lèvres. On va passer de bons moments, toi et moi.

Elle semble sincère.

Une fois qu'elle a compris l'essentiel – que Felisberto prend son plaisir avec les yeux et fait jouir avec ses doigts de pianiste –, l'espionne se met à imaginer des déguisements.

Elle dispose déjà de plusieurs tissus, elle n'est pas couturière pour rien. Et le mannequin peut se prêter au jeu.

Lors des visites suivantes, la scène change peu. Les pommes de terre en rondelles peuvent se transformer en omelette, le vin de France – Felisberto est incapable d'articuler bourgogne ou beaujolais – pourra être remplacé par un vin de la Rioja, mais comme dessert, c'est l'inévitable représentation théâtrale.

Tandis que lui s'étire dans son fauteuil et défait la boucle de sa ceinture – il a énormément grossi depuis qu'il la connaît, c'est comme si jamais il n'avait mangé avant ce 13 décembre ; il ne mange pas, il dévore –, Africa a mis en place la représentation.

Si ce cochonnet qui tète ne me donnait pas autant de plaisir, se dit-elle tout en habillant la poupée et le mannequin, puis s'arrangeant elle-même, la représentation ne serait pas aussi réussie.

Pour la fête de fin d'année elle s'est acheté une perruque de Cléopâtre et elle a coupé à celle de la *manola* une petite frange à l'identique. Toutes deux sont habillées d'un rideau semi-transparent, arraché à la fenêtre sans grand scrupule, et elles arborent des diadèmes et des voiles sur leurs cheveux noirs. Le mannequin décapité (elle recouvre toujours d'un chapeau l'absence de tête) porte maintenant une tête de chat égyptien, ces bêtes rachitiques à tête sévère qu'Africa a dénichées au magasin du Louvre. Elle-même a mis autour du cou une autre de ses acquisitions, une couleuvre de fines rondelles qui imitent à la perfection les ondulations du serpent. Avec son déguisement de femme qui a avalé du poison, elle se regarde à nouveau dans la glace, faisant un effort pour ne pas pleurer et risquer d'effacer le trait autour de ses yeux, qu'elle a prolongé jusqu'à ses tempes.

Elle laisse échapper quelques larmes malgré tout. "Intrépide et casse-cou, mais pleurnicharde", se reproche-t-elle en arrangeant son maquillage. Comment l'éviter. Elle se sent ridicule, elle se sent vieille, fatiguée d'être toujours une autre. Elle a été tellement d'autres, elle a porté une telle quantité de noms, Ivonne, Patria, Maria Ivanovna, María de la Sierra, Znoy,

Madame[*] Luisa, maintenant María Luisa. Africa de Las Heras : devant elle, un défilé de carnaval ; à l'intérieur, une poupée russe. Russe et andalouse. Une caravane entière, de la plus grande à la plus petite, introduite l'une dans l'autre, "l'unedansl'autredansl'autredansl'autredansl'autre, combien de *manolitas* et de petites *matrioshkas*?, et moi qui suis-je?".

Commencer une nouvelle année l'atterre, elle n'a jamais fait l'amour autrement que brutalement, cernée par des odeurs de poudre, au milieu des coups de feu et des corps déchiquetés, avec des hommes en sueur qui n'avaient pas des doigts de fée – tant s'en faut –, et voilà qu'elle prend du plaisir avec les fantaisies d'un curieux bonhomme.

Après quoi Felisberto s'allonge à côté de María Luisa et palpe le corps de la poupée.

Puis tout à coup une plainte :

– C'est dommage que la porcelaine de ses petits bras et de ses petites jambes soit si froide.

– Qu'est-ce que tu veux, qu'on les remplisse d'eau chaude ?

Il se redrésse, les yeux comme des soucoupes.

– Tu es merveilleuse, María Luisa. Je dois te lire une histoire que je suis en train d'écrire, dans laquelle tu apparais.

Après avoir écouté la lecture de la nouvelle, intitulée *Les Hortenses*, la femme qui n'est pas María Luisa sent le sang se glacer dans ses veines.

Ce sont des choses que Felisberto a déjà écrites ou lui lit-il ce texte intentionnellement, en s'arrêtant sur certains mots, attentif à l'effet qu'ils produisent ? Sa lecture est agréable. En Uruguay et en Argentine, lui a-t-il raconté, il avait l'habitude de donner des récitals de piano accompagnés de conférences et les gens pouffaient de rire. C'est quelqu'un d'à la fois très réservé et extrêmement drôle.

La nouvelle est calquée sur leur histoire à tous les deux. Pas dans tous les détails, mais presque.

Un homme appelé Horacio vient de se retirer d'une affaire qui lui a laissé une belle somme d'argent : un magasin de

---

* En français dans le texte. *(NdT)*

poupées. Sa femme, María Hortensia – Horacio l'appelle simplement María –, veut le garder pour elle toute seule parce qu'elle est jalouse. Ils n'ont pas d'enfant. Horacio lui a offert une poupée de sa taille, qu'ils baptisent Hortense. Elles ont toutes deux la peau olivâtre, comme María Luisa et sa *manola.* Le mari dit à sa femme :

J'oublie toujours de prendre une loupe pour mieux voir les plantes qui se trouvent dans le vert de ces yeux ; mais je sais que ta couleur de peau tu l'obtiens en te frottant avec des olives.

Sa femme lui caressa à nouveau le nez du bout du doigt.

Felisberto observe María Luisa qui fait bouger ses sourcils comme Groucho Marx. Elle a un rire forcé tout en lui plantant un doigt sur la pointe du nez, consciente maintenant qu'elle a ce geste parce qu'il fait partie du récit.

Outre Hortense, qui est la sœur jumelle de María, la manie d'Horacio est de collectionner de grandes poupées pour leur faire représenter des scènes. Il les garde dans un grand salon, à l'intérieur de trois vitrines en verre où les poupées attendent leur tour. Horacio a engagé une équipe d'artistes pour dessiner les habits et les décors, pour écrire les légendes et la musique.

– Mes petites œuvres doivent te sembler bien peu de chose, murmure María Luisa, troublée.

– Elles sont petites mais jolies, répond Felisberto d'une voix caressante, avec l'accent et les jolis mots propres à son pays : *chicas, lindas.*

Dans la maison dont il est question dans cette histoire vivent trois serviteurs : un Russe blanc appelé Alex et deux femmes de chambre jumelles.

Le premier soir, Horacio va contempler le spectacle qu'ils lui ont préparé. Il ne doit pas savoir de quoi il s'agit. Mais cette fois le bruit des machines le rend inquiet. Comme si quelque chose dans ce bruit voulait insinuer je ne sais quoi.

– De quel genre de machine s'agit-il ? demande María Luisa, toujours aussi troublée.

Felisberto se lève, se dirige vers la machine à coudre de María Luisa et actionne la pédale, montrant le cliquetis avec son index, comme si le bruit pouvait se voir.

– Dans cette histoire, les machines sont utilisées pour la représentation théâtrale, dit-il en retournant s'asseoir avec une mollesse bien à lui, les bras ballants et les jambes flasques, comme s'il avait des articulations de femme. Mais je les ai inventées après avoir vu celle-ci. Et l'avoir entendue.

Une plaisanterie de María, qui déguise Hortense en lui mettant sa propre robe, suffit pour qu'Horacio perde pied et s'effondre. C'est alors qu'il commence à penser que les poupées contiennent des présages, *qu'elles ont des visages énigmatiques et qu'on peut leur attribuer n'importe quelle pensée ; êtres hypnotisés qui accomplissent des missions inconnues ou qui se prêtent à d'horribles desseins.*

– Le visage énigmatique, je l'ai mis en pensant à toi, dit Felisberto à María Luisa d'un air détaché, comme il aurait dit "tu es espagnole" ou "dehors il pleut". Toi aussi on peut t'attribuer n'importe quelle pensée.

Aucun des deux ne rompt le silence, elle parce qu'elle ne trouve rien à lui rétorquer, et lui parce que son regard est fixé sur un trait de la *gallega.* Pas sur le visage tout entier, juste sur un trait : l'ombre projetée par son nez, à la lueur de la lampe, sur un morceau de joue frottée aux olives. S'il la regardait tout entière, pense-t-elle, s'il la regardait avec des soupçons accessibles, normaux, elle se sentirait plus à l'abri que devant ces deux yeux d'équarrisseur.

La catastrophe arrive quand Horacio tombe amoureux de la poupée Hortense. Pour lui, elle n'est pas inanimée : *s'il y a des esprits qui fréquentent les maisons vides, pourquoi ne peuvent-ils pas fréquenter le corps des poupées ?*

Il tente de se justifier devant sa conscience, mais il a le sommeil lourd. La mesquinerie de ses parents lui sert de prétexte. *Morts quand il était petit, maintenant il pensait qu'ils l'avaient trompé… et eux, ses parents, étaient comme deux bandits qui se seraient enfuis avant qu'il soit grand et qu'il ait découvert la supercherie.*

– Tu as de drôles d'idées, Felisberto, dit María Luisa en tremblant. Tu n'as confiance en personne ? Pour toi il n'y a que des chèques sans provision ?

Il se relève d'un bond et va se servir un verre. Il ne respire pas, il halète. Elle ne comprend pas ce qui lui arrive, mais elle le sent perdu.

– Tu m'espionnes par-dessus mon épaule quand j'écris?

– Pourquoi dis-tu ça? Tu n'écris jamais à la maison, comment le pourrais-je?

– Écoute ceci. Je vais te lire ce qui arrive à Horacio quand il comprend qu'au contact de la poupée il court à sa perte: *ses nom et prénom lui semblèrent différents, il les imagina écrits sur un chèque sans provision.*

María Luisa hausse les épaules, harassée:

– C'est bon, ne me regarde pas comme ça. Je l'ai deviné, voilà tout.

– Tu as deviné ce que j'allais écrire ou tu as fouillé dans mes papiers?

Elle décide de jouer la carte de l'offensée. Elle va se servir un verre de vin.

– A quel moment? Tu crois que je suis une sorcière? Dès que tu rentres je dois aller m'enfermer dans la cuisine pour préparer tes pommes de terre.

L'ivresse est un prétexte pour verser quelques larmes. Felisberto l'embrasse, lui trouve la joue froide, bien qu'éternellement collante (la sienne est violette et brûlante), puis il poursuit la lecture.

Comme Horacio a besoin de sentir la tiédeur du corps d'Hortense, María accepte qu'on la transporte dans l'atelier afin de la remplir d'eau chaude. Durant plusieurs nuits et quelques siestes ils dorment très heureux, avec la bouillotte Hortense entre eux.

Mais le désir de Horacio enfle. Ainsi a-t-il recours à un subterfuge pour qu'une opération secrète soit pratiquée sur Hortense. Quand la nouvelle Hortense revient chez elle, les femmes de chambre jumelles relèvent sa chemise de nuit et découvrent l'opération. En apprenant la chose, María fond en larmes et abandonne le foyer en laissant une lettre pour son mari: *Tu m'as dégoûtée de la vie.*

– Attends, dit María Luisa en sursautant. Tu ne m'as pas dit que ta mère s'appelait Hortensia, Juana Hortensia? Et toi, tu as donné le nom d'Hortensia à une poupée faite pour être baisée !

Felisberto rougit, ne répond rien et poursuit.

Quand María poignarde Hortense, qui se vide de son eau à gros bouillons, Horacio ne s'émeut pas. Il vient de tomber amoureux d'une poupée blonde, également opérée. Après avoir dormi avec elle il lui met des habits de fête pour l'asseoir à sa table.

Il mangea avec elle assise en face, et à la fin du dîner et en présence d'une des jumelles, il demanda à Alex :

– Que penses-tu de celle-ci ?

– Très belle, monsieur, elle ressemble beaucoup à une espionne que j'ai connue pendant la guerre.

En entendant le mot "espionne", toute l'attention de María Luisa se concentre sur une chose : tout faire pour que ses yeux ne la trahissent pas.

Horacio n'a pas ce genre de préoccupation : les remords sont visibles sur son visage, rouge comme sur certaines statues de cire qu'il a vues dans un musée. Jusqu'au jour où un chat noir et quelques plaisanteries sinistres de María, qui est revenue au foyer, finissent de le plonger dans la folie. Alors il prend la fuite. Son épouse et le Russe blanc le recherchent vainement dans la maison et le jardin. *Et quand María et le domestique le rattrapèrent, il se dirigeait vers le bruit des machines.*

– Cette nouvelle je te la dédie, conclut Felisberto, et il lui montre le manuscrit où on peut lire : "A María Luisa."

María Luisa va se servir un petit verre en murmurant "le dernier".

Elle vient de réaliser que l'invisible de Moscou monte des spectacles pour elle.

Avec des paroles, une musique, des décors, tout et tout.

Elle a monté un théâtre de l'amour pour aller dans le même sens que celui qui se damne pour les poupées, sans comprendre qu'elle-même n'est rien d'autre qu'une poupée entre les mains de… Olé.

"Ce Felisberto avec ses présages", se dit-elle pour écarter une idée qui ne l'exalte pas. Parmi les pensées attribuées aux créatures en porcelaine, dans le bruit des machines : des présages et encore des présages. Si elle parvient à monter son réseau d'informations à Montevideo, il lui faudra faire très attention au bruit de certains appareils, outre celui de la machine à coudre.

Elle boit son vin et se demande si Felisberto se rend vraiment compte de ce qu'il a deviné. Une espionne. Tomber comme ça, précisément sur ce mot, espionne ! Comme s'il savait les choses sans les savoir, grâce à un organe propre qui ne serait pas le cerveau. Un poumon subtil, un pancréas perspicace.

Et l'autre ? L'homme de Moscou ? Celui qui lui fait prendre diverses positions, couchée, assise ; ouvrir les yeux, les fermer ? Si Felisberto savait… mais ne sait-il vraiment rien ?

– L'espionne était donc blonde ? l'interroge-t-elle en se mordant les lèvres.

Être ivre n'est pas une excuse. Si l'invisible l'entendait, il dirait qu'elle a non seulement les yeux trop ouverts, mais la langue trop bien pendue.

Cependant la réponse de Felisberto la rassure :

– Bien entendu, petite sotte, peut-on imaginer une espionne brune ?

– Ce cochonnet goulu est en train de te pervertir, dit María Luisa à sa *manola* d'un ton récriminateur, tout en caressant ses bourrelets d'étoupe défraîchis par tant de manipulations. Toi qui as été la poupée de mon enfance, regarde-toi maintenant.

C'est le 17 avril 1948. Felisberto se trouve à la Sorbonne pour prononcer un discours en français que María Luisa l'a aidé à passer au propre. Les corrections sont de la main de sa protectrice littéraire, Susana Soca. Maintenant il a un protecteur et une protectrice, un papa et une maman. Avec Susana comme avec Supervielle, l'Uruguayen remue la queue comme un chien de manchon, parce que c'est une dame distinguée qui, un jour, l'a invité à dîner en lui envoyant un carton dans une magnifique petite enveloppe bleue. Bien que ses émissaires n'aient pas vérifié la chose, María Luisa le sait : il suffit de regarder la petite bouche enfantine de Felisberto quand il mentionne la grande dame aux missives bleues, pour comprendre qu'il y a ou qu'il y a eu quelque chose entre eux.

Le discours, très bref, très personnel, dans lequel il joue au petit garçon, comme il l'admet lui-même, a été imaginé pour susciter l'affection du public et pour que ce dernier lui pardonne Dieu sait quelles fautes insoupçonnées dont il devrait se sentir honteux aux yeux de tous. Mais de quoi se sent-il coupable ? De jouer avec des poupées ?

Je ne peux parvenir à la pleine conscience de cet événement, être présenté en Sorbonne par Jules Supervielle. Quand il parle de mes contes je crois qu'il y a dans tout cela une grande confusion et que l'on découvrira un jour une erreur inattendue. En tant que grand poète, il a inventé un personaje, en prenant mon nom et quelques faits. Et si je suppose que je pourrais être ce personaje, je ne sais pourquoi mais j'ai peur. Je me souviens de l'amour que

*Jules Supervielle a pour les animaux, j'imagine que je suis un lapin, que le poète me prend par les oreilles, me montre au public et fait avec moi quelques tours merveilleux. Je ne comprends pas très bien ce qui se passe mais je suis très heureux**.

– Tu prononces le français comme une vache espagnole, lui a dit María Luisa avec douceur, toujours sur ce même ton de légère réprimande qui réjouit Felisberto (en écoutant ça il se trémousse comme un petit garçon qu'on vient de punir).

Elle a repassé sa chemise et son costume, sans oublier le gilet, faisant au mieux pour que Felisberto ait une allure convenable. Tâche ardue, car ses vêtements sont juste bons à donner à la paroisse. Elle a demandé à l'invisible, au travers d'un message radio, s'il ne serait pas souhaitable d'acheter à l'écrivain fêté un pantalon neuf. "Trop tôt, lui a répondu Olé. Il va penser que tu veux le séduire avec ton argent. Ne le sous-estime pas, ce n'est pas un gigolo."

La belle surprise ! Quand la décision avait été prise de l'envoyer à Paris pour séduire l'Uruguayen, on avait été très clair avec elle : c'était un intellectuel pauvre qu'elle devait séduire avec ses propres armes. Alors quoi ? La phrase "ne le sous-estime pas" signifie-t-elle que là-bas, à Moscou, Olé a commencé à l'estimer ? Mystère. Mais il y a longtemps que María Luisa a appris à ne pas trop réfléchir. Elle hausse les épaules, puis elle lui glisse un petit mouchoir parfumé dans la poche gauche de sa veste, accompagne Felisberto jusqu'à la porte et lui donne un baiser qui ne laisse transparaître aucune rancœur.

Car c'est sans elle qu'il est allé prononcer son discours.

La présentation à la Sorbonne est l'épreuve finale. Supervielle a décidé de profiter de sa présence jusqu'aux derniers instants. Le départ de Felisberto est fixé au 20 mai. C'est la date définitive. Toutes les démarches pour prolonger sa bourse ont échoué.

Subitement, tandis qu'elle passe un de ses coûteux tailleurs, un ensemble d'un vert émeraude assorti au béret constellé de petites mouches brillantes (avec elle, les services ne reculent

* En français dans le texte. *(NdT)*

devant aucun effort), Felisberto la détaille de la tête aux pieds et, utilisant ce mélange uruguayen si curieux du *vos* et du *tu* :

– *Tú no venís.* Toi, tu ne viens pas.

– Comme tu voudras, mon ange, répond María Luisa en enlevant son béret.

C'est la preuve que les émissaires du chef ont dit vrai. S'il n'a pas voulu se montrer à son bras et en public, c'est parce que, outre sa petite affaire avec Susana Soca, il fréquente une autre femme, une Anglaise paralytique dénommée Fiora.

Les émissaires ne se sont pas privés non plus de lui annoncer ce qu'elle redoute par-dessus tout : Olé n'est pas content. A un mois du départ de Felisberto, qu'a-t-elle obtenu ? L'Uruguayen va retourner à Montevideo tout seul, de la même façon qu'il est parti seul faire le beau devant les Français, en prétendant que Supervielle l'a tiré de sa manche comme un lapin.

Le fait que sa dangereuse rivale soit clouée sur une chaise roulante ne la surprend aucunement. Elle est dangereuse parce qu'elle est immobilisée. Le vrai jeu réside dans l'immobilité. Pour Felisberto, une femme doit d'abord être une mère, et ensuite une éclopée. A moins que les deux choses aillent ensemble, car une mère ne bouge pas davantage (et une Hortense encore moins). Ne pas pouvoir s'extraire de l'endroit que l'on occupe est, pour lui, une vertu supérieure, ronchonne-t-elle.

– C'est comme si ce prénom si chaud t'avait prédisposée à être comme tu es, lui a dit en 1934 un mineur des Asturies.

Elle lui a répondu :

– On voit que tu ne connais pas Ceuta.

Et après la pause nécessaire pour permettre au mineur aux grosses mains velues (pas comme celles, petites et légèrement poilues, de Felisberto) de placer la phrase de rigueur, "je chie sur Ceuta", elle lui a expliqué, avec ce ton posé qui exclut toute velléité de bagarre :

– Ma mère et ma sœur s'appellent Virtudes, à cause de Nuestra Señora de las Virtudes, des Vertus. Moi, je m'appelle Africa, à cause de Nuestra Señora de Africa, la patronne de

Ceuta. Il y a un sanctuaire très joli consacré à la Vierge de Ceuta. On la fête le 5 août. Une autre pause puis : moi j'ai toujours chié sur Ceuta et sur la Vierge de Ceuta.

A quel moment remontaient ses envies de chier sur les vierges, sur les Virtudes et sur la ville au funeste pénitencier ? Elle a beau plonger dans ses souvenirs, elle ne se rappelle pas disant "amen". L'intérieur sombre des églises, ça n'a jamais été son fort. Pour elle, Ceuta ce sont deux couleurs : la mer bleue et la peau cuivrée des Arabes, la même couleur que le sable et les forteresses : le château du Desnarigado, tourelles et mâchicoulis découpés sur un ciel qui invite tout un chacun à prendre son envol.

A sa naissance, un 26 avril 1909, le bagne était encore en activité. Il a été supprimé trois ans plus tard. Mais Africa n'a pas oublié la peur que les Virtudes essayaient de lui insuffler quand elles passaient devant les hauts murs, soulevant des petits nuages de poussière, imprimant à leurs jambes une précipitation injustifiée, l'esprit tourné vers les yeux des bagnards qui, bien que disparus, ne manqueraient pas de les épier à travers les fissures de la pierre ; et Africa, au contraire, qui s'arrêtait pour regarder, comme si les étincelles imaginaires derrière les murs lui chatouillaient le corps. Délicieuses chatouilles. Les Virtudes étaient grosses et blanches ; Africa, une gamine maigrichonne et brune de peau qui leur faisait un pied de nez.

Le père s'appelait Zoilo de Las Heras Jiménez et la mère, Virtudes Gavilán de Pro, elle s'appelait donc Africa de Las Heras Gavilán, ou épervier, au grand désespoir des palombes qui tombaient entre ses griffes.

A dire vrai, le personnage principal de la maison n'était pas don Zoilo, mais son célèbre frère, le général Manuel de Las Heras Jiménez. Don Zoilo n'était qu'un gratte-papier militaire. Il admirait son frère et en était jaloux. Se sachant moins important, il se montrait plus audacieux. Il n'avait pas perdu une certaine grâce sévillane, malgré le désert marocain et les deux Virtudes. L'oncle général était lui aussi originaire de Séville, et pour autant nul ne pouvait s'empêcher de bâiller à se décrocher la mâchoire quand le dimanche, à table, il prenait posément la parole.

Ces déjeuners finissaient à la tombée du jour. Puis venaient les soirées avec le xérès, les meringues au miel et les petits officiers engoncés dans leur uniforme et fiancés potentiels de la Virtudes puînée. Des petits officiers choisis parmi les troupes régulières, car en 1920 Ceuta avait vu arriver les hommes de la légion espagnole de Millán Astray, des bêtes terribles venues se battre contre les *moros* et pas pour courtiser les jeunes filles comme il faut, destinées à vieillir vite. Cependant leur lieutenant, Francisco Franco, pensait différemment ; pour lui, ces bêtes féroces avaient une "mystique". Quand ils torturaient et tranchaient des têtes, ils levaient les yeux au ciel. Maintenant qu'elle y pense, c'était à ce moment-là qu'elle s'était mise à chier allègrement sur Ceuta.

Elle va sur ses onze ans. Sa petite camarade marocaine porte un nom magnifique, Khadiya, qu'elle aimerait bien porter elle-même, et elle lui parle dans sa langue *dariya*, un arabe endiablé qui rime avec Khadiya et qu'Africa s'entête à apprendre, au grand effarement des Virtudes qui parlent français, outre un espagnol avec l'accent *caballa,* car c'est ainsi qu'on appelle les habitants de Ceuta, parce qu'ils vivent de la pêche et se nourrissent de ce poisson.

Khadiya apprend à son amie espagnole une danse marocaine, sorte de galop avec des coups de talon plus brefs que dans le flamenco, quand un ballon atterrit dans la cour.

Dans la rue Lauriston, Africa ne peut pas regarder le mannequin décapité sans se rappeler la tête du père de Khadiya, que les hommes de la Légion étrangère ont jetée en criant :

– Et que ça serve d'exemple !

Ce soir-là elle ne veut pas rentrer chez elle dans la rue Soberanía Nación ni retrouver son petit lit avec son couvre-lit bleu ciel qu'elle caresse toujours dans le sens du poil, comme si elle nageait avec les vagues. Elle ne va pas non plus dormir chez Khadiya : là se trouve la tête couchée sur l'oreiller, tandis qu'un essaim de pleureuses hurle, les bras en l'air. Mais elle court demander refuge chez une Espagnole pauvre qui fait de la couture pour la famille. Elles parlent toute la nuit. Son mari est ouvrier et communiste. Africa sait déjà ce que veut dire communiste grâce aux conversations avec son oncle. L'autre, pas Manuel, pas le petit militaire des après-dîners interminables, sinon l'oncle Julián – l'avocat –, Julián qui est socialiste et qui le lui a expliqué ; explication qu'elle s'ingénie à répéter à don Zoilo et aux Virtudes quand ils viennent la chercher au lever du jour, la traitant d'endiablée et lui disant en guise d'avertissement :

– Tu vas monter sur le premier bateau et tu entreras au collège du Sagrado Corazón de Madrid comme pensionnaire.

Africa quitte le collège pour se marier avec un officier de l'armée, Francisco Javier Arbat Gil. Ils sont jeunes tous les deux. Elle le choisit pour que sa famille lui fiche la paix, et comme ça elle pourra mettre la robe blanche entièrement sertie de perles dont les deux Virtudes ont toujours rêvé. En se voyant, Africa dit : "Je ressemble à une mouche dans un verre de lait." Dans le fond, elle ne doute pas un instant que son mariage sera de courte durée.

En 1930 elle apprend que son oncle le général est mort après avoir reçu deux balles dans le ventre. Une faction républicaine, commandée par les capitaines Fermín Galán et Angel García Hernández, est responsable de sa mort. Elle ne le pleure pas et ne hurle pas en levant les bras au ciel. Les troupes qui se sont soulevées contre la monarchie d'Alphonse XIII dans la garnison de Jaca, province de Huesca, ont été sauvagement réprimées. Le 14 décembre, les deux chefs révolutionnaires s'effondrent, le corps criblé de balles. Africa a vu les deux photographies dans le journal. Ils ont eu droit à un jugement sommaire avant d'être passés par les armes. Elle prend acte de la mascarade et en parle à son amoureux, un syndicaliste du secteur bancaire avec qui elle est partie.

Trois ans plus tard elle apprend la mort de son père. Africa reçoit un faire-part de décès malveillant, destiné à la meurtrir la vie durant. Les Virtudes ont fait du zèle, elles veulent à tout prix la convaincre que don Zoilo est mort de honte à cause d'elle. Mais pour Africa il n'y a pas de culpabilité qui vaille. Un an plus tard elle distribue des armes lors du soulèvement des mineurs dans les Asturies.

– A cette époque tu n'étais pas avec moi, ma jolie, s'excuse-t-elle auprès de sa *manola* qui, assise, ouvre les yeux comme si elle écoutait avec attention. Ni toi, ni le petit. Putain, ne me regarde pas comme ça, je te l'ai dit cent fois, je n'allais pas vous entraîner avec moi dans une révolution de putain de sa mère... C'est ce que je suis ? Oui. Tout s'est mal passé ? En effet, tout. Tu veux que je me tranche les veines ? Eh bien, c'est ce que je fais. Sans en rajouter, je te rappelle la fois où on m'a tiré dessus alors que je protégeais un camarade avec mon corps. Quelle jolie fête, Manuela, quelle jolie fête. A Oviedo nous avons créé la République socialiste asturienne, nous avons attaqué des postes de la Garde civile, des églises, des mairies. Toutes les Asturies entre nos mains, et les fabriques d'armes, celle de Trubia, celle de La Vega, prises par nous, Manuela... Nous avons eu une armée rouge qui a compté jusqu'à trente mille mineurs. Nous pensions marcher sur Madrid. A La Felguera, à Langreo et dans le Llano de Gijón nous avons organisé quelque chose de formidable, un Comité de ravitaillement pour distribuer de la nourriture au peuple, nous avons mis fin au capitalisme, nous avons réparti les terres...

"Moi j'étais avec ceux qui contrôlaient la distribution de la farine, et voilà qu'un type en habits de mineur me saisit par-derrière en pointant une arme sur ma nuque. J'étais interloquée, je lui ai dit : 'Hep, vieux, qu'est-ce qu'il t'arrive ?' Mon amant, celui qui avait des mains poilues et qui ne comprenait pas pourquoi on m'avait appelée Africa, l'a attrapé par la nuque comme un petit chat et l'a emmené. Ils l'ont interrogé, il a pleuré ; c'était un pauvre fou, on l'appelait Pichalatu. Alors ils ont tourné un doigt sur leur tempe et l'ont laissé partir. Nous en étions là lorsque mon passé m'a rattrapée. Je me suis toujours dit que je ne pouvais pas raconter ça au premier venu, j'aurais eu l'air d'une folle, mais il m'a rattrapé."

Elle boit une gorgée de vin de France à la santé de Felisberto Hernández.

– Tu sais qui se trouvait dans les Asturies ? Non, tu ne le sais pas ? Eh bien, le général Francisco Franco, ce petit bout d'homme au menton fuyant et aux épaules à ailettes qui défilait à Ceuta avec toute la fanfare au côté de l'oncle Manuel. Et avec qui crois-tu qu'il était venu ? Avec ces effrayantes bêtes féroces, ces coupeurs de têtes de la légion espagnole, les mêmes qui avaient décapité le père de Khadiya. Et avec les *moros*. Eux, c'étaient d'excellents coupeurs de couilles. On l'appelait l'*ejército de Africa*, l'armée d'Afrique, tu peux imaginer les plaisanteries qu'il m'a fallu entendre. On riait pour ne pas pleurer. Les *moros* ont dévasté Oviedo, incendié l'université, ils ont assassiné, violé; ils ont fait un carnage, selon leur habitude.

"Maintenant, le plus curieux de tout, ce que personne n'a compris. Des vingt-trois peines de mort légales prononcés par les franquistes (il vaut mieux ne pas comptabiliser les illégales), à peine deux furent exécutées: un certain sergent Vázquez qui avait fait exploser un camion entier avec trente-deux gardes civils entassés à l'intérieur, et le fou Pichalatu. En fait c'était un infiltré, il n'était ni mineur ni rien du tout; c'était un malade qui haïssait les femmes de tout son cœur, et il avait profité du désordre pour en liquider quelques-unes. Il en a tué sept. Un Barbe bleue. J'ai foutu le camp de là."

Deux ans plus tard, Africa patrouille dans les rues de Barcelone.

Elle n'a pas très envie de se souvenir de la guerre civile. D'aucune guerre, d'ailleurs. Le souvenir n'est pas brûlant uniquement parce qu'il est douloureux, mais aussi parce qu'il est beau. A moins que ce qui fait tellement mal finisse par devenir plus beau qu'une chose qu'on ne ressent plus. A cette époque au moins elle était elle-même, à cette époque on ne la prenait pas pour une autre. On l'appelait par son prénom, le sien propre, elle plaisait aux hommes parce qu'elle était elle-même et ils savaient le lui démontrer, preuves à l'appui. Elle était presque jolie avec ses traits un peu irréguliers, avec sa peau sombre à gros grains de beauté qu'elle camouflait, déjà à cette époque, sous des couches de crème. Sa seule coquetterie consistait à s'épiler les sourcils et à peindre par-dessus, finement, un long trait jusqu'aux tempes. Elle en avait cependant une autre: traverser le danger le plus naturellement du monde.

– On disait de moi que je me trouvais partout à la fois. J'ai sans doute été Dieu.

Elle fait honneur à sa réputation, on la croise à Salamanque et à Burgos, parfois seule, parfois avec un homme, García

Lago, le syndicaliste du secteur bancaire, qu'elle a épousé. Quand son mari s'est retrouvé en prison, elle allait lui apporter des paquets. En la voyant, les prisonniers étaient pris d'agitation comme s'ils étaient assis sur une fourmilière : elle est trop gitane, elle ressemble trop à la femme rêvée au cours de nuits solitaires pour la voir surgir ainsi, en chair et en os, et aller retrouver un autre. On les a vus ensemble à Madrid en 1936, le type de la banque et elle, à la Plaza de Toros, lors du discours prononcé par La Pasionaria pour fêter la libération des prisonniers asturiens. Lui a-t-elle été fidèle ? A sa façon. Aurait-elle continué avec lui si une intervention inespérée n'avait modifié sa route ? C'est le genre de questions qu'elle chasse d'une bonne chiquenaude quand elles l'assaillent la nuit. Quant aux autres…

Cette même année elle a fait un voyage à Ceuta. Une visite clandestine, nocturne. Pleine d'amertume. Peu avant le soulèvement de l'homme au menton rentré, afin de récupérer l'enfant et pour avertir l'oncle Julián – le seul à l'aimer dans cette famille – de se tenir sur ses gardes. La Phalange l'avait inscrit sur sa liste noire, lui avait-elle dit. L'oncle avait souri. Il ne l'a sans doute pas crue car il n'a pas pris la peine de vérifier l'information, il lui a seulement demandé ce qu'elle comptait faire de Julián, le petit. L'oncle et la nièce avaient eu la même réponse, comme s'ils parlaient d'une seule voix :

– Je me débrouillerai.

Africa retourna en Espagne avec son fils qui donnait des coups de pied et tentait de se libérer de la main de sa mère. Don Julián Francisco de Las Heras Jiménez fut tué par une balle tirée d'une voiture dix jours plus tard. Tout le monde à Ceuta connaissait le nom des fascistes qui avaient assassiné l'ex-maire socialiste : Pelegrina, Raga et Capote. Cela se passait en avril 1936.

Africa se trouve à Barcelone, elle pointe son fusil sur un bourgeois portant cravate – un des rares qui osent encore en porter –, parce qu'il a volé le pain destiné au peuple, quand elle se sent saisie par l'épaule avec rudesse.

Elle se retourne.

– Parfois tu te retournes comme si c'était un geste banal, Manuela, et tu ne sais pas qu'à cet instant ta vie bascule.

Celle qui vient de lui toucher rudement l'épaule est une femme mûre dotée d'un long visage chevalin; grande, forte et sèche, elle arbore un chignon. Elle lui demande qui elle est.

– Africa, répond Africa, qui à cette époque s'appelait encore ainsi. Et toi?

– Caridad. Puis elle ajoute: ça fait un moment que je te suis.

Elle la regarde comme si elle tripotait un tissu. Elle ne sourit jamais, elle a un air dur, mais Africa, bien que méfiante, finit par se confier à elle.

– Caridad a été la mère que je n'ai pas eue. Quelle femme! Elle m'avait prise en affection; et voilà qu'elle découvre qu'entre son fils Ramón et moi... (Elle se frotte les doigts.) Je ne pourrai jamais oublier la gifle qu'elle m'a flanquée. "Toi, tu coucheras avec qui je te dirai, mais avec Ramón il n'en est pas question." Cela se passait il y a onze ans. C'est la dernière fois que j'ai regardé un homme parce qu'il me plaisait et non parce que cela faisait partie de mon travail.

Eustasia María Caridad del Río Hernández lui raconte sa vie tandis qu'elle l'accompagne dans sa ronde à travers les rues de la ville.

Elle est née à Cuba. Quand l'Espagne a perdu sa colonie antillaise, la famille s'est installée en Catalogne. Comme ils avaient quelques moyens, ils l'avaient envoyée dans un pensionnat français, pas en France mais en Angleterre, au Sacré-Cœur de Jésus. De sorte qu'Africa et elle ont vécu dans le même genre de famille. Elles ont suivi les mêmes études bébêtes avec les mêmes bonnes sœurs qui sentent mauvais, et elles ont fini pareil. A une différence près, c'est que Caridad est restée mystique jusqu'à ses dix-huit ans. La mystique de la prière, pas celle des coupe-gorges. Elle avait de tels élans mystiques qu'elle s'était retrouvée aux Carmélites Déchaussées.

– Grenouille de bénitier comme La Pasionaria quand elle était petite, commente la plus jeune des deux femmes, puis elle ajoute: moi, les bonnes sœurs n'ont jamais réussi à me faire plier.

Caridad n'avait pas dix-neuf ans quand elle avait épousé Pablo Mercader à Barcelone. Ils avaient eu cinq enfants,

Jorge, Ramón, Pablo, Luis et Montserrat. "Ramón a appris à lire dans une école religieuse, tu te rends compte." Un jour en 1925, sans rien dire, Caridad avait abandonné son mari ; elle avait pris ses cinq enfants et elle avait gagné la France. Là-bas, un aviateur bolchevique lui avait changé les idées.

Elle n'est pas affiliée au parti communiste. Elle milite au sein du PSUC, parti socialiste unifié de Catalogne, lié à l'Internationale. Elle a été nommée secrétaire de l'Union des femmes communistes et chef d'une brigade communiste sur le front d'Aragon, et…

Africa se frappe le front.

– Ça y est, je sais qui tu es. On t'appelle La Pasionaria de Catalogne, nous venons de parler de La Pasionaria et tu n'as pas réagi. Tu as été blessée lors d'un bombardement sur le front de Bujaraloz, ton fils Ramón a lui aussi été blessé à un bras, et ton autre fils…

Le regard de Caridad devient encore plus dur qu'il ne l'est naturellement.

– Allez, continue, dis-moi ce que tu sais.

Elle sait ce qu'on raconte ici et là. Que son autre fils a été accusé d'indiscipline militaire à Barcelone. Que les chefs communistes, avec l'assentiment de sa mère, ont décidé de l'envoyer dans une brigade disciplinaire à Madrid. Et que Pablo est mort au front peu après y être arrivé.

– On est communiste avant d'être mère, récite Caridad. Si tu as la foi.

Africa reste coite ; chaque fois qu'elle entend le mot "mère", elle regarde en l'air. Et si on parle de foi, celle dont elle s'est nourrie jusque-là lui tourne autour comme une jupe à volants. Au cœur de cette foi en la danse, elle peut aller et venir, tomber amoureuse et s'effondrer, faire son devoir de mère ou pas, protéger son fils ou l'exposer au danger uniquement parce qu'elle est fière de l'avoir. En revanche, Caridad semble corsetée par une foi faite de renforts en acier qu'Africa ne connaît pas encore, mais qui éveille sa curiosité.

Mais quand Caridad finit par lui confier que, si elle n'est pas inscrite au Parti, c'est parce qu'elle appartient à une organisation supérieure, secrète et occulte, appelée NKVD, et qu'elle lui propose d'intégrer son groupe, parce que les Russes, qui l'ont observée à la loupe dans ses différentes actions – qui ne sont pas insignifiantes (faire passer les résistants d'un côté et de l'autre des Pyrénées, se rapprocher des barbelés du camp de concentration de Saragosse pour comploter avec les détenus, libérer cent vingt-cinq prisonniers et les conduire d'Alicante à Barcelone jusqu'à la frontière française, en camion ou à pied, en tirant des coups de feu aux côtés de onze autres miliciens et en sauvant tous ces prisonniers sans qu'une seule vie ne soit perdue) –, l'ont remarquée entre mille, Africa considère avoir reçu l'onction. Mais sera-t-elle à la hauteur ?

– Je ne sais pas si j'en suis digne.

– Eh bien, après ce que je viens de te dire, il vaut mieux que tu le sois, si tu ne veux pas finir avec une balle dans la nuque, lui répond tranquillement la mère de Ramón.

Quelques jours plus tard, la face chevaline lui présente le Hongrois Pierre, ou Gueré, ou Ernö Gerö.

– Aujourd'hui je me rends compte de quelle façon les événements se sont enchaînés, soupire María Luisa (elle commence à comprendre : lorsqu'elle fait face, elle est Africa, et quand elle baisse les bras, elle est María Luisa). Si je me trouve embarquée dans cette histoire avec Felisberto, c'est parce que Pierre a vécu à Montevideo au début des années 30.

Une autre gorgée. Non qu'elle pense se soûler, mais Felisberto tarde à rentrer et elle se demande s'il va revenir.

– Un dessin bien fait, tu ne trouves pas ? Une ligne qui part de Montevideo et qui vient jusqu'à moi. Si Gerö n'avait pas vécu en Uruguay à la tête de je ne sais quel Bureau soviétique qui fonctionnait là-bas, cette affaire ne m'aurait pas été confiée. On m'aurait donné une autre mission, pas celle-ci. Dieu écrit bien droit sur des lignes tordues. Ne le dis à personne mais parfois j'ai l'impression que celui qui tire les ficelles se trouve tout là-haut, bien plus haut que mes chefs du KGB, bien plus haut qu'Olé… Non, n'ouvre pas la bouche, surtout pas, je ne veux pas finir comme cette pauvre Caridad qui se trouve en ce moment à Paris avec le moral plus bas que terre.

Caridad Mercader et son moral à zéro, Caridad enfermée chez elle à triple tour ; qui l'aurait imaginé, qui aurait pu le dire ce jour-là, à la fin 1936, quand le Russe au béret penché et le bel Hongrois lui serrent la main jusqu'à lui faire mal, la regardant avec cet œil à demi fermé, comme s'ils palpaient un tissu, geste qu'ils font tous maintenant. Africa soutient leur regard, et eux se mettent à rire. Ils peuvent se permettre quelques libertés, pas comme cette pauvre Caridad, elle l'appelle comme ça maintenant – avant elle la considérait comme la réincarnation de Lénine en femme –, cette pauvre Caridad qui est entrée au NKVD comme on entre aux Carmélites Déchaussées.

Pierre, ou Ernö Gerö, a des cheveux d'un blond doré et une barbe suave. Africa ne l'a jamais touchée, mais à des lieux on voit qu'elle est douce. Il est à croquer avec une goutte de citron, ce satané Hongrois (les blonds lui ont toujours donné l'impression d'une tendre pitance, d'un fruit de mer pulpeux et nacré, entre le rose et le lilas.) Elle a également remarqué un petit Russe à lunettes, timide et maigrichon, qui la regarde avec appétit ; elle a un peu tourné autour, mais dès qu'elle approche il prend la fuite, effrayé. Dommage. De toute façon, si elle veut être utile, Africa ne doit plus penser aux hommes, sauf si on l'y enjoint.

Elle comprend, des années plus tard, que le Hongrois a joué avec son nom et son prénom : Ernst Singer est devenu Ernö Gerö.

– Tu as saisi, ma poupée ? Il a enlevé le *-st* à Ernst et le *sin-* à Singer, puis il a ajouté un *o* au nom et au prénom. Quant aux trémas, je ne me l'explique pas, ce doit être une blague de chez lui. Des gamineries, crois-moi, ce sont des gamins qui font les malins (c'est lui qui m'a donné le poison indétectable, pour l'avoir sur moi en cas de besoin, un poison que tu saupoudres sur une poignée de porte, ou sur un bureau, et qu'on ne détecte pas à l'autopsie) et qui prennent tout à la rigolade. Je parle de l'Espagne, pas de la Russie. Les Russes allaient en Espagne comme on va en vacances. Moi aussi j'ai dansé en Espagne, c'est autant de pris. Et ça, avant de les connaître, bien sûr.

Une autre gorgée, un autre soupir.

– Mais la rigolade, ce n'est pas pour les femmes. Nous autres qui travaillons là-dedans, nous avons les os fragiles. C'est sans doute pour ça que le visage de Caridad s'est allongé comme celui d'une jument. Caridad la Carmélite. Je ne les ai jamais vues s'amuser, elle et cette Bulgare dégoûtante avec ses dents pourries, Blagóeva. Stella Blagóeva. Elle aussi est venue à Barcelone fourrer son nez. Elle a des dents pleines de caries et les gencives vertes, peut-être parce que les mouchards ont la bouche qui pourrit. Ce petit ange de Felisberto, avec sa manie de se plaindre d'une table ou d'une fenêtre suspectes, n'imagine pas ce qu'il nous faut endurer, quand une de ces putes nous prend en grippe. Je crois que l'idée de partir à Montevideo m'a réjouie, c'était une façon de m'en débarrasser (à moins qu'elle vienne fourrer son nez là-bas aussi). J'ai cessé de rire depuis que je la connais. Avant ça? Oui, tu as raison, bien avant, mais c'est un chapitre à part. C'est comme si avoir été une mauvaise mère faisait partie d'un autre monde... Je suppose que tu t'en es rendu compte, poupée: je ne ris plus, je ne suis plus la même, je ne m'amuse plus comme avant. Sauf dernièrement, à Moscou, quand j'apprenais mon rôle de couturière chic prête à jeter son dévolu sur Felisberto.

Heureusement, les autres la prennent sous leur aile: Gerö aux cheveux dorés, Eitingon le séducteur de dames mûres, Alexandr Orlov avec son visage de gamin sérieux (son petit nez, sa petite bouche, ses petites lunettes, tout cela froncé au milieu de son visage comme s'il pleuvinait). C'est une chance, avec son envers de malheur: Eitingon vit avec Caridad, Ramón est relégué, Gerö est marié, et Orlov bien seulet, le pauvre – du moins le croit-elle –, mais il est si fripé de la tête aux pieds à l'image de son visage tout entier, et aucun d'eux n'est prêt à se lier à cette jeune Espagnole. Quant à la liaison de l'autre Espagnole, la vieille, elle a été autorisée, cela fait partie de son travail. Caridad est enchantée, ce sont ses dernières cartouches; et Leonid avec sa toque de travers la rend folle.

– C'est dommage, surtout parce que je leur plaisais, se dit-elle avec quelque regret. J'ai été belle. Aujourd'hui, il y a cette espèce de double menton que je sens venir; Virtudes la vieille en avait bien un! L'a-t-elle encore? Ma mère serait-elle morte? Je dis ça parce que je l'ai vu, ce double menton, ma poupée: il tremblote quand tu remues. Qu'est-ce qui a bien pu traverser l'esprit de ce fou d'Olé: penser que je pouvais emballer Felisberto avec mon déguisement de vamp! "Va séduire l'Uruguayen et épouse-le", me faisait-il dire. Je lui ai ri au nez, même si je n'ai pas vu l'ombre dudit nez. J'aurais voulu lui répondre que s'il me trouvait si belle, il devait changer de lunettes. Il s'imagine que j'ignore qu'il m'espionne à travers le trou pratiqué dans le mur? Je ne lui ai rien dit, bien entendu. Le chef est un fou furieux. Mais de là à attendre l'éclosion de mon double menton pour m'envoyer à l'autre bout du monde, tout ça pour faire frotti-frotta avec un pauvre type!

Pour la mettre à l'épreuve on l'envoie à Paris, clandestinement. Elle parle français et elle réussit à se faire embaucher avec une compagne comme femme de ménage dans les bureaux de la Gestapo. Les deux filles trouvent ce qu'elles cherchent: les documents concernant l'espionnage allemand sur les Anglais de Gibraltar. Elles parviennent à sauver soixante-sept personnes. Jolie performance. A cette époque, Africa de Las Heras s'appelle parfois Mme Luisa, parfois Znoy. Le *z* ne se prononce pas comme en espagnol, avec la langue entre les dents, mais en la faisant vibrer par-derrière comme un vrombissement d'abeilles. Znoy la suffocante. Les Russes se moquent d'Africa et elle le sait, c'est la raison pour laquelle elle ne les appelle jamais autrement qu'Ivan.

Gerö est un gros poisson, ça se voit à un simple détail: au Parti et dans les Jeunesses, on ne le connaît pas. La flambante recrue apprend cela très vite: moins on vous nomme, plus vous êtes en sûreté. Le moment venu, Caridad lui dira ce qu'il en est: Gerö est le bras droit de Manuilsky, un des grands pontes du Kominterm. Elle lui dira également qu'en 1928 le Hongrois étudiait à l'École léniniste de Moscou, juste au moment où Caridad, à peine arrivée, était sur le point de s'enrôler dans la GPU – ainsi appelait-on le service d'espionnage soviétique avant qu'il ne s'appelle NKVD (par la suite il s'est appelé de mille manières. Africa se souvient du seul nom de

NKGB ; maintenant on pense désigner ce service par le sigle MGB, mais elle a du mal à y plier sa langue).

Gerö est le chef à Barcelone et Orlov, à Madrid. Le parti socialiste unifié de Catalogne est sous la botte de Gerö. A Barcelone, on ne fait rien sans le consulter. Quand Caridad dit à sa disciple qu'elle devra se tenir prête à l'accompagner à Moscou, il est inutile de préciser d'où émane cet ordre.

Africa abandonne définitivement Barcelone, définitivement l'Espagne, après la disparition de son petit Julián, mais avant l'assassinat d'Andreu Nin. Quand elle apprendra sa mort à travers les murmures rauques d'une Caridad revenue de tout, ce sera trop tard : Africa arborera les médailles de l'armée rouge sur sa poitrine, et si en pensant à son fils la plaie est toujours vivante, si ce morceau de chair vive s'est introduit en elle, entouré d'une croûte qui le rend intouchable, le souvenir d'Andreu – Andreu en train de danser entre les balles, mort de rire, Andreu avec ses lunettes coquines, Andreu avec sa crinière frisée – pourra d'autant moins percer cette carapace qui n'a fait que se raffermir avec le temps.

– Il avait des cheveux très blonds et très fins, avec des frisettes, pas raides comme ceux du Hongrois. Mais que veux-tu, Manuela, il était trotskiste. A chacun ce qu'il mérite. Et à chacun son dû. Avec le général Las Heras dans le sang, comment ne serais-je pas devenue colonelle ?

La datcha moscovite dans laquelle on l'enferme, sans l'ombre d'un Espagnol en vue, se trouve dans un endroit au nom enchanteur : l'Ile de la Forêt argentée. Pour y accéder, il faut traverser les nouveaux quartiers aux tours extravagantes construites sur l'ordre de Pepe* – qui en matière de goût n'y va pas de main morte –, passer une rivière et alors, entourée d'un mur banal qui la met à l'abri des regards, sans qu'on se dise en le voyant "ici il y a anguille sous roche", surgit une grosse vieille bâtisse aux murs faits de troncs verts. Une de ces maisons que tu crois reconnaître bien que tu ne l'aies jamais vue, pas même en rêve. Quand Africa, ou María Luisa, arrivera à Montevideo, elle verra aussi des maisons qui lui rappelleront

* Diminutif espagnol de Joseph, qui désigne communément Staline.

des endroits où elle n'a pas vécu ; elle dira alors à Felisberto (sans mentionner la datcha moscovite, bien entendu) que le monde est rempli de demeures inconnues et, à la fois, perdues, et Felisberto la regardera en se demandant qui elle est ; alors, pour éviter d'être découverte, Africa parlera de robes et de pommes de terre.

Nouvelle coïncidence, dont elle ne pourra pas davantage parler le moment venu : la datcha est cachée au milieu d'une forêt d'arbres à tronc blanc, avec des traces noires qui ressemblent à des lettres écrites dans une langue étrangère. Ce sont des *abedules*, des bouleaux. Un bien joli mot, qui lui fait penser à un prénom arabe entendu à Ceuta, Abdul. C'est pour ça que, lorsque Felisberto voudra lui faire des *abedules*, elle restera bouche bée. *Abedules* ? Tu as dit *abedules* ? Eh bien oui. En effet, pour Felisberto enfant ce mot résonnait comme des caresses sur le bras de sa maîtresse. *Abe* était la partie dodue de son bras blanc, *dules* les doigts qui le touchaient, et "faire des *abedules*", dans le cas précis avec María Luisa, signifiait caresser.

Mais quand Africa découvre les *abedules* de Moscou, elle ne le fait pas en russe ou en langage felisberto, mais simplement en espagnol. Africa ignore comment ça se dit en russe ; en fait, elle ne sait rien dire dans cette langue parce que, pour le moment, les Russes ne tiennent pas à ce qu'elle sache. Pour ne pas éveiller les soupçons durant la mission qu'ils se proposent de lui confier, mieux vaut qu'elle s'en tienne au *da* et au *niet*. Ils se méfient également de ses yeux… Il ne faudrait pas qu'on prononce à brûle-pourpoint un mot en russe qu'elle comprendrait et qu'une étincelle dans son regard la trahisse.

Ce qu'on lui enseigne dans la datcha n'est pas très folichon : écrire à la machine. Les mains sur le clavier du matin au soir ! Habituée à l'exercice des armes, ce qui pour elle est toujours une libération (se souvenir d'un enfant est toujours plus difficile quand on a l'œil sur le viseur), maintenant elle doit rester assise, le corps comme un tronc d'arbre. Mais en l'espace de quelques semaines elle écrit sans faire d'erreurs. On ne l'entraîne pas encore avec des appareils de radio transmission. Pour l'heure, il lui faudra communiquer avec le système des boîtes aux lettres. Pour transmettre une information, elle devra déposer ses messages en un lieu repéré à l'avance.

Le second enseignement ne porte pas sur la haine en soi, il porte sur la concentration dont sont bannis le chaud et le froid. A chaud, tout le monde est capable de tuer. Les Espagnols doivent apprendre à tuer sans montrer ni ardeur, ni désir, ni cruauté. On te désigne un individu, tu le tues et basta. Sans état d'âme, sans un soupir.

Pour bien lui inculquer ça dans la tête, on lui montre des photos. Une sorte de poupée très bizarre assise sur un banc. Elle a la bouche ouverte, des bleus sur le front et les joues, et une expression d'imbécillité qui vous irrite et vous fait rire en même temps. Un jeune homme la contemple avec une envie évidente de continuer à la frapper.

– Tu sais ce que c'est ?

– Et comment ! C'est une bonne sœur que nos hommes ont tuée et qu'ils ont exposée devant le peuple. Je m'en souviens très bien, une tête à claques comme celle-là, on ne l'oublie pas.

– Et toi tu as ri en la voyant ?

– Un peu.

– Cela te paraît bien ?

– Je...

– Nous autres n'avons rien fait contre nos popes. Lénine nous a dit : "La religion est l'opium du peuple", et les paysans ont utilisé les églises pour entreposer leurs semences, mais si une vieille veut continuer à prier, eh bien elle continue. Tu comprends ?

– Je comprends, acquiesce l'Espagnole, contrite. C'est une élève exemplaire.

On lui montre aussi des photos de l'homme qu'il lui faudra surveiller de près, toujours vêtu de sa capote militaire, avec son étoile sur la casquette, avec ses lunettes pas aussi rigolotes que celles d'Andreu Nin, mais d'un sérieux à couper le souffle, et ces cheveux en bataille typiques des Russes qui, en hiver, ne se mouillent pas la tête pour ne pas risquer de se retrouver avec un casque de glace, et ce terrible visage de juif, cette moue permanente qui ressemble à de la clairevoyance, comme s'il voyait venir les ennuis.

– Regarde-le bien, lui ordonne-t-on avec douceur (les Russes n'ont rien de doux, mais au cours de son entraînement ils s'adoucissent et parviennent même à sourire). Que t'inspire cet homme ?

– C'est un traître.

– Tu dis ça parce que tu le sais. Dis-nous ce que tu penserais si tu ne savais pas qui il est. Il te répugne ? Tu le trouves immonde ? Ou il t'apparaît comme un type quelconque ? Ou mieux qu'un homme quelconque ?

Africa hésite. Selon la réponse qu'elle donnera, on lui confiera ou non la mission. Elle répond le plus honnêtement du monde :

– Mieux qu'un homme quelconque.

– Pourquoi ?

– Parce qu'il a la tête de quelqu'un d'instruit. Et on voit qu'il a beaucoup vécu.

On la félicite. Voilà ce qui s'appelle parler. Un agent ne se ment pas à lui-même. Un agent affronte la vérité, même si dans cette vérité il y a de la sympathie pour le sujet que l'on doit effacer du paysage.

La série de photos est complétée par celles des individus fusillés lors des purges de l'année 1936 – Kamenev, Zinoviev et une flopée de Russes de la même engeance (opposition de gauche, ennemis du peuple) ; ensuite on lui montrera les militaires des secondes purges, Tukachevsky et les siens (pacte avec les nazis, ennemis du peuple), puis celles de 1938, celles de Boukharine et tous les autres de son espèce (opposition de droite, ennemis du peuple).

Ils n'utilisent même pas le vocabulaire de la Pravda, ou celui des discours, où les condamnés sont toujours décrits comme des chiens, des hyènes, des rats et des vers de terre. Ils n'essaient pas de la monter contre qui que ce soit. Elle doit rester maîtresse d'elle-même. Elle a un travail à accomplir. Plus elle sera calme, mieux ce sera.

La veille de son voyage en Norvège, c'est Pepe en personne qui la reçoit au Kremlin. Instants de gloire. Définitifs. Rien ne pourra les effacer. Du Petit Père Staline elle retiendra la puissance d'une main qui enserre la sienne, et un regard attentif, comme celui d'un chasseur. En voilà quelqu'un d'alerte, bon sang ! Il la juge, la mesure, la soupèse. Ses yeux bridés (Pepe a également une tête de Chinois, mais pas à cause de son nez, qui est long et qui se fronce, avec des plis qui expriment de la sympathie quand il rit), ses yeux bridés envoient des éclairs de… elle allait dire de bonté, mais elle se reprend. Qu'est-ce que cette histoire de bonté vient faire ici, d'où sort-elle ça tout à coup ? Sentimentalisme petit-bourgeois. Ici personne ne parle de bon et de mauvais. Un torrent qui s'écoule n'est ni bon ni mauvais. Et la Révolution est un torrent.

– Qu'allais-je faire en Norvège, Manuela, sinon me geler les fesses ? Tu le sais mieux que moi. Mais ce soir je te le raconte à nouveau, sinon je termine la bouteille. Allons-y. J'y allais pour servir de secrétaire à un Russe exilé qui se trouvait à Oslo, et pour l'avoir à l'œil. Oslo, tu parles d'un changement pour une gamine de Ceuta !

Et au moment même où elle prononce le nom de Léon Trotski, un raclement d'ongles se fait entendre à la porte.

Elle ouvre.

Felisberto.

Il est un peu éméché, mais pas plus que María Luisa. Il l'embrasse avec une ardeur qui lui semble volontaire et décidée. Comme s'il avait une idée fichée entre les deux yeux. Puis il lui touche le visage. Des doigts d'aveugle. C'est tout le contraire d'un aveugle, le bout de ses doigts prolonge ses yeux, de sorte qu'au lieu de deux yeux il en a douze.

– Comment s'est passé ton discours ?

– Bien.

– Tu as mangé ?

– Oui, chez Lipp. Mais je ne refuse pas quelques pommes de terre.

María Luisa va dans la cuisine faire danser sa poêle.

Felisberto la saisit alors par-derrière (au souvenir du fou Pichalatu elle réprime un geste de rejet) et lui souffle un petit baiser juste entre l'oreille et le cou, sachant combien le petit air chaud la fait frémir :

– Pourquoi ne m'épouserais-tu pas et ne viendrais-tu pas vivre avec moi en Uruguay ?

FELISBERTO FAIT PROFIL BAS

Ce furent quatre mois d'intense réflexion. Attentif à ce qu'il voit, tant avec les yeux de sa mémoire qu'avec ceux du quotidien, Felisberto pense comme une poire qui tombe, comme qui voit une poire tomber, ou comme une feuille qui vole en se regardant voler, il a récapitulé et pesé le pour et le contre. Subirait-il l'influence de la France, qui tente de lui faciliter l'existence, tout comme Supervielle tente de policer son œuvre quand il lui conseille de remplacer "il la frôla avec son gros orteil" par "avec la plante du pied" ?

Le pour, *pro* (María Luisa lui a avoué qu'une de ses grands-mères portait ce nom-là), a quelque chose à voir avec l'indulgence de la *gallega*, si flemmarde et coulante, avec sa joyeuse ignorance de la littérature qui le repose de Paulina. Une femme si stable et si solide, avec ces épaules élargies par les épaulettes où reposer la tête.

Mais le plus curieux, c'est la *gallega* elle-même avec ce corps mollasson et massif, moitié maman, moitié soldat. Tellement féminine avec ses vêtements bien cintrés et ses pommes de terre sautées et qui parfois, cependant, vient se planter devant lui, comme au garde-à-vous. Felisberto a même commencé à lui chantonner une milonga, *Taquito militar*, marquant bien le rythme avec les pieds et faisant le salut militaire. Ça n'a pas eu l'air de l'amuser ; elle semble plutôt offensée. Le contre, ce sont les énigmes de María Luisa, qui frôlent l'esprit de Felisberto sans y pénétrer vraiment : son profil de *chinita* voleuse ; l'éclat qui illumine ses yeux quand rien dans ce qui a été dit ou dans ce qui s'est passé ne le justifie.

Sans oublier que dans le pour il y a la *manola*.

"Je suis un salaud", pense Felisberto en rougissant tant qu'il peut, ce qui est peu dire car sa peau verdâtre, aussi verdâtre que celles de María Luisa et de sa poupée, ne laisse transparaître qu'une pâle rougeur.

La découverte de sa passion pour les poupées l'a laissé perplexe. Petit, chez Mlle Celina, il se plaisait à regarder un buste en marbre drapé d'une tunique, identique à celle que María Luisa a posée sur son mannequin. Chez lui, les morceaux de femmes se sont toujours confondus avec les morceaux de choses. Mais c'est la première fois qu'il rêve d'un amour avec une poupée et qu'aussitôt rêvé il le réalise.

L'histoire des deux Hortenses a coïncidé avec sa fréquentation de la *gallega*. Il ne sait pas ce qui est venu en premier, ou si elles sont toutes venues en même temps : la poupée de la *gallega* et celles du récit. Avec sa quarantaine bien tassée, Felisberto commence à capter des similitudes entre ce qui se passe à l'intérieur et ce qui se passe à l'extérieur. Si le rêve des poupées ne l'avait pas préoccupé, croiser la poupée de María Luisa ne lui aurait fait ni chaud ni froid. Ou alors c'est le contraire, María Luisa et sa *manola* auraient surgi dans sa vie parce qu'il était en train de penser aux poupées. Attirées par ses pensées, convoquées. C'est comme si, se trouvant sous un arbre, il avait désiré un fruit de cet arbre, sans s'occuper ni de l'arbre ni de son désir, et que le fruit aurait pénétré tout seul dans sa bouche.

Alors, ce qui lui plaît chez María Luisa, mis à part ses épaulettes où reposer sa tête, c'est cette *manolita* remplie de sciure ? Il repense à l'Horacio du récit, qui n'est pas Felisberto mais qui a soufflé à l'oreille de Felisberto l'idée de tomber amoureux d'une poupée. Somme toute, María Luisa surpasse la María du récit car, non seulement le fait qu'il aime la *manola* ne la trouble pas, mais elle laisse faire. Elle laisse faire et se laisse faire. Quand elle se lève le matin, c'est une virago que le fait de gagner de l'argent conforte, mais quand elle est allongée sur son lit, c'est une vraie poupée, avec les yeux fermés, au point qu'il a l'impression qu'elle va les ouvrir s'il la redresse.

Parler avec elle, c'est une autre paire de manches. Avec aucune de ses femmes il ne s'est senti aussi étranger, sans compter que lui-même, où qu'il soit, demeure un étranger. Il est vrai que les autres étaient uruguayennes. C'est peut-être justement pour ça qu'avec elles la pauvreté était plus facile à dire : ses chéries et ses épouses savaient de quoi il parlait quand il prononçait le mot "pauvreté". María Luisa ne semblait même pas comprendre. Si elle a souffert de privations pendant la guerre civile, ça ne se voit pas. Sur ses lèvres, la guerre civile est un bruit désagréable qu'elle a laissé derrière elle. Son mari n'est même pas mort durant la bataille, mais dans son lit, d'une maladie, le pauvre. Elle exprime certaines sympathies républicaines, mêlées à une vague gratitude à l'endroit des Soviétiques, qui les ont aidés en leur distribuant du riz. Ses idées politiques se résument à ça. Et quand Felisberto lui raconte, en faisant la grimace, que son ex-chérie Paulina est allée se fourrer dans je ne sais quoi, une association d'aide aux orphelins espagnols où elle n'a aucun rôle à jouer, María Luisa ébauche un léger sourire de sphinge. Qui n'exprime ni l'approbation ni la réprobation, rien. Généralement elle se tait, et pourtant elle est bavarde. Une femme double : mère-sergent, *chinita* martiale ; une silencieuse qui parle sans discontinuer et qui vous laisse la tête comme une pastèque.

Ce mutisme concernant ses affaires personnelles convient fort bien à Felisberto. Ça lui a permis de ne pas avoir à lui expliquer les raisons de l'échec de ses deux mariages. Avec María Isabel Guerra et avec Amalia Nieto, c'était très simple, mais pas facile à expliquer : la pauvreté.

Il ne lui raconte pas toutes ces histoires car il ne sait pas exactement ce qui la fait rire. La pauvreté fait rire. Ça, Felisberto le sait bien, il en souffre dans l'intimité et l'exploite en public. Il est le premier à raconter des blagues sur ses tournées dans les patelins les plus misérables, dans les théâtres minables et poussiéreux. Il a transformé en récits ses petites misères, il les relate d'abord à haute voix pour voir quelles parties déclenchent les rires, lesquelles développer, lesquelles abréger. Ainsi devance-t-il la rigolade que le malheur d'autrui provoque souvent et, en passant, il demande des excuses pour son succès. On pardonne plus facilement à un écrivain choyé d'avoir triomphé quand il est pauvre comme Job.

Mais la *gallega* rit à des moments imprévus, comme ces spectateurs qui, lors d'une représentation théâtrale, éclatent de rire au beau milieu du silence. Les *gallegos* ont peut-être une autre façon de s'amuser. Si au moins il savait sur quel bouton appuyer, il lui raconterait ses aventures de crève-la-faim : donnant ses récitals de "bonne musique" comme on n'en avait jamais entendu dans ces coins perdus et vendant des bas pour dame pendant les entractes. Ou alors il lui raconterait l'histoire de son premier concert : juste au moment où il s'apprêtait à jouer, les créanciers qui débarquent pour emporter les meubles de sa famille, son père qui va se coucher – comme à son habitude quand il se trouvait devant un problème catalogué comme insoluble –, sa mère qui part comme une flèche afin de récupérer le petit meuble dans lequel se trouvait sa dernière paire de chaussures, afin d'assister au concert, car y aller en espadrilles n'aurait pas été correct.

C'est un fait : la pauvreté lui a permis de devenir écrivain. Non seulement parce qu'il écrit des nouvelles où la pauvreté est présente, mais parce que jusqu'à une certaine époque de sa vie il s'était cru pianiste. Un jour, il s'était rendu compte qu'il n'avait pas la formation nécessaire pour devenir concertiste, faute d'avoir eu les moyens de se payer un bon professeur. Le maître qui lui avait appris la musique était un aveugle magnifique et un peu vagabond, Clemente Colling, que ses parents avaient logé chez eux, en haut, dans une petite pièce. L'enseignement de Colling n'avait pas été assez poussé pour permettre à Felisberto de devenir un grand concertiste (c'est la raison pour laquelle il était obligé de jouer des tangos qui, pour lui, étaient de la "mauvaise musique"), mais cela avait été suffisant pour qu'il écrive sur ce personnage son premier vrai récit (délaissant ces premières niaiseries comme *La femme qui avait avalé du poison*), nouvelle qui avait atterri entre les mains de Jules Supervielle et qui avait changé le cours de sa vie. S'il se trouve en ce moment à Paris comme écrivain reconnu, et pas à Montevideo comme concertiste moyen, c'est parce que Supervielle a été enthousiasmé par ce récit sur le professeur qui avait voulu en faire un musicien et qui, sans le vouloir, l'avait transformé en écrivain.

Qu'il fût un écrivain, il s'en était aperçu avant. Avant, pour lui, cela signifiait avant Supervielle. Lorsque Supervielle le lui avait dit, il le savait déjà. Il avait besoin de se le faire confirmer et il tremblait de peur à l'idée de ne pas en être un; par ailleurs, il n'en avait pas besoin car Felisberto en avait la certitude. Personne n'était moins sûr de lui-même que Felisberto, et personne n'était plus têtu, toujours en train de mendier des conseils et finissant toujours par écrire ce qui lui passait par la tête, étant donné que ce qui lui passait par la tête lui appartenait, et quoi de plus inévitable que ce qui vous appartient en propre!

Sa condition d'écrivain se révéla alors qu'il était marié avec Amalia Nieto depuis quelques années déjà. Jusque-là, dans toutes les lettres qu'il adressait à son épouse, à sa chérie ou à sa mère, apparaissait le verbe "se battre". Il se battait pour gagner un peu d'argent et sauver ses deux mariages. Il était toujours en tournée, bataillant. Il avait connu sa première fille lorsqu'elle avait quatre mois. Il lui avait alors apporté une petite auto qu'il avait réussi à acheter grâce à son piano (il en avait profité pour s'acheter un pardessus). Et un jour, dans ses lettres, il avait ajouté, accolés au sempiternel "me battre", d'autres mots. "Pour moi." Je me bats pour "mes affaires". L'important, ce n'était plus les concerts pour entretenir l'épouse, la chérie ou l'enfant. L'important, c'étaient ses écrits.

Il s'était séparé de María Isabel Guerra avant l'introduction du "pour moi". Felisberto se demande comment elle aurait réagi si le changement s'était produit pendant leur vie commune. Cependant il se l'imagine: ses "femmes" ont toujours été des anges d'abnégation. Des femmes-mères, des femmes "Calita". Ainsi, quand Amalia avait appris que son mari n'était plus pianiste mais écrivain, elle lui avait administré de fortes tapes dans le dos et l'avait encouragé à se battre pour ce qui était nouveau, laissant tomber l'ancien, c'est-à-dire les petits pyjamas et les chaussons pour bébé, le lait pour les biberons.

Puis Paulina était venue, qui avait fait main basse sur sa personne et sur ses livres, prenant le premier par le revers de sa veste et les seconds par leurs rabats. Cinq années s'étaient écoulées ainsi à s'arracher les cheveux, tandis que Felisberto se perfectionnait comme écrivain tout en polissant sa méthode pour abandonner ses "femmes" tout d'un coup, avec un brusque virage qui laissait lesdites femmes, toujours dotées d'épaulettes suaves pour qu'il puisse y poser sa tête – épaulettes maternelles et non soldatesques –, sans voix. Ainsi resta Paulina, sans voix, quand Felisberto lui envoya une lettre de Paris, assez étrange, dans laquelle il lui disait qu'il pouvait fort bien tomber amoureux un jour prochain, mais sans dire de qui.

Felisberto a fait la connaissance de l'autre étrangère, Fiora, dans une association estudiantine parisienne où il avait été convié. Son prénom parle pour elle : une fleur délicate et très blanche plantée de biais dans son pot. La jeune Anglaise souffre d'une torsion du cou qui l'oblige à danser avec les mains, comme si elle imitait la pluie ou semait à tout vent, comme si elle esquivait des coups imaginaires. Ce sont des gestes spasmodiques et incontrôlés mais pleins de grâce, que Felisberto observe, émerveillé. De plus, elle est d'une telle innocence qu'il se sent aussi rusé que l'acteur qui tient le rôle du méchant dans un film. Et le fait qu'elle soit dans une chaise roulante est un attrait supplémentaire, comme pour María Hortensia et María Luisa leurs poupées. A cette différence que la paralytique se déplace avec sa poupée incorporée à elle. On peut la pousser, l'emmener, la ramener. Felisberto est fasciné par les grosses, car ayant du mal à se mouvoir, elles sont proches des choses. Mais l'Anglaise ne bouge pas du tout, seules ses mains remuent. Elle vit assise, regardant tout, l'air ébahi, avec ses yeux aqueux d'un vert pâle. Maintenant Felisberto comprend ce vers d'Amado Nervo, *"l'aimée immobile"* : de par son immobilité Fiora est semblable à une morte.

Par en bas. Au-dessus de la taille elle est bien vivante : outre le fait de danser avec ses bras tordus – en haut, en bas –, elle est capable d'actionner les roues chromées qui gémissent doucement en tournant. Son petit corps subtil semble partagé en deux ; la partie des bras dansants et celle des jambes recouvertes d'une couverture écossaise. Ou en trois, en comptant l'appareil métallique glacé qui tiédit légèrement dès qu'on le touche. María Luisa est un centaure composé d'une madone et d'un capitaine de cavalerie ; Fiora est une sirène brisée à partir de la taille, sans cuisses ni mollets. Si à la place des carreaux la couverture avait des écailles... Il meurt d'envie de lui demander de la faire glisser, pour lui montrer ses genoux. S'il s'y risquait, ses doigts auraient-ils droit au coup de règle bien mérité ?

Le jour où il s'y est risqué et y est parvenu, il court le raconter aux trois Benvenuto. Le fait que les deux garçons soient des adolescents fatigués des blagues que leur raconte l'écrivain ami de leur père ne l'arrête aucunement : il agite les mains comme deux hochets. Ils ont fini de déjeuner à l'auberge des Cordeliers et ils prennent le frais sur la petite place, en face. Felisberto raconte :

– L'Anglaise a des férules d'acier qui lui maintiennent les jambes. J'ai eu l'impression de coucher avec une machine.

Puis, après une pause :

– Je ne connaissais pas le mot appliqué aux jambes. Je l'ai toujours entendu dire à propos de Moscou : sous la férule de Moscou.

María Luisa et Fiora, deux femmes doubles, pour ne pas dire triples, en comptant l'invisible et la chaise roulante pour un Felisberto qui, à ce stade, se sait partagé en deux : d'un côté, lui (mais qui est-il ?) et de l'autre, son associé. Elles sont doubles mais différentes. S'il les avait inventées pour un récit, il n'aurait pu les imaginer aussi distinctes.

María Luisa n'est pas grosse, pas encore (il a dans l'idée qu'un jour elle le deviendra), mais elle est lourde, sombre, avec une peau opaque et toute pleine d'une assurance compacte qui la rend, elle aussi, inamovible. María Luisa n'est jamais assise ou debout, partout elle s'installe, elle pose ses marques. (Allongée, tout change, allongée elle se montre fragile comme une enfant ; une fois il l'a même vue au bord des larmes, mais il n'a pas voulu lui en demander la raison.) Felisberto ignore la nature d'une telle assurance, mais il la sent compacte comme une masse, ce qui le met hors de lui et le soulage en même temps. En cela il est d'accord avec Supervielle qui lui a fait passer le message : "Cette *gallega* est très sûre d'elle-même, et il y a sans doute une raison. Elle doit avoir de l'argent." L'Espagnole est inaltérable, même s'il lui arrive de pleurnicher (mais Felisberto ne s'en émeut pas) et d'avoir les yeux brillants, sans qu'il puisse savoir à propos de quels souvenirs ou de quelles friponneries. Ce sont des yeux placides, moqueurs, tristes, des yeux couleur de marécage, couleur Río de la Plata sur la berge argentine, couleur vipère yarara.

En revanche, Fiora a les pupilles aussi translucides que son épiderme. On peut lire en elle jusqu'à la dernière petite veine. Une femme écrite au-dedans à l'encre bleue. Cette écriture, on la voit comme sur un papier humide collé à la vitre d'une fenêtre. Quelqu'un qui aurait moins de sentiment de culpabilité que Felisberto sentirait que regarder ce qui est écrit sur son cou et ses bras, c'est comme violer son journal intime, sa correspondance privée. Il en est de même quand on se penche sur son regard, qui a conservé la transparence fragile et blanche d'un œil de bébé, ce qui permet de faire le tour complet dans son cerveau.

Sur Fiora, Felisberto ne se pose aucune question. Ce serait comme se poser des questions sur un lys blanc planté dans la terre. Le mystère du lys est clair, il est inscrit dans sa candeur et dans sa délicatesse. Qu'y a-t-il de plus à savoir, à part le fait que le froid des férules l'a fait frémir. En français cela sonne mieux, *le froid des férules l'a fait frémir** : tout avec des *f.* Fiora et Felisberto, ou Felisberto et Fiora (il répète les premières lettres des deux prénoms en goûtant la sonorité produite par le vent qui passe à travers une rainure de ses lèvres) baragouinent le français comme deux vaches espagnoles. Cela ne l'empêche pas d'apprendre que l'Anglaise est pauvre. Au point qu'un jour, ayant reçu l'argent de sa bourse, Felisberto lui prête une certaine somme. Lui, ni plus ni moins ; et à une Anglaise ! Ce même jour il se dit une fois encore devant la glace : "Si tu te voyais maintenant."

Sur María Luisa, il se pose un tas de questions. Qu'est-ce que l'Espagnole lui a trouvé pour lui sauter dessus comme ça – lui jouant une comédie digne de Cervantès – et pour l'embarquer entre le pouce et l'index le soir du Pen Club, alors que la littérature ne l'intéresse pas le moins du monde. Pourquoi tient-elle tellement à rester avec lui ? Pourquoi ? Pour

* En français dans le texte. *(NdT)*

qu'il voie qu'elle est bien disposée à son égard : elle lui repasse ses affaires, fait la cuisine et tolère ses caprices avec une mansuétude incompréhensible chez une forte femme comme elle. Il allait ajouter pour lui-même "une forte femme prête à fourbir ses armes", et il s'est mordu mentalement la langue. Il est impossible de penser à María Luisa sans évoquer des fusils.

Laissant les poupées de côté, car cela fait partie des rêves et les rêves ne sont que des rêves, il s'étonne encore de ce geste de soumission avec lequel elle a enlevé son béret à petites mouches, quand il lui a annoncé qu'elle n'était pas invitée à la Sorbonne. María Isabel, Amalia et Paulina, surtout Paulina, l'auraient couvert d'injures. Et il sait que María Luisa n'a pas la langue dans sa poche, comme cette fois où elle lui a fait remarquer, en faisant la grimace, que l'Hortense destinée à se faire baiser – elle le dit comme ça, baiser – portait le même prénom que sa mère. Alors pourquoi courbe-t-elle l'échine ? Pourquoi fait-elle la carpette ? Pourquoi un tel zèle dans la confection des pommes de terre sautées – pommes de terre qui commencent à réduire son estomac en bouillie ? Parce qu'elle a la quarantaine ? Redoute-t-elle la solitude ? L'aime-t-elle avec des manières qu'il ne reconnaît pas, les Uruguayennes auraient-elles une autre façon d'aimer ? Et si elle ne l'aimait pas, pourquoi cette maîtresse femme qui nage dans l'abondance chercherait-elle à s'enticher d'un homme sans le sou comme lui ?

Il se pose parfois ce genre de question, quand il n'est pas distrait en pensant à ce qu'il appelle toujours le "pour moi" (il est trop ironique, pudique, modeste et raffiné pour appeler ça "mon œuvre" ou "ma poésie", encore moins "ma vision du monde"). Ce qu'il ne cherche pas à se demander, c'est pourquoi María Luisa tient absolument à partir en Uruguay avec lui, au lieu de lui proposer de partager son appartement de la rue Lauriston.

C'est le point névralgique. Quand Supervielle d'un côté et Benvenuto père de l'autre lui instillent le doute, Felisberto se fâche. Il retourne à Montevideo parce qu'il a envie de voir sa mère, qui se languit de son absence et qui insiste pour qu'il avance son retour, et pour voir son frère Ismael, et parce qu'il a envie de vivre près d'eux et si possible avec eux, parce que sa bourse a pris fin, et parce qu'il n'est pas un gigolo qui a l'intention de vivre à Paris aux dépens de qui que ce soit.

– Nous le savons, Felisberto, le calme Benvenuto. Mais elle, alors ? Pourquoi ne profites-tu pas de ce moment propice pour rester encore quelque temps à Paris ? Quelques mois au moins, le temps d'asseoir ta réputation et pour mieux vous connaître ? N'avait-elle pas une clientèle établie, dans ce quartier huppé ? Elle n'a pas peur de partir vers l'inconnu ? Comment peut-elle savoir si ses modèles auront le même succès là-bas ?

Felisberto écoute la rengaine et prend cette couleur lie de vin que María Luisa lui connaît bien. Si elle préfère aller en Uruguay, elle doit avoir ses raisons. Il ne veut pas s'en mêler. Le poseur de questions met le doigt dans la plaie, mais lui ne veut pas y mettre le sien. Quand il ne veut pas voir, il ne voit pas. Ses yeux sont là pour s'occuper d'autre chose.

Supervielle le conseille :

– C'est le moment idéal pour toi de rester à Paris, Felisberto. Roger Caillois...

C'est la première fois que l'élève hausse le ton devant son maître :

– Tout va bien pour moi en Uruguay aussi, et nous avons aussi notre *Royecaioua*.

– Bon, soupire Supervielle, c'est dommage. Cette *gallega*, je ne la comprends pas. Et sache que je ne pense pas retourner à Montevideo.

En proposant le mariage à María Luisa, Felisberto sent le tire-bouchon du vertige qui nous perfore le crâne, quand un panneau portant ces mots : "A cette croisée des chemins se décide l'avenir", surgit sous nos yeux avec des lettres aux bords tremblants, comme dans les affiches de films d'horreur.

Outre le panneau, la tête de Felisberto, ou d'un des Felisberto qui le composent, est traversée par un deuxième texte, qu'un seul des Felisberto entend et les autres pas. Le texte à demi entendu dit :

"Je ne veux pas rester à Paris et pourtant ce serait une bonne chose pour moi. Je n'ose pas rester tout seul, parce que même dans mon pays je suis incapable de gagner un centime, et parce que je ne compte pas lui en parler, de peur qu'elle s'imagine devoir m'entretenir. Par ailleurs, elle s'entête à vouloir aller à Montevideo. Étant originaire du Maroc, elle regrette les palmiers, dit-elle; je me suis bien gardé de lui dire qu'en Uruguay il n'y en a pour ainsi dire plus. Ce que j'aimerais, c'est qu'elle m'incite à me battre pour l'écriture, et pas pour le bifteck. Que cela vienne d'elle. Mais cela ne vient pas. Parfois, elle fait une insinuation à ce propos, puis change de sujet. De toute façon, c'est une femme qui a les deux pieds bien plantés sur terre. Si j'étais moi-même moins bien planté que je ne le suis, j'épouserais Susana Soca et je passerais mon temps à l'intérieur d'une petite enveloppe bleue, ou Fiora qui n'a ni argent ni pieds, et nous vivrions dans une mansarde et mangerions de ces châtaignes qu'on trouve sur des petits réchauds dans la rue, et nous mourrions enlacés par une nuit froide, tous deux bien tordus. En revanche, en épousant María Luisa je fais profil bas."

Faire profil bas. Qui résisterait à la tentation de faire la cabriole, la tête posée sur un coussin, bien au repos. María Luisa est sortie acheter sa sacro-sainte baguette. Elle revient toujours avec le bout grignoté et un morceau en moins. Felisberto ne l'entend pas arriver. En la voyant il se lève du fauteuil où il a fait quelques acrobaties, les jambes contre le mur. Il a les joues en feu.

– J'essaie de me mettre à la verticale, s'excuse-t-il en s'arrangeant les cheveux.

– La verticale ça se fait par terre, mon petit.

Encore honteux, il décide d'attaquer de front, impatient de voir si elle se décide finalement à l'interrompre pour prononcer la phrase qu'il souhaite désespérément entendre ("Laisse tomber ton emploi, mon petit chou, désormais tu te consacreras exclusivement à l'écriture"), et il lui raconte ce qu'il a tu jusqu'ici, honteux à l'idée qu'elle éclate de rire ou que cette nouvelle la laisse de marbre :

– Tu sais en quoi consiste mon travail à Montevideo ? Je suis un espion radiophonique.

María Luisa ouvre la bouche, s'effondre dans le fauteuil des acrobaties et continue de dévorer la baguette par le bout entamé. Elle se reprend et finit par articuler :

– Que cherches-tu à me dire ?

C'est à son tour de s'étonner : il lui demande pourquoi elle fait cette tête. Ce n'est pas si dramatique. D'accord, il gagne une misère, c'est un emploi peu reluisant, il doit passer ses journées devant une radio à bouger l'aiguille pour vérifier que les programmes musicaux coïncident avec ce que les musiciens et les émissions déclarent à la société habilitée à payer les droits. Un véritable espionnage dont il ne s'enorgueillit pas. On lui a accordé un congé sans solde pour son séjour à Paris. A son retour il aimerait laisser cet emploi misérable, mais c'est impossible. De quoi vivrait-il sinon ? Et il scrute avec anxiété le visage de María Luisa pour voir si une lumière vient en altérer l'expression.

Mais l'espionne experte en radiocommunications ouvre de nouveau la bouche et, cette fois, c'est pour éclater de rire. Et elle rit comme une vraie Uruguayenne, c'est-à-dire comme n'importe quelle femme, à gorge déployée, en se frappant les genoux et secouant avec ses spasmes les coussins parsemés de miettes de pain. Felisberto suppose qu'elle rit de sa pauvreté, comme ils le font tous depuis qu'il a transformé ses déboires en récits.

– Et tu es pianiste, répète l'Espagnole entre deux éclats de rire, comme si cela augmentait son hilarité. Espion radiophonique et, par-dessus le marché, pianiste. Et de pouffer de rire sans donner à comprendre le sens de sa gaîté. Inconsidérément.

Elle est encore plus belle quand elle rit. Il va s'asseoir à côté d'elle, l'embrasse, sèche ses larmes et nettoie le noir de son rimmel qui a coulé. Tandis qu'il salit son mouchoir, il continue de penser qu'elle a ri après avoir écouté un récit qui n'est pas particulièrement drôle, un récit qu'il n'a pas préparé pour son répertoire, et de deux choses l'une : ou il décide que María Luisa fait partie de ces gens qu'amuse ce qui laisse indifférent le reste du public, ou il profite du succès obtenu pour peaufiner une histoire burlesque sur son espionnage radiophonique.

Felisberto part le 20 mai pour rejoindre Bordeaux. Avec une promesse de mariage et d'excellentes dispositions pour attendre María Luisa à Montevideo et l'aider à trouver une solution pour résoudre ses problèmes de papiers. En tant qu'exilée espagnole (exilée républicaine mais peu politisée, répète-t-elle à l'envi ; une exilée qui a fui la violence insensée, une simple couturière qui souhaite vivre en paix), elle doit faire de nombreuses démarches administratives avant d'embarquer vers le bonheur de son nouveau foyer.

A la gare d'Austerlitz, ses amis, Supervielle et les trois Benvenuto, assistent aux adieux du couple, la mine quelque peu circonspecte. Felisberto et María Luisa échangent des baisers de circonstance, un sur chaque joue, comme un vieux couple français, saisissant les baisers au vol, avançant les lèvres en forme de tube, esquivant le reste du visage et du corps et faisant reculer les fesses avec délicatesse, pour éviter que le devant de l'un ne vienne frôler le devant de l'autre, les bras collés au corps. C'est de la pudeur, se disent-ils. María Luisa est toujours très bien habillée : tailleur en tweed couleur cerise à liseré de satin. Petit chapeau dans le même ton. Et des perles, authentiques, c'est ce qu'il semble du moins. Très nouveau riche, se disent-ils. Pour venir dire au revoir au fiancé tôt le matin, on n'a pas besoin de tout ce tralala.

Justement, María Luisa est surprise que son fiancé prenne le train à l'aube, alors que son bateau part à l'aube du jour suivant.

– Voyager m'angoisse, a dit Felisberto avec sa meilleure petite bouche de gamin qui minaude.

Le sifflet retentit, dernières embrassades, le profil de Felisberto se découpe derrière la fenêtre, il ne les regarde plus, il semble déjà ailleurs ; le train s'éloigne, fumant et trépidant, avec cette façon bruyante de s'en aller qui accentue la solitude de ceux qui restent. Les Benvenuto s'empressent d'accompagner María Luisa hors de la gare. Elle sèche ses yeux puis elle monte dans un taxi et agite la main avec son gant couleur cerise lustrée, assorti au liseré de son tailleur.

Mais les Benvenuto n'abandonnent pas la gare. Ils vérifient pour la énième fois les horaires du train qui vient d'Orléans. Ils prennent place au bar et commandent un café. On les sent nerveux. “Ce Felisberto”, disent-ils en hochant la tête et en consultant leur montre.

Deux heures plus tard, les voilà à nouveau sur le quai. La scène se répète en sens inverse. Le train avance, fumant et trépidant.

– Merci pour le coup de main, les amis, leur dit en haletant un Felisberto anxieux, sautant du train en marche et distribuant des tapes dans le dos. Les quatre Uruguayens se précipitent vers la file des taxis où, peu avant, ils ont accompagné la fiancée en larmes.

– S'il te plaît, Felisberto, sois prudent, supplie Benvenuto père. Si tu rates le prochain train, le bateau partira sans toi.

Le rendez-vous avec la deuxième fiancée larmoyante est prévue au Luxembourg. Fiora l'attend sous la statue d'une des reines de France disposées en demi-cercle. "La reine médiévale, celle qui a des tresses enroulées comme deux escargots, celle qui te ressemble", lui a dit Felisberto, et la petite Anglaise s'est arrêtée à cet endroit précis et le regarde arriver. Le halètement de l'écrivain qui a traversé les quais de deux gares ferroviaires et la moitié d'un parc peut se confondre avec la respiration entrecoupée, caractéristique d'une forte émotion. En cela la petite Anglaise ne se trompe pas : Felisberto est fortement ému. Mais elle se trompe quand elle croit que la valise de Felisberto se trouve toujours à l'hôtel Rollin, où l'attendent ses amis, et qu'il est venu d'un saut lui dire adieu.

Il s'agenouille devant Fiora. Cette histoire de reine a quelque chose à voir avec le trône de l'estropiée, qui ressemble à "la médiévale" avec son cou de cygne et son petit corps gracile. La solennité des adieux lui permet de mettre en scène son rêve. Une sainte avec sa couronne. S'agenouiller devant elle, la regarder d'en bas, lui baiser les mains et se laisser aller à l'émotion, poser sa tête sur les jupes de la paralysée.

Fiora frémit en sentant la joue de Felisberto collée à ses genoux. Ses mains volettent toutes seules comme deux hirondelles. Il est resté immobile l'oreille aplatie contre ses jambes, comme s'il les auscultait, comme s'il en écoutait les crissements intimes, comme si les os immobiles lui murmuraient un message secret, comme si les férules métalliques lui transmettaient un second message, plus froid, mais aussi excitant que le premier, si ce n'est plus. Femme-statue, femme-artefact.

Fiora lui caresse la joue. Ils restent un long moment ainsi. Finalement l'amoureux relève la tête. Une moitié de visage, celle qui est restée en contact avec la couverture en laine, est violette et chaude ; l'autre, pâle et froide. Fiora ne lui en fait pas la remarque pour ne pas le laisser croire qu'elle le traite d'homme à deux visages. La duplicité peut-elle exister dans l'esprit d'une fleur ?

Dans la rue Lauriston, les espions d'Olé viennent raconter à María Luisa que l'Uruguayen a pris amoureusement congé d'elle à la gare d'Austerlitz et qu'ensuite il a pris le train en sens inverse pour prendre amoureusement congé de l'impotente. Mais María Luisa sourit avec un geste qui tue la malveillance dans l'œuf. Felisberto a pris congé de deux femmes ? Et alors ? Le mariage se fera avec elle, pas avec l'estropiée, vu que l'estropiée n'a pas un rond, et ce que cherche Felisberto, c'est un soutien pour pouvoir écrire librement. Les espions se regardent, déçus. Ils s'attendaient à une réaction intéressante qu'ils auraient rapportée au chef. Cela semble difficile à croire, mais cette Espagnole à l'apparence fougueuse a un sang de poulet.

DU JOURNAL D'OLEG

Moscou, août 1949. Les deux grandes nouvelles du moment se contredisent l'une l'autre. La première est celle d'un triomphe que nous devons à l'excellent travail de nos services aux États-Unis: nous avons la bombe atomique... *Made in URSS*. La seconde est un malheur qui m'a profondément secoué: Losovski se trouve déjà dans les sous-sols de cet obscur bâtiment où se trouve mon bureau.

Pourquoi parler de Losovski, et pas de tous les autres qui l'ont accompagné et qui l'accompagnent dans les antres de la Lubyanka? Peut-être parce qu'il est lié, bien qu'accessoirement, à l'histoire d'Africa de Las Heras. C'est lui qui a organisé depuis Moscou la Conférence syndicale latino-américaine de 1929 et le Bureau sud-américain de l'Internationale syndicale rouge qui a fonctionné à Montevideo depuis cette année-là (j'ai sous les yeux les fiches avec les noms, c'est là qu'ont travaillé à cette époque un certain Guralski, surnommé Rústico, et Carlos Dujovne: curieux, ce mélange de russe et d'espagnol!) jusqu'en 1943, quand S. a fini par tordre le cou à l'Internationale dans son ensemble. Il faut dire que sans cette figure d'une indiscutable honnêteté, Ernö Gerö n'aurait pas connu la capitale de l'Uruguay. Nouveaux enchaînements de causes à effets.

Le malheur de Losovski était d'être juif. Et de le montrer: comment avait-il osé signer la lettre qu'il avait signée? Comment un fonctionnaire aguerri comme lui pouvait-il imaginer un seul instant que S. donnerait suite à sa requête de fonder une république juive en Crimée? Cette lettre était un suicide. De ma tanière du NKVD je le savais parfaitement, mais peut-on s'interposer sur le chemin d'un homme qui a décidé de prendre des risques, même si c'est au prix de sa vie, en exhibant des arguments rationnels alors qu'il s'agit visiblement d'un geste de courage, avec son corollaire: la démangeaison du vertige ? Je pense que Losovski en avait trop vu ; il avait gardé le silence trop longtemps. Il arrive toujours un moment où l'envie vous prend de précipiter la fin.

La dernière fois que je l'ai vu, c'était pour l'enterrement de mon ami Shlomo. Shlomo Mijoels. Un autre signataire de la lettre. Tout Moscou était là, en pleurs. Un violoniste jouait sur les toits au passage du cortège. Je ne veux même pas imaginer ce qu'il est devenu, sans parler de son violon. S. avait commandé un enterrement de luxe. Personne ne pouvait croire à cet enterrement avec tous les honneurs, ni à sa mort accidentelle sous les roues d'un camion. Quand le créateur de notre théâtre juif moscovite est mort, c'était déjà un cadavre : avant de périr dans un accident il avait été empoisonné. Je n'ai pas encore fini sous une roue de voiture, mais…

Cette démangeaison dont je parle, je la connais très bien. Me remémorer la façon dont cette idée m'est venue (expédier Africa de Las Heras à Paris pour séduire Felisberto) provoque chez moi une drôle de sensation, une sensation de pouvoir mêlée à de la tristesse. Et à de la peur. A de la honte. Puis à nouveau le vertige. Et dire que dans mon bureau moscovite je me permets d'écrire à un écrivain. Bien vivant. Le moi que Felisberto cherche tant, c'est peut-être précisément… moi. Un anticommuniste affublé d'un associé secret dans l'espionnage soviétique, il faut le faire !

Africa a ri au visage de l'émissaire renfrogné qui lui a transmis mon ordre. Mais la discipline partisane s'est imposée sur ses scrupules, non pas éthiques, mais pratiques. Elle n'avait que faire de Felisberto et de ses sentiments, c'est entendu. Elle devait l'épouser pour pouvoir s'occuper des taupes de Montevideo et elle le ferait sans hésiter, comme elle n'avait pas hésité à se rendre à Oslo et à Mexico pour devenir la secrétaire de Lev Davidovitch Trotski, et à sauter en parachute sur les lignes allemandes en 1942.

Quelques mots sur son entraînement. Je les crois nécessaires. Avant tout pour elle, si jamais elle lit ces lignes un jour. Les républicains espagnols que nous avons recrutés ont toujours vécu en ignorant le sort qui leur était réellement réservé…

Africa a été une des premières à être transférée à Moscou. Après la chute de la République, trois mille neuf cent soixante et un militants sont venus en URSS. C'était entre avril et mai 1939. Avant eux, il y avait eu des marins, des apprentis pilotes, des professeurs hommes et femmes, et deux mille enfants. Cela faisait un total de six mille réfugiés, choisis un à un par une commission basée à Paris.

Outre les militants, nous avons ramené de l'or. Cinq cents millions de dollars, qui représentaient la majeure partie des réserves d'or de la République espagnole, sans parler des autres métaux précieux et des diamants que nous avions amassés durant la guerre civile. Cela se passait en 1937. L'année suivante Leonid Eitingon a été accusé de malversation de fonds : notre camelot au béret sur le côté n'aurait pas fait parvenir à Moscou la totalité du trésor.

La réaction de Leonid fut fidèle à son image : au lieu de se justifier en donnant les détails de la transaction, il envoya un télégramme truffé d'insultes d'une extraordinaire obscénité, en arguant qu'il n'était pas comptable et que l'argent avait quitté l'Espagne sous la supervision de La Pasionaria, et que s'ils voulaient des informations complémentaires, ils n'avaient qu'à l'interroger, elle.

Notre chef, Laurenti Beria, est un homme capable de déceler l'honnêteté derrière l'indignation. Quand nous sommes injustement accusés, nous n'avons pas pour habitude de proférer des injures de cette teneur. Nous nous plaignons à voix basse, nous prenons un air contrit, un air de victime. Le fait est que Beria y vit un règlement de comptes entre camarades et ordonna une enquête sur le comportement de nos agents sur le terrain, avant de les envoyer en mission. Finalement nous constatâmes qu'il n'y avait eu aucun abus et que les millions avaient servi à entretenir les réfugiés espagnols qui étaient arrivés à Moscou.

Beria avait raison de se préoccuper des mésententes entre les différents agents. En Espagne, Eitingon ne s'entendait pas avec Orlov. Coïncidence ou pas, juste deux mois après l'envoi du trésor, Nikolski Orlov, connu sous le nom d'Alexandr – pseudonyme d'un autre juif, encore un !, qui désigne en réalité un autre individu nommé Feldhin –, décida de s'évanouir dans la nature. C'est un journaliste brillant, polyglotte, auteur d'un livre très utile pour notre école de Travaux spéciaux à l'étranger. Il avait été envoyé en Espagne parce que sa maîtresse, une jeune opératrice du NKVD, s'était suicidée devant la Dom Dva, la maison numéro 2, comme nous appelons le quartier général du service de la sécurité russe, qui se trouve au numéro 2 de la rue Lubyanka. Se suicider dans un lieu aussi central de Moscou, c'était ruiner la carrière de son amant. C'est pour ça, pour le sauver, qu'on l'a fait partir. Il va sans dire que des plaisanteries couraient sur les charmes secrets d'un petit bonhomme aussi terne, avec son expression embuée derrière ses lunettes. Mais l'horrible assassinat de Nin nous révéla un côté de sa personne que nous ne soupçonnions pas. Cela ne concernait pas ses performances érotiques, mais sa cruauté.

Pour quelle raison a-t-il disparu ? On lui avait fixé rendez-vous sur un bateau et lui avait interprété ça comme un retour forcé à Moscou. Pour lui cela avait un nom : les purges. Préférant prendre les devants, Orlov alla se réfugier aux États-Unis, puis il envoya une lettre à Staline en le menaçant de tout révéler concernant l'or espagnol s'ils cherchaient à le retrouver. En revanche, si on lui fichait la paix, il garderait le silence. Beria nous donna l'ordre de ne pas y toucher. Cet épisode vient à propos : la désertion d'Orlov eut une influence décisive sur la trajectoire d'Africa. C'est un enchaînement de plus dans cette histoire qui enfle d'elle-même comme une plante bizarre dont on ne connaît pas le code génétique.

Nous l'avons choisie pour son courage, c'est clair, mais aussi pour son optimisme. Le pessimisme est contre-révolutionnaire ; nous nous débarrassions des gens qui n'avaient pas de moral fort, tout communistes qu'ils fussent. Ceux-là mêmes qui en 1938 à Barcelone murmuraient un peu partout que l'URSS les avait abandonnés après avoir utilisé l'Espagne comme une vitrine, et que maintenant nous pactisions avec les nazis, raison pour laquelle nous laissions Franco au pouvoir. Ils n'avaient pas tort. Mais nous avions besoin de gens motivés, nous n'allions pas remplir notre pays de… Oleg.

Ceux qui exercent une autorité sur les Espagnols à Moscou sont le Bulgare Dimitrov, président de l'Internationale,

Palmiro Togliatti, l'Italien, alias Ercoli, mais qui en Espagne se faisait appeler Alfredo ; le Français André Marty, chef des Brigades internationales ; Stella Blagóeva, que personne n'aime, Africa moins que quiconque (je dois admettre que la moucharde bulgare a envoyé dans les profondeurs de nos sous-sols une quantité de camarades dont je ne veux pas faire le compte) ; et pour finir, La Pasionaria et les généraux espagnols Modesto et Lister.

Les Espagnols choisis se sont soumis à la discipline bolchevique. Dix d'entre eux ont atterri dans l'appareil du Kominterm, vingt-huit à l'Académie militaire Frunzé pour servir dans l'armée rouge, et cent vingt-cinq à l'École politique de Planesnaya. Les autres ont été répartis en dix-huit groupes et envoyés aux quatre coins de l'URSS pour travailler dans les usines.

En comptant ma poupée, ils ne sont pas plus de huit à avoir été sélectionnés pour intégrer le service d'espionnage. Ils sont obligés de suivre des cours particuliers pour leurs futures missions secrètes. Ces collèges sont appelés Travaux spéciaux. Chaque collège fonctionne séparément : l'un ignore l'emplacement des autres. Personne ne le connaît, pas même les professeurs. Ils sont situés dans différents lieux de Moscou tenus secrets et dirigés par le maréchal Konev et par S. en personne. Faire partie de ces groupes est le plus grand honneur auquel peut aspirer un communiste.

Africa a été entraînée dans la datcha de l'Ile pour une mission concernant Trotski. Dans un premier temps je ne m'occupais pas d'elle. On me l'a confiée seulement quand il a fallu la former comme pianiste pour notre guerre patriotique. Son chef était Pavel Sudoplatov. Il l'est toujours. Avant, au-dessus de tous, il y avait Yezhov, un homme mince et bizarre, avec des pommettes saillantes, des joues creuses et des yeux mi-troubles mi-rêveurs qui faisaient miroiter la promesse d'une âme mystique, alors qu'en réalité ils reflétaient un simple mélange de bêtise et de férocité. Il a été fusillé. Je préfère celui que nous avons aujourd'hui, Beria, un gros type avec des airs de bureaucrate négligé (il a toujours le col de sa chemise graisseux), dont l'aspect ne promet rien du tout, à cette exception près qu'on ne voit pas ses yeux. Il porte des lunettes qui sont comme des miroirs et qui reflètent l'interlocuteur. Son regard demeure caché. C'est curieux comme le visage de certaines personnes nous permet de nourrir de faux espoirs : leurs visages sont bien meilleurs qu'eux-mêmes. L'avantage avec Beria, c'est que le sien n'est porteur d'aucune espèce d'illusion.

Pour Africa j'ai joué le rôle d'instructeur. Pendant que je lui transmettais les connaissances de base relatives à son travail de radio, j'ai découvert chez elle des qualités insoupçonnées. Je la savais d'une bravoure à toute épreuve, mais pour être franc, elle ne m'apparaissait pas comme une lumière. Je me suis trompé : Africa avait une capacité de concentration exemplaire. Elle assimilait ses leçons avec entrain, comme si ces dernières comblaient une partie d'elle-même encore non explorée.

Ses leçons, elle les dansait. Derrière mon mur, je la voyais mémoriser les sons correspondant aux lettres dans le code morse. J'avais décidé de la faire commencer par là. Nous n'utilisons pas ce type de code, bien entendu, mais il est toujours utile de le connaître. Parce qu'un agent peut être privé de son équipement et se voir obligé d'utiliser celui d'un radiotélégraphiste qui se trouve à portée de main, et parce que l'alphabet morse vous oblige à écouter. On se moque toujours de moi quand je dis que, sans oreille musicale, il est impossible de l'utiliser. Et cependant c'est vrai : détecter ces sons, souvent harmonieux, cela requiert de la concentration et… un sens du rythme.

Africa m'a donné raison. Elle les identifiait à l'oreille et, en plus de ça, elle les transformait en fandango. Se croyant à l'abri des regards (cette petite futée ne sentait-elle pas la présence de mes yeux ?), elle battait des mains dans les sons longs et frappait du talon dans les courts. Un point = un coup bref = une frappe dans ses mains = le D. Deux traits = deux coups longs = deux coups de pied : talon et plante = le J. Beau rythme, électrisant, fait de puissants déhanchements. Une fois mon émissaire est entré dans la pièce tandis qu'elle frappait du talon. J'ai retenu mon souffle. Africa a interrompu ses *bulerías*. Il lui a demandé ce qu'elle fabriquait. La danseuse a haussé les épaules :

– Ma mémoire se trouve dans mes pieds. Je ne vais pas t'expliquer ça, Ivan, tu ne comprendrais pas.

Mis à part moi, qu'elle a affublé d'un nom tauromachique (moi qui déteste la corrida, moi qui ai horreur de ces *olé* criés par une foule qui encourage la perverse dextérité du fier matador !), et S., qu'elle appelle familièrement Pepe ; mis à part Pavel, qu'elle respecte et qu'elle nomme tout simplement Pavel, elle a toujours appelé Ivan les autres Russes qui l'entourent.

Du morse nous sommes passés à des choses plus sérieuses : l'ABC de la radio transmission. Apprendre à manier des équipements légers et lourds. Choisir la fréquence : ce n'est pas la même chose de transmettre le matin qu'en milieu de journée et que la nuit, en été qu'en automne ou en hiver, quand la longueur d'onde est différente. Connaître le cycle des taches solaires, qui change complètement tous les onze ans, et transmettre en conséquence. Savoir varier les fréquences quand on émet d'un endroit précis. Pianoter rapidement les messages, à partir de codes qui changent continuellement. Les messages, brefs, pour éviter que l'on puisse détecter le lieu de l'émission, sont transcrits sur une bande vierge, en papier, perforée par un prompteur qui les grave à grande vitesse. La bande communique le message à un appareil de radio qui le transmet à l'équipement récepteur. Ce dernier dispose d'une autre bande qui le grave à nouveau très rapidement et que le récepteur écoute à un rythme normal.

Africa a progressé très vite. C'est comme si elle n'avait jamais fait autre chose dans sa vie que d'envoyer des messages secrets. Comme si elle avait découvert son être véritable. Tant d'habileté dans le maniement des appareils m'a convaincu que tous nos préjugés concernant la relation entre les femmes et la technique étaient faux. A moins qu'Africa ait quelques traits masculins, chose que je n'écarte pas : une belle gitane peut très bien devenir un gitan quand les circonstances l'exigent.

Naturellement, nos contacts se sont intensifiés quand elle a commencé à dépendre de moi pour émettre depuis l'Ukraine. Et depuis sa mission à Montevideo, c'est évident, car après que j'ai eu monté la scène de sa rencontre avec Felisberto, elle m'a été entièrement confiée.

Africa n'a jamais su pour quelle raison la guerre nous avait rapprochés. De toute façon, Africa ne sait rien à mon sujet, et elle n'a pas à savoir, du moins jusqu'à ce que…

En juin 1942, la femme de Pavel, qui venait de renoncer aux services pour s'aménager une porte de sortie (femme prudente, convaincue que sa condition de juive risquait de lui être préjudiciable si elle continuait à ce poste), s'est présentée à mon bureau. Pavel n'est pas juif, mais grâce à elle il nous connaît et nous respecte. Ainsi, Emma, une blonde sereine et réfléchie aux grands yeux clairs et au front pur – mis en valeur par sa coiffure stricte, les cheveux partagés par une raie au milieu –, fut chargée de me communiquer à quel endroit nous devions envoyer les huit Espagnols entraînés dans les différents centres, et parmi eux Africa.

Je pense que Pavel n'a pas osé me le dire personnellement. Autour de moi tout le monde se donnait des coups de coude, en faisant allusion à ma façon de jouer à cache-cache avec elle comme un adolescent boutonneux. Leonid m'a dit un jour: "Écoute, je t'ai conseillé de ne pas te lier à l'Espagnole, mais je n'ai pas dit de te renfermer en toi-même comme un escargot. De toute façon, Africa voit tes petites cornes dépasser, elle n'est pas idiote, tu sais." Que pouvais-je lui répondre? Que l'affronter me faisait mal, pas parce qu'on me l'interdisait, du moins pas uniquement pour ça? Il m'aurait demandé: "Bien, mais alors pourquoi?" Il aurait été difficile de lui répondre: "Je préfère ne pas déchiffrer mes propres énigmes." Les camarades savaient aussi ce que ça représentait pour moi de la faire sauter en parachute sur une zone précise, Vinnitsa.

Je suis originaire de la région, je crois l'avoir déjà dit. Je suis né dans un village appelé Kurilovich, non loin de la petite ville de Moguilev-Podolski. Les Allemands avaient enfermé les dix-neuf mille juifs de la ville dans un ghetto où ils périssaient à cause de la faim, du typhus et des mauvais traitements. D'autres avaient été envoyés dans des camps de concentration en Transnistrie. Pour finir, les juifs qui habitaient dans les villages furent fusillés en janvier de cette année 1942. Des exécutions en masse. Nous ne disposions pas de la liste des victimes. Je pensais à mes parents. Toute ma famille vivait là-bas. Tandis qu'elle m'expliquait la portée de cette mission, Emma me serrait la main. J'aurais aimé qu'Africa me regarde une seule fois avec une telle compréhension. Mais généralement les yeux noirs ne reflètent pas de tendres sentiments.

En ce mois de janvier, un camarade du NKVD, Dmitri Nikolaievich Medvedev, tombé en disgrâce depuis un certain temps, dirigeait les manœuvres sur le terrain. C'est Pavel qui avait proposé de le sortir de sa réclusion et de lui faire reprendre du service. Medvedev n'était pas prisonnier, mais en surveillance surveillée chez lui (une situation que je lui ai parfois enviée) ; d'un autre côté, quelque cent quarante autres espions, qui avaient fini dans des camps ou en prison, suite aux purges de 1938, avaient également été libérés et destinés à différents travaux grâce à l'intervention de Pavel. Ce dernier savait ce qu'il faisait : lui-même avait été nommé directeur des opérations spéciales alors qu'il était à deux doigts de se faire expulser du Parti. Nous nous ressemblons beaucoup, pour ça et parce que nous sommes tous deux d'origine ukrainienne. Pour le reste, il n'y a aucune similitude : lui est un homme d'action, courageux, sympathique, souriant, bon père et bon mari, même s'il est capable de placer une bombe dans le bureau d'un dirigeant nationaliste ukrainien, Konovalets, sans sourciller ; et moi, un petit animal ultrasensible enfermé dans sa tanière.

(J'ai même identifié ce petit animal. Leonid se trompe, je ne suis pas un escargot. Ces bestioles m'écœurent, elles sont trop humides. Mais une fois, enfant, je me suis retrouvé avec mon double dans une forêt. C'était un hérisson avec un agréable petit museau pointu et de grands yeux doux. En me voyant il s'est caché dans ses pics et s'est renfermé comme pour se dissimuler, comme si ce n'était pas lui, comme s'il n'était pas là. Je l'ai touché délicatement avec une petite branche et alors, des profondeurs de cette boule d'épines, un soupir s'est échappé. Suave, féminin. Un "ah !" ou plutôt un "ahhh !" qui a résonné en moi comme si c'était ma propre voix.)

La menace que le Parti faisait planer sur beaucoup d'entre nous ne nous rendait pas moins efficaces, ou moins convaincus, au contraire. La guerre effaçait toute différence, et nous étions de vrais convaincus. On peut ne pas être intimement d'accord avec le travail qu'on vous donne, on peut même ne pas être d'accord avec la voie tracée par S., mais cela ne veut pas dire qu'il faut abandonner le fleuve et s'échouer sur une berge pour voir passer la vie. Nous faisons partie de la vie, nous sommes dans la vie, c'est-à-dire que nous appartenons au Parti, nous sommes dans le Parti. Le Parti a toujours raison. Je le dis avec ironie, comme le dit également Leonid avec son cynisme habituel, mais aussi avec tout mon cœur. Cette contradiction dessine notre portrait.

Une contradiction qu'Africa ne connaît pas. Cela veut-il dire que nous l'avons déshumanisée? Cela m'atterre, mais c'est exact: ne pouvant envisager plusieurs strates simultanées, elle est devenue moins humaine qu'elle n'était. Nous l'avons maintenue dans une solitude intérieure et extérieure où les sarcasmes de Leonid ne trouvent aucun interstice où s'immiscer. Elle ignore tout de nos déconvenues, pour le dire de façon délicate; il ne lui viendrait pas à l'idée d'imaginer que ses propres chefs risquent leur tête à chaque minute. Si elle l'apprenait, je suppose qu'elle prendrait la défense du Parti et nous tournerait le dos. Pas par trahison, par fidélité envers quelque chose qui s'est incrusté en elle une fois pour toutes. Pour elle, le Parti et le NKVD sont un bloc sans lézardes ni fissures. Parfois je me dis que c'est ça qui la rend consistante, compacte, presque lourde, comme si nous lui avions mis du plomb dans les veines.

Avant de partir, Africa a dû répondre à un questionnaire. Pas le traditionnel questionnaire autobiographique auquel nous répondons tous lorsque nous assumons une charge au sein du Parti – long ou succinct –, mais une série de questions destinées à évaluer son état physique et mental. C'est Medvedev en personne qui l'avait rédigé:

"Tu sais manier une arme?" (Quelle question idiote, ai-je pensé en lisant ça. C'était comme lui demander si elle savait manger ou dormir.)

"Oui, j'ai la médaille des fusiliers de Voroshilov." (Je l'ignorais. Je me suis enorgueilli de penser que notre milicienne avait subi la discipline de l'armée rouge, sans doute sous les ordres du cosaque Budioni qui ne se séparait jamais de Voroshilov, tels de parfaits jumeaux.)

"Tu sais nager ?"

"Oui, j'étais la meilleure nageuse dans mon patelin." (L'intérêt passionné que je lui vouais m'avait encouragé à fouiller dans les bibliothèques, en quête d'informations sur Ceuta. Pourquoi l'appelait-elle patelin, alors que c'était un puissant bastion militaire entouré de forteresses ?)

"Tu as déjà sauté en parachute ?"

"Non, mais je suis prête à le faire à tout moment."

"Bien. A partir d'aujourd'hui tu t'appelles Ivonne."

On lui donna deux grenades, un révolver et un couteau. Il lui fallut jurer de ne pas se rendre vivante à l'ennemi. Si elle était découverte, elle ferait exploser la grenade sur sa radio et son manuel de codes, et se ferait exploser elle-même.

Les radios qui se trouvaient déjà à Vinnitsa avec Medvedev nous communiquèrent la position des troupes allemandes et le périmètre, pour le moment dégagé, où le groupe de parachutistes pourrait atterrir sans danger. Africa sauta la nuit du 16 juin avec son lourd équipement de radiocommunication dans le dos, comme si c'était un panier à pique-nique. Tout se déroula sans la moindre anicroche. Mais moi, j'étais très affecté.

Depuis quelque temps je me voyais vivant ma vie à travers la sienne. Jamais comme à ce moment-là. A l'instant même où elle avait sauté dans l'abîme, j'ai fermé les yeux et je me suis senti tomber. Le printemps éclatait dans les forêts de mon enfance, je le voyais fleurir et bourgeonner, de plus en plus près. Africa aussi devait voir approcher cette bulle tendre, elle devait regarder son vert transparent avec crainte et plaisir, priant pour que le vent ne la pousse pas sur le faîte d'un arbre, au risque d'y rester prisonnière.

Mais pendant que je me précipitais dans le vide (une sensation tellement vivante que je ne peux l'appeler imaginaire), je ressentis précisément cette envie-là : celle de rester pendu à une branche. Je n'ai aucune explication à donner ; comme je l'ai dit, je préfère rester indéchiffrable (à ce jour j'ai décodé trop de messages). Une chose était pour moi évidente, c'est que cette chute me ramenait dans ma propre maison. Combien de fois, enfant, j'ai grimpé dans ces arbres, à cet endroit exact que je pourrais encore aujourd'hui décrire en détail, branche après branche. Et maintenant qu'Africa foulait ma terre, saine et sauve, le jeu s'inversait. Je ne grimpais plus dans les arbres, j'en redescendais. Comment ? La tête en bas ? Dans un éclair je me suis souvenu de cette carte du tarot qui montre un homme pendu par les pieds, entre ciel et terre. Cette carte désigne le "condamné à mort".

Africa et son équipe atterrirent sans encombre dans une clairière. Les guérilleros postés dans le périmètre les encerclèrent et les conduisirent jusqu'à une maison abandonnée. Les radios se trouvaient sous les ordres de la commandante Lida et de la sous-commandante Africa, alias Ivonne. Les autres s'appelaient Victor (un Espagnol qui avait combattu à son côté durant la guerre civile. En réalité, il s'agissait de José Gros), Ivan, Andrei, Shura, Valia, Marina et Ania. Tous devaient sans cesse changer d'endroit pour ne pas être repérés par les Allemands à qui ils transmettaient de fausses informations. Nous avons appelé ça *Utka*, canard. Pour nous, la phrase "quand les canards volent" signifie : nous sommes en train de transmettre des messages pour désorienter.

Deux ans plus tard, quand Africa retourna à Moscou, elle ramena un dessin qui la montrait à côté de son compatriote José Gros. (C'est moi qui l'appelle son compatriote ; elle-même a toujours dit que sa patrie était l'URSS, et il faut bien admettre que pendant la guerre elle l'a amplement démontré.) Africa a l'habitude de dessiner, mais il ne semble pas que ce croquis soit de sa main : s'il l'était, on ne la verrait pas de dos avec une telle précision. Gros est debout, habillé en guérillero du NKVD, avec une salopette de para russe sans insigne, pour qu'en cas de problème on puisse le confondre avec un Allemand, une casquette sur la tête, la typique *pilotka* sans étoile rouge, bien entendu. Il est armé d'un fusil MP-40 II de 9 millimètres. Africa est accroupie devant son récepteur portable RBM. Elle a un foulard sur la tête qui lui donne un air de pirate, elle porte des bottes spéciales en feutre que nous appelons *valenki*, et bien qu'on ne le remarque pas sur le dessin, je suppose qu'elle est armée d'une PPsh. Sur sa salopette elle porte la *telogreika*, un vêtement épais mais commode mis au point pendant la guerre avec la Finlande, qui a fait tant de morts à cause du froid.

En août j'ai fait un deuxième rêve. Celui de l'homme pendu, je n'essaie même pas de le comprendre. En revanche, ce deuxième correspond à la réalité, dans ses moindres détails.

Le matin je me suis réveillé en criant : "Africa, ne regarde pas, ne regarde pas ça !"

J'avais vu la scène comme si elle se déroulait sous mes yeux. Cela se passait sur le chemin qui relie Rostov à Kurilovich, mon village. C'était une splendide journée estivale, je pouvais presque humer les doux parfums et entendre le vrombissement des abeilles. Sur la gauche brillait le Dniestr, un fleuve paisible. Les Allemands avaient regroupé une grande quantité de juifs devant une fosse. Pour savoir que les uns étaient allemands et les autres juifs, il suffisait d'observer l'attitude des corps : les uns étaient fiers, les autres pétrifiés (la contraction des veines et des nerfs se voyait de loin, comme on voit l'effet du vent dans les arbres rachitiques de la steppe). Ils attendaient debout, pieds nus, à moitié dévêtus. Un peu plus loin s'entassaient leurs vêtements et leurs affaires (je savais qu'on les tirait de chez eux en prétextant un voyage). Ils avaient tous un air perplexe. Non pas incrédule, perplexe. Ils savaient. Même le plus petit savait, comme un animal sait quand on l'attrape et qu'il cesse de remuer ses pattes et détourne le regard. Ils ne bougeaient pas, ne criaient pas. Du moins pour ce que j'ai vu. Certaines femmes croisaient leurs mains sur le ventre, dans un geste de pudeur, comme des gamines timides lors de leur premier bal. Les enfants avaient été regroupés à part. Les premières rafales furent pour eux. Quand les petits corps commencèrent à tomber, l'image s'est troublée. Peu après j'ai reçu la liste des victimes et là mes parents, mes frères et sœurs, mes grands-parents, mes neveux y figuraient. Mais pourquoi ne les ai-je pas vus, eux, pourquoi j'ai vu mon espionne une main sur la bouche dans les fourrés ?

Juste après, Africa m'envoya un bref message à propos d'une tuerie. Elle s'excusait de s'être éloignée de son groupe et d'avoir assisté à cette scène. Elle admettait qu'elle n'aurait pas dû exposer son équipement inutilement et s'exposer elle-même (dans la mesure où on aurait regretté la perte d'un appareil de radio transmission utile). Elle ne disait rien des enfants et le mot "juif" n'apparaissait même pas.

Quand elle revint, une fois la guerre terminée, j'ai recommencé à l'espionner derrière mes trous. Elle avait assisté à la cérémonie au cours de laquelle l'Étoile rouge avait été accrochée sur sa poitrine. Entière comme jamais, elle levait la tête avec une fierté que j'ai, pour ma part, également ressentie. J'ai dû me retenir à deux mains pour ne pas aller l'embrasser et l'applaudir et lancer des vivats et des hourras. Ma colonelle. Et moi, un homme dépourvu de jambes, toujours assis derrière son bureau qui les dissimule à la vue d'autrui, comme si je n'en avais pas, comme si je n'étais qu'un tronc avec deux bras et une tête. La moitié d'un homme.

SUITE DU JOURNAL D'OLEG

Moscou, quelques jours plus tard. Une fois que la décision de l'envoyer à Paris pour aller séduire Felisberto a été prise, il nous a fallu meubler notre appartement de la rue Lauriston. Il n'y avait pas de temps à perdre. Africa avait besoin d'un endroit où attirer sa proie, si possible le soir même, au risque de passer aux yeux de Felisberto pour une femme légère. Mais je savais que mon envoyée écarterait toute suspicion avec cette façon bien à elle de pencher la tête : docile, correcte et un point matrone.

J'avais travaillé à plusieurs occasions avec des Roméo, mais c'était la première fois que je devais envoyer une femme jouer son rôle de Juliette. Les Roméo, nous les envoyions séduire les secrétaires de personnages importants, ou les femmes seules et plus très jeunes, qui ont généralement des vies ennuyeuses. C'est incroyable comme une femme amoureuse peut perdre toute lucidité, et comme les Roméo, une fois convaincus que leur victime est dans l'impossibilité de réagir de façon sensée, affrontent le moment de vérité. Ils doivent bien leur avouer un jour la teneur de leurs activités pour qu'elles acceptent de collaborer. Je suis au regret de dire que je ne connais pas un seul cas où la femme séduite ait réagi avec loyauté vis-à-vis de ses supérieurs ou de son pays. Les espionnes par amour se comptent par dizaines. Le cas inverse semblait plus compliqué à mettre en place. Heureusement, il ne s'agissait pas d'embobiner un homme pour qu'il transmette une information secrète, mais pour qu'il se prête, à son insu, à une farce matrimoniale.

J'ai soigneusement conservé les messages que nous nous échangions avec Africa à propos de ses faux papiers, de la décoration de son appartement et des tenues qu'elle disait vouloir porter. Pour moi, ces messages sont des cas d'espèce. Ils révèlent plusieurs traits de sa personnalité que je n'avais pas remarqués jusque-là.

Pour sa carte d'identité, nous avons opté pour une vérité intermédiaire. Disons plutôt : elle a opté. Les informations que nous avons consignées étaient quasiment toutes vraies. Partant, nous aurions pu changer la réalité du tout au tout, la faire naître à Málaga et dans une famille appelée Rodríguez. Mais Africa a pris sa décision par elle-même et nous nous sommes contentés d'acquiescer. Pour être plus exact, je me suis contenté d'acquiescer, même si ses arguments tenaient, non pas d'un point de vue rationnel, sinon… ludique.

Le fait est que mon espionne prenait du plaisir à sa nouvelle mission. Il ne s'agissait plus d'assassiner quelqu'un ou d'infiltrer les lignes ennemies en pleine guerre. Il s'agissait de séduire un homme et de le suivre en Amérique du Sud. J'ai compris que, pour elle, l'idée de servir le communisme hors de Moscou, d'abord à Paris, puis, si la chance l'accompagnait, dans un pays où on parlait sa langue et où il ferait chaud, la soulageait autant que lorsque j'avais été moi-même envoyé en Espagne. Je ne me doutais pas alors à quel point Moscou l'asphyxiait. J'en ai pris conscience quand j'ai vu avec quelle joie elle préparait son voyage.

Et quelle malice ! Elle s'amusait à faire des entourloupes, à changer légèrement les choses de place. Nos bureaux lui ont finalement remis des papiers où elle était née à Ceuta, mais à une date légèrement différente de sa vraie date de naissance. Ses parents portaient leur vrai nom de famille, mais des prénoms différents. Bien entendu, elle-même ne s'appelait pas Africa, mais María Luisa. C'est elle qui avait choisi ce prénom, sans hésiter, le considérant sans équivoque, pour ne pas dire des plus ternes. En Espagne elle avait déjà porté le nom de Mme Luisa.

– Vous connaissez un prénom plus bête que celui-là ? demanda-t-elle en ouvrant les bras.

Le nom de famille de son mari prêta à confusion.

– Arbat, dit-elle.

– Comme la rue à Moscou ?

– Oui.

– Et pourquoi ?

– Parce que j'adore cette rue, Ivan, et parce que ce nom est très joli.

Mes émissaires, ceux du saint sacrement, vinrent en courant me consulter. Prendre justement le nom d'Arbat ne risquait-il pas de la démasquer ? N'était-ce pas une allusion transparente à Moscou ? Je me suis mordu les lèvres, faisant un effort pour ne pas répondre : "Laissez-la s'amuser, la pauvre, nous la faisons mourir d'ennui avec nos mines de dix pieds de long." Au lieu de ça, j'ai levé les yeux au plafond en faisant la moue et j'ai haussé les épaules. Les envoyés de Dieu, comme mon agente favorite a également l'habitude de les appeler, traduisirent très justement : si elle en a envie, qu'elle prenne le nom d'Arbat. Mais ils se sont regardés et j'ai compris que ce qui venait de se passer irait rejoindre mon dossier, dans la rubrique "laxisme".

Quant à moi, je n'ai pas remué le petit doigt pour dissiper le malentendu. Si Africa voulait jouer avec le feu qui lui consumait les entrailles, c'était son problème. Si ce n'avait été pour Julián, son fils, je suppose qu'elle n'aurait jamais accepté qu'on établisse ses papiers au nom d'Arbat. Julián Arbat était mort dans des circonstances qui n'étaient claires pour personne. Suite à une maladie ? De faim ? Durant la guerre ? En revanche, la mort de Francisco Javier Arbat Gil, le militaire qu'Africa avait épousé toute jeune, me trouble encore l'esprit. Le premier mari d'Africa était un militaire franquiste qui avait trouvé la mort en défendant le fascisme, pendant qu'elle-même se battait à nos côtés.

Africa avait des idées très conventionnelles sur le mobilier dont elle comptait s'entourer à Paris. Des meubles de style Louis XV, dorés, avec des coussins de couleur crème et, sur l'immense lit, le couvre-lit en satin avec une quantité de volants bleu ciel. Je me demande d'où lui venaient des goûts aussi petits-bourgeois : à l'exception de son enfance et de sa jeunesse, elle avait passé son temps une arme à la main, toujours sur le qui-vive, vêtue en milicienne ou, à la rigueur, en digne dactylographe. Maintenant elle devait s'entourer d'un certain luxe afin que Felisberto puisse rêver à un avenir plein de promesses – une paisible vie d'écrivain –, sans bars misérables ni espionnage radiophonique. Je suis contrit de mettre ça par écrit, cela me fait mal, surtout parce que cette illusion, si compréhensible pour tout artiste, ne deviendra jamais réalité. Que n'aurais-je souhaité apporter mon soutien à Felisberto Hernández et lui offrir l'opportunité d'écrire ses histoires étranges… grâce à l'obtention d'une bourse soviétique… La belle blague ! Mais Pavel m'avait averti : Africa ne devait pas mettre la main au portefeuille. Les liens économiques sont plus difficiles à briser que les liens sentimentaux. Ils vivront ensemble le temps nécessaire et, après, bon vent.

Africa me proposait ses fauteuils et ses porcelaines sans la moindre ironie. Elle ne les trouvait pas ridicules. Elle les décrivait toute contente, comme si l'idée d'en profiter un certain temps la ravissait. (Tu m'as de nouveau fait pitié, ma chérie. J'imagine la femme placide que tu serais devenue, avec tes enfants, tes pantoufles, ton tablier de cuisine et ton foyer coquet, mariée à ton syndicaliste bancaire – après la chute de la République –, une fois oubliés les excès de la guerre… si nous ne t'avions pas entraînée sur une autre voie.)

Elle se laissa aller à d'autres fantaisies en pensant aux tenues qu'elle avait l'intention de porter. Pour commencer, nous apprîmes qu'elle savait coudre. Ses années passées au Sagrado Corazón n'avaient pas été vaines. De sorte que son métier nous sembla tout trouvé : María Luisa serait couturière. “De haute couture”, précisa-t-elle avec orgueil.

Quand elle reçut les revues de mode de Paris, elle n'eut aucune hésitation : il y avait des photos montrant de beaux ensembles avec des jupes amples, mais son choix se porta immédiatement sur les tailleurs à basques. Je vis une contradiction entre les vêtements qu'elle voulait porter et la décoration de son intérieur. Cette dernière était bourgeoise mais niaise, presque infantile, le couvre-lit tout particulièrement avec cette couleur fade qui m'a laissé perplexe. En revanche, les tailleurs avaient quelque chose d'agressif, de sexuel et en même temps de martial. Moi j'aurais été terrifié en voyant une femme engoncée dans un tube aussi étroit et contraignant, avec une structure faite d'angles et de violents contrastes. Il est vrai qu'un rien m'effraie.

Africa ne voyait pas les choses comme ça, bien entendu. Elle nous expliqua même la raison d'un tel choix. La taille ajustée et les larges épaulettes mettaient sa silhouette en valeur, nous a-t-elle dit. Elle tentait de transformer ses désirs en arguments. La pauvre, la pauvre petite. Elle avait sans doute rêvé en cachette de s'habiller comme une riche, là-bas à Barcelone, en regardant bouche bée les millionnaires américaines de l'hôtel Florida – ces femmes qui entouraient Hemingway et qui jouaient les révolutionnaires sans risquer un seul cheveu –, et maintenant qu'elle pouvait le faire sans se sentir coupable, elle en profitait. Je lui ai octroyé un crédit généreux pour qu'elle puisse s'acheter tout ce qui lui ferait envie. Je regrette de ne pas l'avoir vue à travers les trous de mon mur, dans toute sa beauté et sa dangerosité, comme l'a vue Felisberto. J'étais un marionnettiste dont les marionnettes se dissimulaient derrière un rideau. Je l'avais bien mérité. J'ai toujours su que si je manipulais ainsi la vie des autres, il arriverait un jour où quelqu'un finirait par me manipuler moi.

J'ai hésité avant d'écrire ce qui suit. Je ne voudrais surtout pas qu'Africa, en lisant ces lignes, si elle les lit un jour, lance d'un air contrarié: "C'est reparti avec la sémiotique! Quelle barbe ce type!" Mais je me suis déjà assez caché, je me suis annulé moi-même, je me suis suffisamment éclipsé pour me permettre d'ajouter une chose qui, pour une fois, concerne ma personne.

Tu te rappelles, ma chérie, ce que j'ai écrit dans ce journal concernant les boîtes où l'on conserve les mots, opposés ou semblables? Eh bien, la sémiotique s'occupe de tous les langages, parmi lesquels il en est un qui te concerne: la mode.

Imagine maintenant qu'il ne s'agisse plus de mots dans une boîte, mais de vêtements dans un placard. Tu dois t'habiller et tu choisis entre plusieurs jupes et plusieurs vestes selon un système de choix et de combinaisons. Dans le choix que tu as fait parmi tes vêtements, il y a une relation entre les parties, comme s'il s'agissait d'un langage. Et ce que tu veux obtenir avec cette sorte de texte que tu te mets sur le dos, c'est que

Felisberto te traduise, mais pas totalement, qu'il comprenne que dans tes tailleurs il y a plus qu'un seul sens, comme cela arrive avec une phrase où certains mots se répètent – faisant office de code –, sans pour cela parvenir à te déchiffrer complètement.

C'est le début de la séduction : tu te présentes devant lui comme un texte crypté. Il devra comprendre ce que tu cherches à lui dire, et en même temps il devra ignorer ce que tu veux qu'il ignore. Ta phrase – ton tailleur – porte en elle un texte clair (tu veux lui plaire), et un autre codé (tu n'es pas la femme qu'il croit voir). Quelque chose de très semblable à ce qu'inconsciemment tu as fait avec tes papiers d'identité, où les informations ont subi une légère déformation.

Mais sais-tu lire ce que tu as écrit sur ton propre corps ?

Her et *Her*, Africa de Las Heras et Felisberto Hernández se sont mariés à Montevideo le 14 février 1949. Je ne bois pas, mais ce soir-là j'ai emporté une bouteille de vodka dans ma tanière et je l'ai vidée, verre après verre, jusqu'à m'écrouler, endormi

Dans son appartement de la rue Lauriston, Africa avait eu la sensation que Felisberto était parti à Bordeaux par un bout, et que par l'autre bout avait surgi l'apparition à laquelle elle s'attendait le moins.

On sonne. Africa se précipite pour ouvrir, sans appréhension, et sur le pas de la porte elle se trouve nez à nez avec Caridad Mercader.

Une plaie vivante. L'ombre d'elle-même. Avec sa maigreur, avec ses yeux rougis et brillants, avec cette odeur de tabac brun, masculin, qui l'enveloppe comme un gros nuage.

Sa première réaction fut de lui fermer la porte au nez. Prévoyant cette réaction, Caridad mit son pied en travers de la porte et dit d'une voix ferme que la cigarette rendait caverneuse :

– Écarte-toi.

Africa se mit sur le côté en faisant la grimace. Caridad alla s'effondrer dans le fauteuil que s'était approprié Felisberto, et dans lequel Africa s'était elle-même effondrée quand Felisberto lui avait avoué ses activités d'espion radiophonique. Elle regrettait presque la présence de ce grand fou d'Uruguayen, là en face de cette épave à la poitrine rentrée qui la renvoyait à son passé, comme les *moros* dans les Asturies.

La vieille femme alluma une Gitane et la suçota avidement.

– Comment tu as su que j'étais ici ? lui demanda Africa.

– Comment sait-on les choses ? Parce qu'on me l'a raconté.

– Tu viens pour quoi ?

– Pour te prévenir. Et cesse de faire la grimace, *caballa*, tout ce que tu es aujourd'hui, tu me le dois. Si j'ai décidé de venir te parler, tu m'écoutes, un point c'est tout.

Africa s'assit à une distance prudente.

– Pourquoi tu viens me voir maintenant, alors que tu ne l'as jamais fait à Moscou ? Nous étions voisines. Quand je t'ai croisée dans la rue, dans la Kalujskaia, tu es passée en frôlant le mur comme si tu ne me voyais pas.

– Tu es devenue idiote ou quoi ? J'étais surveillée, je craignais pour ma vie, je vivais les volets fermés, je passais mon temps à boire des litres de café, et à fumer, à fumer…

– S'ils veulent te surveiller, ils le feront n'importe où. Tu n'étais pas bien là-bas, tu n'avais pas tes bijoux, tes parfums, ton caviar, tes astrakans, tes décorations, tu n'avais pas droit à tous les honneurs ?

– Tu es une idiote et une malhonnête. Il est impossible que tu ne saches rien, je ne peux pas le croire.

Caridad garda le silence. Africa aborda timidement le sujet :

– Tu as des nouvelles de Ramón ?

Ce fut comme approcher l'allumette de la mèche.

– Ils nous ont trompés, *caballa*, éclata la vieille femme. Ils nous ont abusés avec leur révolution, leur propagande, avec leur monstrueux paradis. L'Union soviétique est le pire enfer qui ait jamais existé. Je n'ai jamais pu m'y habituer. Je n'avais qu'un seul souhait, une seule idée : fuir. Tu n'as pas encore compris ce qu'ils sont ? Ils annihilent ta volonté, ils t'obligent à tuer et ensuite ils t'expédient d'une balle dans la tête ou te laissent mourir à petit feu comme moi, maintenant que je ne leur suis plus utile, parce que j'ai vieilli.

Africa se leva et alla regarder à travers le judas, puis elle se retourna en disant :

– Si tu continues à parler comme ça, nous sommes perdues.

– Mais nous sommes perdues ! hurla l'autre. Ici et n'importe où, en cela tu as raison. Des condamnées à mort, toi, moi, et toutes celles qui travaillent avec eux. Regarde un peu ma vie. J'ai fait de Ramón un assassin, Luis qui déteste Moscou, je l'ai laissé là-bas comme otage, et mes autres enfants, c'est un désastre. Et tout ça pour quoi ? Pour venir m'enfermer dans une mansarde à Paris avec cette pauvre Montserrat.

– Je t'ai demandé si tu avais des nouvelles de Ramón.

La froideur de la disciple parvint à freiner son flot de paroles.

– Il est toujours prisonnier, murmura-t-elle avec un filet de voix. Fais-moi un café.

Elle le but avec une telle avidité que des gouttes coulèrent de ses lèvres. En voyant les doigts jaunes avec lesquels elle s'essuya rageusement, la plus jeune fit la moue. Du moins le breuvage lui permit de reprendre la parole plus calmement. Elle était toujours amoureuse de Leonid.

– Il m'a trompée encore plus que les autres. Il m'a promis le mariage, alors qu'il avait une femme et des enfants à Moscou. Cela dit, nous n'avons jamais cessé de travailler ensemble. Tu sais, j'ai un passeport cubain, grâce à quoi j'ai pu voyager, toujours sous ses ordres. Je suis également allée à Oslo, mais tu ne l'as jamais su. Nous te surveillions de près. Et à chaque voyage nous faisions des morts, *caballa*. Tu veux savoir combien nous en avons tué ?

– Ça ne me regarde pas.

– Si, ça te regarde. Une trentaine.

Un ange passa.

– Comment tu t'es débrouillée pour quitter Moscou ?

– Des lettres. Lettres à Beria, à Sudoplatov. Je les bombardais de suppliques, accompagnées de menaces. Pour toute réponse, Leonid m'apportait des bonbons. Ils pensaient que je déraillais, ils me prenaient pour ce que je suis : une carcasse décrépite. J'ai fini par leur dire : ou je me suicide, ou je me réfugie à l'ambassade de Cuba. Alors Beria en personne m'a signé l'autorisation. Je pouvais aller à Cuba à condition de ne pas tenter de passer au Mexique pour voir Ramón. J'ai donné ma promesse.

– Et tu es allée au Mexique.

– Bien entendu.

– Et tu l'as vu ?

– Non. Ceux qui l'ont vu m'ont dit que, du beau garçon brun pour qui tu te damnais, il ne reste aujourd'hui qu'un homme vidé.

– Je ne te reconnais pas, Caridad. Tu t'es conduite comme une folle.

– C'est que tu n'as pas enfanté, *caballa*.

Africa cligna des yeux et reposa la question :

– Pourquoi tu es venue ?

– Je te l'ai dit, pour te prévenir, pour que tu m'écoutes et pour que tu me donnes des détails sur un point qui m'intéresse.

Cette carmélite avec son âme de martyre, quel mystérieux pouvoir elle exerçait ! Peu après, vaincue, Africa lui racontait sa propre histoire. Mais sans donner de détails. Un récit raconté avec le visage neutre que les Russes lui avaient appris à composer.

A Oslo, une pseudo-dactylographe l'avait introduite dans la maison qu'occupait Trotski. C'était une femme de confiance, mais elle ne savait pas le français et Africa tombait à pic. Cette dernière était discrète et silencieuse ; elle sympathisa avec Natalia, la femme de Trotski, joua avec leur petit-fils. Son visage ne portait aucun fard et elle ne fumait pas. Elle savait que son patron détestait deux choses chez les femmes : le maquillage et la cigarette. Natalia ne fumait pas et ne mettait pas de rouge à lèvres.

Don León observa la pseudo-secrétaire francophone avec ses yeux d'oiseau. Il pouvait rester un long moment à vous regarder sans sourciller. Il la questionna longuement sur la situation espagnole. Il lui tendit des pièges. L'anticommunisme naïf de son assistante, républicaine mais brouillée avec l'Union soviétique, qui était venue compliquer les choses plus qu'elles ne l'étaient déjà, lui dessina un sourire. Il apprécia son efficacité et, après avoir corrigé quelques fautes (il parlait et écrivait parfaitement le français), il l'engagea pour quelques heures quotidiennes. Quand Lázaro Cárdenas, le président du Mexique, lui octroya l'asile politique, Lev Davidovitch – comme l'appelaient les Russes – lui proposa de les accompagner. Africa lui demanda quelques jours de réflexion. Le Mexique lui faisait peur, lui dit-elle, ce pays était plein d'Indiens et ce n'était pas l'Europe. Par ailleurs, au Mexique don León trouverait des tas de secrétaires parlant l'espagnol et le français.

Mais il insista. Plus tard, Africa se demanderait s'il n'avait pas voulu l'emmener pour pouvoir la surveiller. Avait-il vraiment confiance en elle ? Ces yeux si fixes, ce rictus de juif angoissé dont on ne connaissait pas l'origine : était-ce le vent qui le gênait, le soleil qui lui faisait cligner les yeux, était-il rongé par l'inquiétude ?

A peine arrivés à Tampico, le 9 janvier 1937, un grand et gros bonhomme souriant, avec un visage d'Indien, vint à sa rencontre et sans autre forme de procès l'invita chez lui. Il s'appelait Diego Rivera et il était peintre. C'était lui qui avait convaincu Cárdenas de donner l'asile politique à cet homme en exil. Quarante-huit heures plus tard, un groupe de policiers les emmena sous bonne escorte dans le quartier de Coyoacán. C'est là que se trouvait la Casa Azul ; la maison était inhabitée parce que Frida, sa propriétaire, Frida Khalo, vivait à cette époque avec Diego dans une autre splendide demeure située dans le quartier de San Angel.

Frida et Diego avaient fait murer avec des blocs de pisé les fenêtres qui donnaient sur la rue. La chambre à coucher des invités ne disposait d'aucune vue vers l'extérieur. Pour un homme comme le Russe, avec ses nerfs à fleur de peau, ce qui transparaissait sur son visage et même dans ses cheveux en bataille, l'idée ne pouvait être plus inappropriée. L'ambiance ne tarda pas à devenir explosive.

Un mois s'était écoulé depuis leur arrivée. Trotski se consacrait à son travail, secondé par ses autres secrétaires, Jean Van Heijenoort, Bernard Wolfe et sa dactylographe russe Rita Jakolevna. Africa s'occupait du courrier en espagnol. Elle avait peu de travail. Rasant les murs pour passer inaperçue, elle pouvait dessiner ses plans et ouvrir l'œil.

Au terme de ce même mois, Trotski demanda la création d'une commission d'enquête internationale afin d'examiner les accusations faites à son encontre et à l'encontre de son fils lors des procès de Moscou. Africa aida à disposer les chaises pour les journalistes dans le salon et les guéridons pour les membres de la sous-commission qui interrogea l'exilé. Cette aide n'était somme toute pas indispensable : il y avait un bataillon de petites Indiennes, pieds nus, qui couraient avec leurs tresses dansant dans leur dos lorsque la patronne impotente, qui portait elle aussi des tresses, les appelait en frappant dans ses mains, comme si elle allait se mettre à chanter. L'autre bataillon était formé par les gardes qui protégeaient don León. Africa les étudiait avec attention : une de ses missions était de fournir des informations à Olé, et à Pavel par son intermédiaire, sur le caractère de chaque garde et de chaque secrétaire. Dans l'un de ses messages, transmis par boîte aux lettres, Olé disait : "Pavel est satisfait de tes portraits."

La Casa Azul lui avait tapé dans l'œil et elle y était restée pour toujours.

– Tu aurais dû voir ça : deux cubes blanc et bleu avec des vitres partout, réunis par un escalier sans rampe où on pouvait se casser la figure si on ratait une marche, et une Indienne qui cuisinait dans le jardin sous les arbres ; des cactus piquants et des fleurs comme de la chair rose, et d'horribles dieux en pierre. Et Frida.

S'il y avait une chose dont Caridad n'avait rien à faire, c'était bien Frida. Mais il lui fallut supporter la description des *huipiles* brodés, des tresses noires en couronne sur sa tête, des sourcils touffus qui se touchaient, de la chaise roulante. Une estropiée comme Fiora, mais quelle estropiée ! Le matin, les Indiennes la coiffaient et lui mettaient des rubans dans les cheveux. La petite Espagnole aux courtes boucles se regardait dans la glace et se voyait avec des cheveux jusqu'aux fesses, une multitude de petites bonnes en train de les peigner.

Caridad ne sut même pas qu'elle avait échappé aux tableaux. Africa ne pouvait pas lui avouer que devant les autoportraits de Frida, elle se mettait à frissonner de la tête aux pieds. A cause des épines, des poignards plantés dans la chair, à cause des veines de feuilles qui entraient par le cou et ressortaient dans le cœur. Allez savoir pourquoi une plante dans les veines lui provoquait un tel vertige ! Une bourgeoise choyée avec un corps martyrisé plein de sang vert... Folle. Sorcière. Non, jamais elle ne dirait ça à Caridad, ou à qui que ce soit.

En avril 1938 il y eut des visites : le poète français André Breton et sa femme, Jacqueline ; elle devait s'appeler Lamba, oui c'est ça, Lamba, une blonde avec des cheveux couleur paille, peintre elle aussi.

Tandis que Trotski, Rivera et Breton se promenaient en pérorant au milieu des cactus et des dieux, Frida et Jacqueline imitaient leurs déhanchements, leurs airs d'importance. Elles s'amusaient à leurs dépens en jouant comme des gamines. Natalia, elle, s'enfermait dans sa chambre et ne participait pas.

Le Français imbu de lui-même était fou de Frida, il la trouvait surréaliste.

– Bah, surréaliste ! Des chichis petits-bourgeois, décadents, comme les trucs de Felisberto. Ce Breton avait joué les bolcheviks, mais dès qu'il a vu don León dans la maison de Rivera, il s'est pâmé devant lui. Il le regardait avec des yeux d'agneau égorgé. La Mexicaine aux longs sourcils épais regardait le Russe avec les mêmes yeux d'agneau. Avec le Français, elle avait peu d'échanges.

Africa l'avait entendue marmonner :

– L'ennui avec ce M. Breton, c'est qu'il prend tout tellement au sérieux !

Mais plus grave, elle avait entendu Trotski dire à sa femme :

– Natalia, tu as remarqué que cette petite Espagnole fourre son nez partout ?

– Tu n'as pas confiance ?

– Je me méfie de tout ce qui vient d'Espagne.

Ce n'était guère difficile à comprendre. Africa avait appris un peu de russe, outre *niet* et *da*. Il était temps d'agir. Pour l'heure, elle avait dessiné les plans de la Casa Azul.

– Tu t'en souviens ?

– Parfaitement. J'avais dessiné le couloir d'accès qui débouchait sur un vestibule haut de plafond avec charpente en bois et parquet, la façade couronnée d'une corniche avec un parapet plat, la cour centrale avec le jardin circulaire entouré à mi-hauteur par des soupiraux venant du sous-sol, haut de quatre-vingts centimètres. Dans le premier salon se trouvait une fausse cheminée décorée de pierres à motifs préhispaniques...

– Bon, bon, finis-en avec la Casa Azul.

Africa haussa les épaules.

– En janvier 1938, poursuivit-elle, Trotski avait reçu des menaces et il était parti se réfugier à Chapultepec. Natalia était restée dans la maison pour ne pas éveiller les soupçons. Puis Trotski est revenu pour lui tenir compagnie ; leur fils avait été tué en Europe. Par ailleurs, Frida se chamaillait avec Diego et Diego sortait en claquant la porte de la maison ; dans les couloirs c'étaient des allées et venues, Frida et Trotski, Frida avec la petite Indienne qui la coiffait et la caressait plus qu'il ne fallait, Diego qui essayait de nous pincer, Jacqueline et moi, en passant – avec Natalia, c'était hors de question –, puis c'était Trotski qui se chamaillait avec Breton pour des questions artistiques, et avec Diego pour des questions artistiques et politiques. Les discussions étaient si violentes qu'un jour le Russe avait proposé au propriétaire de la maison (en réalité, la propriétaire était Frida) de payer un loyer. Diego avait refusé. Moi j'étais sur des charbons ardents : le moment où les Trotski s'en iraient vivre dans la rue Viena approchait, alors mes dessins ne serviraient plus à rien.

"Et juste au moment où tout était prêt pour que le groupe de Siqueiros attaque, avant que les Trotski déménagent, l'affaire Orlov est venue tout perturber. Ces yeux, cette bouche, ce nez, tout ça en miniature, ramassé et figé au milieu du visage, comme transi de froid : ça voulait bien dire quelque chose. L'homme était peureux. Quand le NKVD lui avait donné rendez-vous sur un bateau, il avait pissé dans son caleçon et avait décidé de demander l'asile politique aux États-Unis. Nous en avons été informés à temps : Orlov à Mexico ! Si jamais il me reconnaissait… tu imagines. J'ai dû prendre la fuite sur l'ordre de ton chéri, cachée dans la soute d'un de nos navires, sous des sacs de charbon. J'en pleurais de rage, j'allais rater le meilleur.

La pièce était totalement enfumée, les mégots s'entassaient tout tordus dans plusieurs cendriers. Caridad était du genre à fumer ses cigarettes jusqu'à l'ultime brindille.

– Toi, tu n'aurais pas pu travailler avec don León, dit Africa pour dire quelque chose.

De façon inespérée Caridad la regarda d'un air malicieux. Elle semblait avoir récupéré une petite étincelle de cette complicité qui les avait réunies un jour à Barcelone, quand elles se racontaient leurs vies, un fusil sur l'épaule.

– Tu as su pourquoi Orlov avait été envoyé en Espagne ? demanda Caridad avec un rire rocailleux et entrecoupé qui se termina par une quinte de toux. Eh bien, parce qu'une femme s'était suicidée pour lui devant la porte de la Lubyanka. Avec cette tête de navet, qui l'aurait cru. Sans l'histoire de cette femme, Orlov ne serait pas allé en Espagne, il ne serait pas passé par Mexico pour aller se réfugier chez les gringos.

L'espace d'un instant elles rirent de concert. Mais aussitôt l'idée de l'enchaînement assombrit Caridad. Pointant un doigt jaune sur Africa, elle lui dit d'un air rageur :

– Tu ne m'as rien dit, tu n'as rien compris. Ce que tu viens de me raconter, tout le monde le sait. L'important c'est le point, et là-dessus, toi, pas un mot.

– C'est reparti ! De quel point veux-tu parler ?

Elles se mesurèrent l'une l'autre en levant le menton, comme si elles allaient en venir aux mains.

– Le point crucial, quand le destin se brise en deux, quand les événements prennent une direction ou une autre. Il y a toujours un point. Je m'étonne qu'avec tes quarante printemps tu ne t'en sois pas aperçue.

Elle se mit alors à raconter le reste de l'histoire en partant d'un *si*, pour permettre à Africa de repérer ledit point par elle-même.

– Si tu n'avais pas abandonné le Mexique la queue entre les jambes à cause d'Orlov, au lieu de convaincre Leonid – comme c'était ton devoir vis-à-vis du Parti et vis-à-vis de moi – d'avancer le coup et d'agir sans tarder ce même soir, Ramón n'aurait pas été obligé de devenir l'amant de Silvia Ageloff pour que celle-ci l'introduise dans la maison de Trotski, en se faisant passer pour un admirateur fervent ; nos chefs ne l'auraient pas gardé en réserve, au cas où l'attentat de cet imbécile de Siqueiros échouait, comme ç'a été le cas ; et vu cet échec, Ramón n'aurait pas reçu l'ordre d'assassiner Trotski de ses propres mains ; Beria et Sudoplatov ne nous auraient pas ordonné, à Leonid et à moi, de préparer le nouvel attentat, qui ne devait rater sous aucun prétexte ; et Leonid et moi nous n'aurions pas été obligés de suivre Ramón, chacun dans une voiture, nous garer dans les rues avoisinantes, la nuit où Ramón est entré dans la maison-forteresse de celui que tu appelles don León, dans la rue Viena ; et Ramón n'aurait pas été obligé d'emporter le piolet caché sous son imperméable, et les gardes qui le connaissaient ne l'auraient pas laissé passer, et il n'aurait pas été obligé de donner un coup sur le crâne de ce chien galeux, sans y parvenir totalement, parce qu'à cet instant précis le galeux a tourné la tête et poussé un cri qui a mis les gardes en alerte.

"J'ai dû assister, de ma voiture, à l'arrivée des ambulances qui ont emmené Trotski et Ramón, les deux blessés à la tête. Le reste est connu, Trotski est mort quelques jours plus tard, Ramón a été fait prisonnier. Leonid m'a donné l'ordre de prendre la fuite. Je suis partie pour les États-Unis puis j'ai gagné Moscou, où j'ai agonisé pendant des années en me faisant un sang d'encre pour mon fils, emprisonné dans le pénitencier de Lecumberri où je n'ai jamais pu le voir, et en me posant les questions que tu ne veux pas entendre.

– Mais quelles questions, Caridad, quelles questions ?

– Écoute, dans l'assassinat de Trotski sont intervenus des tas de gens, plus qu'on n'en avait jamais vu pour tuer quelqu'un (et tu sais qu'avec Leonid nous avons un certain nombre de morts à notre actif). C'est relativement tard que j'ai appris que nous étions trois groupes sur le coup : le groupe que nous formions Leonid et moi, celui de Siqueiros et celui du Lituanien Grigulevich. Aucun des trois n'était au courant de l'existence des deux autres, chacun des trois pensait être le seul. En fait, à ce complot ont participé Pavel Sudoplatov et un autre Ukrainien, Konovalets, un certain Rabinovitch que nous appelions le juif français, et Kupper, Merkulov, outre Jiménez, Alvarez et Martinez, les trois Espagnols qui attendaient dans une datcha moscovite voisine de la tienne le résultat de ta mission en Norvège pour agir ; Grigulevich avec toute son équipe, et ce Carlos Contreras que nous avons connu en Espagne, qui s'appelait en réalité Vittorio Vidali – l'amant de la photographe Tina Modotti –, et Siqueiros, bien sûr, le grand imbécile qui a tiré dans tous les coins sans atteindre celui qui devait mourir, et qui a été arrêté avec ses comparses, puis relâché cinq minutes plus tard, tellement tout cela était inepte ; Vicente Lombardo Toledano, le leader syndical, sans oublier le gros Victorio Codovilla, le dirigeant du Parti argentin qui lui aussi s'est retrouvé en Espagne, comme la plupart de ceux qui voulaient la mort de ton satané don León ; et bien entendu Leonidas et moi.

"Et maintenant, voici ma question : fallait-il une telle quantité de gens pour tuer un homme ? Pourquoi avoir sacrifié

Ramón et ne pas t'avoir sacrifiée, toi ? Pourquoi t'avoir sauvée en te faisant sortir du Mexique, alors que l'unique danger était qu'Orlov te reconnaisse – une crainte et rien de plus –, et avoir envoyé Ramón au casse-pipe, seul, avec son piolet sous son imperméable ? Pourquoi, si tu étais aux côtés de Trotski, tu n'as pas utilisé ce poison si formidable que Gerö t'avait fourni, ce poison qu'on n'a même pas besoin d'avaler ? Pourquoi ne pas l'avoir répandu sur la poignée de sa porte, sur son oreiller ? Un geste on ne peut plus simple, ensuite tu prenais la poudre d'escampette, comme te l'avait demandé Leonid, et en arrivant à Moscou tu devenais la plus grande héroïne de l'URSS. C'était si difficile à imaginer et à mettre en pratique ?

Au début de cette diatribe, Africa s'était bouché les oreilles, l'exhortant au nom de la sainte patronne de Ceuta de ne citer aucun nom. Elle ne devait rien savoir : ni qui étaient tous ces "gens", ni combien ils étaient pour tuer don León. Elle voyait bien que la vieille femme les énumérait exprès, pour l'impliquer, pour la compromettre, pour la noyer d'informations embarrassantes. Elle comprenait aussi que l'esprit de Caridad glissait dangereusement d'un certain côté. Que signifiait cette façon tordue de prendre l'histoire par un bout, sans commencement ni fin, comme avec le cheval de Felisberto. Elle avait tenté de se moquer :

– Oui, oui. Si ceci et si cela. Si ma grand-mère n'était pas morte, elle serait vivante.

Mais après elle avait tendu l'oreille. Sa curiosité était plus forte et elle avait écouté. Elle avait travaillé comme une fourmi à la préparation d'une chose qui lui avait glissé entre les doigts. Caridad avait raison : l'arrivée d'Orlov, ce qui l'avait précédée et ce qui s'était ensuivi, étaient de ces coups qui vous laissent songeur. Des coups de massue, comme celui assené par le pauvre Ramón sur le crâne du Russe. Il est clair qu'elle ne pouvait pas le dire comme ça. Dans le dictionnaire bolchevique, le mot "destin" n'existait pas.

Et cependant ce point existait bel et bien. Elle se l'était murmuré plus d'une fois en son for intérieur. Si en 1936 Caridad ne lui avait pas touché l'épaule dans une rue de Barcelone, elle ne ferait pas l'espionne à cette heure ; si en 1933 Ernö Gerö ne s'était pas trouvé au Bureau sud-américain de Montevideo, il n'aurait pas indiqué à Pavel et à Olé que l'Uruguay était le meilleur endroit au monde pour espionner en toute tranquillité ; si Felisberto n'avait pas eu sa bourse pour venir à Paris, il aurait continué à jouer du piano dans un bar de Montevideo et n'aurait pas servi comme idiot utile au NKVD.

Un point et une ligne, comme dans le code d'une radio émettrice. La ligne d'Africa passait par Gerö et par Olé et allait rejoindre Felisberto. Des géométries. Et des verbes. Au Sagrado Corazón on les lui avait bien appris. Le temps de Caridad était un temps conditionnel, un temps pessimiste, un temps non communiste, un temps indigne d'un militant, mais qui la tourmentait elle aussi secrètement.

Ses pensées firent un tour sur elles-mêmes quand l'autre lui assena le coup final :

– De toute façon, il y avait quelqu'un d'autre qu'il valait mieux que tu ne croises pas. Un autre qui n'était pas Orlov, un autre que tu as abandonné quand je te l'ai ordonné, un autre qui t'aurait rendu la tâche difficile s'il t'avait reconnue. Tu ne savais pas qu'en pleine guerre, quand tu étais à Oslo, ton mari García Lago s'était enfui au Mexique ?

Vu le visage décomposé d'Africa, il était clair que non, qu'elle ne le savait pas.

– Et toi qui le savais, tu ne m'as rien dit ?

– Quand Trotski t'a demandé de l'accompagner, nous ne pouvions plus reculer. Nous n'avions plus le temps de te remplacer. Nous avons décidé de surveiller ton mari, et si jamais tu le croisais dans la rue, eh bien… tu sais.

Africa chercha sa réponse dans les moulures du plafond. Finalement elle pensa l'avoir trouvée :

– Mais dis voir, contre qui en as-tu ? Contre moi parce que je n'ai pas désobéi à ton chéri qui m'avait donné l'ordre de disparaître et parce que je n'ai pas pris l'initiative d'utiliser un poison qu'on ne m'a jamais demandé d'utiliser ? Contre ton chéri parce qu'il ne m'a pas demandé de me dessiner des moustaches pour rester à Mexico et éviter qu'Orlov me reconnaisse ? Contre Orlov parce qu'il a trahi ? Contre Siqueiros parce qu'il a tiré sur tout ce qui bougeait sauf sur don León ? Contre don

León parce qu'il a crié comme un forcené quand Ramón l'a frappé avec le pic? Contre le NKVD parce qu'il a choisi de sauver une colonelle de l'armée rouge, et pas ton fils qui ne te valait pas, qui ne t'arrivait pas à la cheville, parce que tu as tout fait pour ça, parce que tu l'as manœuvré comme un pantin, et qui maintenant, dans sa prison de Lecum-je-ne-sais-quoi, doit respirer parce que, là au moins, il est loin de toi? Contre toi-même (où a-t-on vu une mère, accompagnée de son amant, suivre son fils qui part assassiner quelqu'un, c'est comme si doña Virtudes m'accompagnait à Montevideo pour jouer les espionnes)? Ou contre Pepe? Ou contre Dieu?

– Contre Dieu, dit Caridad, la voix cassée.

C'était comme dans le jeu de la bascule: quand l'une s'effondrait, l'autre se redressait, incapable d'oublier ("Toi tu vas coucher avec qui je te dirai, et avec Ramón, il n'en est pas question"). La bascule allait et venait aussi à l'intérieur de la plus jeune. Celle qui se redressait n'était pas obligatoirement María Luisa. Celle qui discutait avec sa poupée aurait peut-être ému Caridad. Toujours est-il qu'Africa se redressa de tout son long:

– Écoute, Caridad, je te suis reconnaissante pour ce que tu as fait pour moi. Sans toi, je ne serais rien, c'est vrai, et je ne tiens pas à juger celle que tu es devenue, ça te regarde. Mais la guerre est passée par là et j'appartiens au corps militaire. Tu dis que je ne comprends pas parce que je n'ai pas enfanté. Que sais-tu de moi, hein? Le fait d'être mère t'a aidée en quoi que ce soit? Ce n'est pas la cause de tes plus grosses erreurs, et tout ça pour en arriver où? Rappelle-toi que je n'ai jamais eu à dépendre d'un amant, d'un traître comme ton cher Leonid. Je me suis toujours débrouillée toute seule et, à Montevideo, ce sera pareil et j'en suis fière. Tu ne sais plus ce que tu dis, tu es choquée comme si le piolet de Ramón t'avait frappée, toi. Tes questions sur le point crucial sont d'une bêtise monumentale. Et maintenant va-t'en, si tu ne veux pas croiser les types que tu sais.

Caridad se leva, marmonna "un jour tu te souviendras de ce que je t'ai dit", elle gagna la porte, réfléchit avant de sortir, se retourna et lui donna une belle gifle, identique à la première, tout en hurlant:

– La première, c'était pour Ramón, et celle-ci également.

Une fois la porte claquée, Africa ouvrit la fenêtre pour évacuer la fumée.

– La voilà, dit Felisberto.

Il avait dit ça pour lui-même car il était seul dans le port de Montevideo. Il regardait le *Kerguelen* qui se collait au quai avec beaucoup d'affection et qui jetait son ancre dans l'eau avec encore plus d'affection, au point que Felisberto regarda autour de lui pour voir si les autres remarquaient la même chose que lui. Par la passerelle du navire affectueux, une femme importante descendait. On voyait qu'elle était importante à la façon dont elle dressait la tête. Le reste aussi était important, surtout les jambes, géantes vues d'en bas, et son visage quand elle regardait droit devant elle. Quand elle regardait de côté, on se rendait compte qu'elle venait pour voler, mais quoi ? Mystère. Quand la femme importante eut fini de descendre, elle se retourna pour vérifier que son équipage la suivait. Alors seulement elle cria "Felisberto !". Il répondit par un "María Luisa", sur une octave plus basse et sans le point d'exclamation.

Exempte du point d'exclamation accolé à son prénom, María Luisa lui raconta qu'elle avait fait un excellent voyage depuis Bordeaux, qu'elle prononçait Bogdo ; que le *Kerguelen* avait mouillé dans plusieurs ports (le verbe "mouiller" fit rougir Felisberto) ; et qu'elle savait que dans les soutes du bateau il y avait des marchandises très coûteuses : vins, parfums, huile, porcelaine, cristal. Tout ça vint s'entasser devant les yeux de Felisberto. Il se sentait confondu car il ne savait pas quoi imaginer en premier.

Avant de passer la douane et de montrer ses papiers, María Luisa lui dit :

– Il vaut mieux que tu m'attendes dehors avec les bagages.

Il resta immobile devant les trois pièces d'équipage, distribuant des petites tapes à parts égales. Mais elles lui montrèrent leurs serrures et leurs cadenas et, instinctivement, il retira sa main. C'étaient deux valises jaunes et une malle noire, lourde et qui grognait davantage que ses compagnes. Un peu à l'écart, petit et rond, il y avait un carton à chapeau qui le fit sourire car il lui rappelait le petit bidet sympathique de l'hôtel Rollin.

En sortant du bureau de la douane la fiancée souriait. Son passeport avait tous les tampons requis, "l'entrée à Montevideo et le visa permanent, mon chou, permanent, tu te rends compte? C'est grâce à Esther de Cáceres et tes autres amis de l'ambassade, à Paris; ils m'ont beaucoup aidée".

Elle le lui montra comme un joyau. Felisberto fit semblant de s'y intéresser, pour être aimable, dissimulant le fait qu'il se fichait pas mal du passeport. Somme toute il lut:

"María Luisa de Las Heras de Arbat, née à Ceuta le 10 avril 1910, fille de Julián et María, couturière, domiciliée 82 rue Lauriston, à Paris. Taille 1m63, cheveux noirs, front droit, nez droit (oui, très droits tous les deux, en convint Felisberto), yeux noisette, visage ovale, menton arrondi, teint mat."

Olivâtre, corrigea Felisberto, posant finalement un baiser sur sa peau couleur d'olive, qu'elle ne rendit pas, trop occupée à appeler un taxi.

– Faites attention à celle-ci, dit-elle à l'homme en lui montrant la malle noire. L'homme la prit dans ses bras en soufflant et l'introduisit dans le coffre de la voiture. Quand il referma le couvercle d'un coup, Felisberto essaya de se représenter enfermé à l'intérieur, tout seul, dans l'obscurité.

Puis María Luisa s'installa à l'arrière avec son aimable carton à chapeau sur les genoux.

C'est elle qui donna l'adresse:

– Juan Manuel Blanes 1324.

– Espagnole, n'est-ce pas? dit l'homme en jouant des yeux dans le rétroviseur. Vous êtes de passage?

– Il est bien curieux celui-là, murmura l'Espagnole.

La route qui longeait le fleuve – en fait un mélange de fleuve et de mer – attira grandement l'attention de María Luisa, surtout quand l'indiscret lui expliqua que, lorsque le vent de la pampa soufflait de Buenos Aires, les eaux devenaient marron, et lorsque le vent venait de la mer, elles tournaient au vert. “Et votre humeur change selon la couleur?” voulut-elle savoir. Elle avait sorti sa tête par la fenêtre et se retournait jusqu’à se tordre le cou: elle s’informait sur le nombre d’habitants, le nombre de kilomètres, le nombre de tonnes, sur les degrés centigrades été comme hiver, tout ce à quoi Felisberto ne pouvait répondre, et l’indiscret non plus. De son rétroviseur ce dernier regardait Felisberto, les lèvres pendantes comme pour dire “et tout ce que la dame demande, ça se mange comment?”.

Quand les deux valises jaunes, la malle noire et le carton sympathique se retrouvèrent devant la porte, Felisberto la prévint:

– Tu sais, c’est une petite chambre pouilleuse.

Mais María Luisa lui répondit “avec toi, d’amour et d’eau fraîche” et, prenant la noire dans ses bras (elle était plus forte qu’elle ne le laissait paraître), elle demanda à Felisberto de s’occuper des trois autres, les deux grandes et la petite.

La chambre de la pension était effectivement pouilleuse. Il y avait un vieux lit, avec son abîme creusé au milieu du matelas, et un haut placard aux hanches étroites que Felisberto ouvrit avec délicatesse et d’infinies précautions, pour que María Luisa puisse y suspendre ses tailleurs. Le noir avec ses basques bordées de fourrure (*cet ensemble conserve quelque chose de plus que ta forme et que l’émanation de ta peau*, lui dit-il d’un ton mystérieux qui exigeait quelque explication, mais comme à cet instant elle était à quatre pattes en train de pousser la malle sous le lit, bien contre le mur, elle ne lui demanda rien). Le tailleur vert qu’elle avait mis pour ne pas aller à la Sorbonne. Celui couleur cerise de la gare d’Austerlitz. L’habit de *manola*. Et…

– Au fait, qu’as-tu fait de la *manolita*?

– Hep, tu vas te marier avec elle ou avec moi?

Le souvenir de la *manola* suscita chez Felisberto un désir pressant d’*abedules*, mais l’envie de regarder à l’intérieur du carton à chapeaux l’en détourna. Ses mains s’agitèrent plus que de coutume. Il jouait du piano dans l’espace, comme Fiora. María Luisa ouvrit le carton à chapeaux pour le distraire.

Ils y étaient tous: le cône que portait María Luisa quand elle avait tourné la tête pour regarder Supervielle, le béret qu'elle avait mis pour ne pas aller l'écouter faire son discours en français, parce qu'il avait honte de parler devant elle comme une vache espagnole – béret qui conservait encore quelques petites mouches (les autres, Felisberto les avait arrachées une à une, rue Lauriston, en attendant nerveusement l'arrivée sur la table des rondelles en forme de pleine lune) –, et une capeline transparente qui lui était inconnue.

– Et celle-là, qui c'est ? lui demanda-t-il, tout étonné.

– Comment, qui c'est ? Tu veux dire qu'est-ce que c'est. C'est la capeline que je vais mettre pour le mariage.

Elle connaissait la tête qu'il faisait quand l'envie lui prenait de faire l'arbre russe, parce qu'il perdait vingt ans d'un coup.

– C'est bon, je la mets, dit-elle résignée, et elle resta avec le chapeau et les chaussures, sans poupée ni rien, car la capeline suffisait.

– Tu as d'aussi belles hanches que maman, observa Felisberto, satisfait.

Après la sieste à côté du Maure Abdul (María Luisa proposa pour les caresses un nom marocain qui ne fut pas vraiment du goût de Felisberto ; sous le lit, la malle noire était toujours fermée. “Ce sont mes machines à coudre, petit idiot, de quoi vivrions-nous sinon ?”), ils sortirent se promener en se tenant par la main comme deux tourtereaux.

Felisberto voulait lui montrer le quartier de son enfance. C'était la première fois de sa vie qu'il faisait visiter la ville à une fiancée étrangère, à une étrangère ou un étranger tout court. Felisberto n'avait jamais été très cosmopolite. Et, bien qu'habitué à avoir du succès auprès des femmes, qui le traitaient comme un fils et qui parfois poussaient la témérité jusqu'à le transformer en père, le fait qu'une femme au caractère bien trempé, qui vivait à Paris comme une reine, débarque à Montevideo avec trois fois rien pour venir se marier avec lui et lui seul le laissait pantois.

Marcher en plein centre d'une ville où les gens buvaient leur maté, le thermos sous le bras, et s'arrêter à chaque pas pour serrer des mains, à côté de cet homme solitaire qui saluait à droite et à gauche, se déplaçant dans Montevideo comme dans un moulin, cela ne manquait pas de la surprendre. Ceuta était une ville de petites dimensions, mais pas familière pour autant. Personne ne s'embrassait à l'intérieur de ses murailles. "Ce type aurait difficilement pu être espagnol, se dit-elle, pendant la guerre la première balle aurait été pour lui. Russe, il aurait été fusillé depuis longtemps. Français, il vivrait sans un ami enfermé dans une chambre de bonne. En tant qu'Uruguayen, il peut marcher tranquillement dans la rue en distribuant des tapes dans le dos."

La comparaison avec l'Espagne, la Russie ou Paris était bien compréhensible : cela ne lui était jamais arrivé de distribuer des bonjours plusieurs fois dans la même rue. Sans compter que Felisberto marchait d'un pas pressé, se gardant bien de la présenter comme sa future épouse, pour éviter des allusions comme : "Ah, petit coquin, comme ça tu vas à Paris et tu reviens avec une fiancée ? On ne peut pas te laisser seul."

– Nous allons prendre le tram 42, celui qui mène à Atahualpa, lui annonça Felisberto comme s'il lui révélait un grand secret, et il ajouta avec ses sourcils à la Groucho Marx : il est rouge et blanc, et les sièges sont en rotin.

Une fois qu'ils furent installés dans le tramway, qui correspondait effectivement au portrait (María Luisa se surprit d'avoir pensé "portrait" et non pas "description", parce que Felisberto lui avait parlé du tramway comme s'il avait mentionné une personne proche, pas un tram mais une dame), il fut impossible de le contenir.

Ils pénétraient sur *les terres de la mémoire.*

Aux premières vibrations des sièges en rotin et aux premiers grincements des roues sur les rails, elle sentit à son tour que quelque chose s'envolait à l'intérieur d'elle-même. Elle n'était pas venue à Montevideo pour écouter des balivernes. Elle était venue pour s'occuper de la guerre froide. Cependant, se dit-elle, une partie de son travail consistait à prêter attention à ce nigaud. Cela allait de pair avec les jeux de capelines et de *manolas* ; à condition de rester sur ses gardes, elle pouvait s'abandonner à la curiosité.

– *Dans mon enfance, pendant de longues années, nous vivions sur le versant du Cerro,* disait Felisberto, la tête appuyée sur le dossier en rotin et les yeux, pour une fois, non pas tournés vers l'extérieur comme deux chasseurs, mais vers l'intérieur, parfois même il les ouvrait et ils partaient alors à toute allure s'emparer de quelque objet du présent. *Les gens qui remontaient la rue où se trouvait la maison marchaient le corps penché en avant, c'est comme s'ils cherchaient quelque chose entre les pierres ; en redescendant, ils marchaient le corps penché en arrière, ils avaient l'air fier et butaient contre les pierres.*

– Dans une rue en pente, mon chou, ça se comprend, non ? dit María Luisa.

Lui ne l'écoutait pas.

– Nous allons bientôt prendre l'avenue Suárez, poursuivit-il avec ces airs de film d'espionnage que sa ville natale augmentait. Tu vas voir, *avant d'arriver au tournant que prend le 42 en venant de la rue Asensio pour prendre ensuite l'avenue Suárez, on voit les rails briller au soleil. Quand le tramway roule dessus il fait crisser les roues avec un bruit assourdissant. Mais dans le souvenir, ce bruit est atténué, agréable, et convoque à son tour d'autres souvenirs. Maintenant je me souviens d'un endroit où passe le 42 à toute vitesse. C'est le carrefour de la rue Gil. Ma maison se trouvait dans la rue Gil. Si on se dirige vers Suárez, avant d'arriver à l'angle, on longe une murette en briques, très vieille, noirâtre et couverte d'une mousse à plusieurs tons de vert.* Peut-être que tout ceci ne t'intéresse pas, dit-il en s'interrompant subitement, comme s'il avait fini par entendre les pensées de María Luisa qui, à cet instant, luttait pour ne pas dodeliner de la tête, mais *j'ai compris, il y a longtemps, que je voulais me rebeller contre l'injustice d'insister trop lourdement sur ce qui était le plus en vue, sans que cela fût pour autant le plus important.*

Elle se défendit en affirmant que ces choses lui semblaient bien entendu importantes et que les souvenirs d'enfance étaient toujours *nimios*, insignifiants. Ce mot plut beaucoup à Felisberto. Il joua un moment avec : *nimios, limbos, niños.*

– Tu parles un espagnol très joli, et heureusement sans siffler comme le font les autres *gallegos.*

– C'est que je ne suis pas *gallega*, putain.

Elle semblait tellement placide malgré le gros mot qu'il l'embrassa. Après quoi il lui avoua qu'il lui suffisait de la regarder pour mettre de côté certaines pensées qui ne cessaient de le tourmenter. Elle lui demanda la teneur de ces pensées ; il lui répondit que c'étaient *des pensées inutiles, que sa tête était comme une pièce où les pensées faisaient de la gymnastique, et lorsqu'elle était arrivée, toutes ses pensées avaient sauté par la fenêtre.*

Il lui disait ça en baissant les yeux, pas à cause de la confession elle-même, mais parce que la tromper lui faisait honte. Il avait déjà raconté cette histoire de pensées qui faisaient de la gymnastique à ses différentes chéries et à nombre d'amis, il l'avait même écrite, tout comme il avait écrit le récit de la rue qui montait vers Atahualpa. Ce n'était peut-être pas une duperie mais une simple répétition : il vérifiait de vive voix l'effet de ses paroles.

– A tes côtés je me repose de ces pensées parce que, vue de face, tu es une bonne personne. Et sans pouvoir se retenir, il ajouta : mais fais attention, *j'ai toujours pensé que les personnes bonnes, celles qui m'aimaient le plus, ne m'avaient jamais compris ; elles ne se sont jamais rendu compte que je les trahissais, que j'avais vis-à-vis d'elles de mauvaises pensées.*

María Luisa n'avait pas lu ses écrits. C'était là son grand avantage. Avec elle les répétitions générales étaient plus faciles. Une *chinita* simple et peu instruite : quel soulagement !

– Eh bien, moi, je t'aime beaucoup, et tu ne vas pas me trahir, dit la *gallega* avec indolence. Les mauvaises pensées, tu me les as déjà montrées, petit coquin. Mais vue de profil, que se passe-t-il ? Dis-le-moi une fois pour toutes. Allez, du courage.

Felisberto résistait, elle insista.

– Bon, puisque tu insistes. En te voyant de profil j'ai reçu *un choc, comme si de face je voyais une certaine maison et, la dépassant, je constatais qu'elle n'avait pas de fond et qu'elle se terminait par un angle très aigu.*

Les témoins du mariage furent un retraité qui portait le nom le plus indiqué pour parrainer l'union, Vénus, et un jeune étudiant. Afin d'éviter le scandale, María Luisa déclara un domicile proche de celui de Felisberto. Qu'on n'aille pas imaginer qu'ils étaient amants !

Elle ne mit pas la capeline rapportée expressément pour la noce. Car entre-temps elle avait été chargée de significations nouvelles, et parce que la cérémonie, qui promettait d'être intime, fut en définitive insipide. Quelques rares amis se réunirent pour la noce. María Luisa se doutait bien qu'ils en avaient assez d'assister aux mariages de Felisberto. Pour le premier mariage, ils devaient tous être présents, pour le deuxième, moins nombreux ; pour cette dernière cérémonie, l'assistance était clairsemée. Ils venaient à reculons, l'œil en coin, amis fidèles mais obliques par manque de foi, pas en lui ni en son talent, mais dans sa capacité à réussir un mariage.

Les grands absents à la noce furent Calita, la célèbre maman aux belles hanches, le frère Ismael et les deux sœurs, Deolinda et Mirta, dont María Luisa connaissait l'existence depuis peu et qui ne montrèrent pas davantage leur nez.

– C'est qu'ils vivent tous loin, dit Felisberto pour la consoler, se disant qu'elle pouvait se sentir rejetée. Tu auras bientôt l'occasion de les connaître.

Ils quittèrent la chambre pouilleuse sans regret. Le psychiatre Alfredo Cáceres, qui avait toujours été un fidèle de Felisberto (et qui faisait office de consolateur auprès de ses femmes, surtout auprès de Paulina), et sa femme (Esther de Cáceres, écrivain, qui avait aidé María Luisa à régler ses histoires de visa à Paris) leur prêtèrent un petit appartement situé dans le bâtiment qui abritait le cinéma Rex, rue 18 de Julio, à l'angle de Julio Herrera y Obes. Felisberto le trouvait tout aussi miteux que l'autre malgré sa jolie coupole, ses fines colonnes, son pan de mur en mosaïque, étroit et vertical ("c'est art déco, mon chou", s'enthousiasmait María Luisa, tandis qu'il ouvrait des yeux ébahis qui montraient clairement son ignorance). Un magnifique mirador se trouvait tout en haut, mais il n'y avait pas suffisamment d'espace pour y installer un atelier de couture ou d'écriture. Juste en face, la place de l'Entrevero, avec son monument : deux gauchos au regard torve qui se font face.

– Que signifie *entrevero* ? demande l'Espagnole.

– Qu'est-ce que j'en sais ?

– Mais c'est un mot d'ici ! Sur quelle planète vis-tu ? Tu ne sais vraiment rien ? C'est un duel, non ?

– Ah oui, bien sûr, répondit-il distraitement, avec ce tourbillon des yeux et des doigts qui était le signe d'un début d'absence. Un duel *criollo*.

– Eh bien, j'espère que ça ne va pas nous inciter à nous bagarrer, roucoula-t-elle, câline.

Elle aurait tout aussi bien pu dire exactement le contraire, Felisberto n'était plus là. Il avait laissé son corps en gage, mais il n'était plus là.

Illusions envolées, impatiences. Il se voyait déjà somptueusement installé dans un appartement à Montevideo, semblable au petit nid doré de la rue Lauriston. Et maintenant les choses s'étiraient comme un ver de terre. Les papiers de María Luisa. Les documents relatifs à son identité et au voyage n'étaient pas suffisants. Il manquait d'autres papiers avec d'autres cachets. Avant de se marier, Felisberto avait lui aussi besoin d'un papier : celui certifiant son divorce d'avec Amalia Nieto.

Et maintenant les dents. Voilà que la *gallega* avait mal aux dents. Elle devait se rendre souvent chez le dentiste et ça durait des heures. Il y avait de moins en moins de temps pour les *abedules*, et la *manolita* faisait des siestes interminables, María Luisa tournait sur elle-même comme un chien qui cherche sa place avant de se coucher finalement sur le sol avec un soupir de soulagement. Que cherchait-elle ? Et l'argent ? Elle en dépensait subitement avec parcimonie. Cela signifiait-il qu'elle n'en avait pas tant que ça ? Elle lui répétait que, sans toucher une aiguille, ils pouvaient encore vivre trois mois. Entre-temps elle arpentait Montevideo de long en large, fouinant pour trouver le logement parfait. Cela semblait compliqué car il y avait des centaines de maisons à louer. Felisberto ne comprenait pas quels étaient les critères recherchés par sa femme.

Elle finit par se décider : il s'agissait d'un appartement au premier étage, dans la rue Colonia 876, en angle, et pourvu d'un petit balcon couvert par un toit penché d'un côté, comme une femme aguicheuse qui dévoile son épaule. Attentive et prévoyante, María Luisa avait réservé à Felisberto une pièce à part, tout à lui, presque hors de l'appartement, puis elle avait fait capitonner les murs et fait mettre des bourrelets aux portes de son atelier, pour éviter que le bruit des Singer ne dérange son petit mari.

Les amis de Felisberto avaient toujours connu ce dernier dans des pensions bruyantes. Ils se lançaient des clins d'œil, ne voulant même pas lui rappeler ce que lui-même avait écrit: *Dans la chambre qui est en face de la mienne, il y a deux voisins qui possèdent une radio: à peine réveillés ils entrent avec leurs radios dans ma chambre.* Maintenant, Felisberto avait une épouse diligente qui s'occupait de tout jusqu'au moindre détail. Mesurée, équilibrée. C'est à peine si Paulina, à côté de sa vieille mère, dans la solitude de son logement, ruminait cet autre paragraphe écrit par son amant perdu, ignorant elle-même à quel point il visait juste et attribuant son souvenir à la rage, à la jalousie, à la douleur, mais pas à la dextérité du tir: *C'était une personne très équilibrée. Même si parfois sous une parfaite apparence d'équilibre nous décelons les folies les plus surprenantes ou les mystères les plus impénétrables.*

Quelques jours après le déménagement, María Luisa profita d'une absence de Felisberto pour installer, entre l'appartement et la terrasse, un fil conducteur coaxial d'une épaisseur de cinq millimètres, invisible.

Le silence ne s'installa entre mari et femme que lorsque Felisberto eut épuisé son sujet principal, l'enfance. Il la lui racontait avec minutie. Pour être plus précis, il lui racontait des petits riens, pas de véritables histoires. Les petits riens de la grand-mère. La cigarette entre les lèvres, qu'elle n'avalait pas, par miracle, quand elle partait d'un énorme éclat de rire. Ses gros doigts quand elle fabriquait des fleurs en cire, avec de grosses tiges qui leur ressemblaient. Sa belle cravache à pommeau d'argent, accrochée au mur et qui n'était pas qu'un simple ornement: quand la vieille femme estimait que le petit avait fait une bêtise, elle laissait passer la nuit et, au matin, elle le réveillait à coups de cravache. Et son ventre.

– Quoi?

– Elle avait un ventre tout mou qui s'agitait quand elle riait. Un jour, je voulais un ballon, elle m'en a offert un, mais en chiffon. Je me suis mis à pleurer et à lancer le ballon contre le mur, ce qui faisait rire la grand-mère, et là j'ai constaté que le ballon et le ventre s'agitaient pareillement.

Pour répondre à sa confiance, elle n'eut même pas à lui cacher sa propre histoire. Et c'était tant mieux. Sans entrer dans les détails, elle lui raconta qu'elle était la fille et non la nièce d'un général, et que toute petite elle avait dû quitter sa famille pour aller à Madrid, au Sagrado Corazón, et que par la suite la guerre les avait séparés pour toujours. Felisberto se garda de poser des questions. Il était clair que tout ça ne l'intéressait pas.

C'était somme toute amusant de se voir appelée *gallega.* Et sa famille à lui, alors ? D'où venaient les Hernández, de Norvège ? Don Prudencio, le père de Felisberto, plombier de son état, était le fils d'un émigrant canarien – le jardinier don Ignacio – qui avait épousé la grand-mère paternelle, doña Antonia, également originaire des Canaries, laquelle avait désobéi à ses parents qui le considéraient d'une classe sociale inférieure. Cette grand-mère n'était pas la vieille à la cravache, doña Deolinda, qui s'amusait des bizarreries du gamin, mais qui pour autant ne se privait pas de le fouetter. En réalité, ce n'était pas la mère sinon la tante de la mère de Felisberto qui l'avait élevée et qui la dominait depuis toute petite, raison pour laquelle cette pauvre Calita se dédommageait en cajolant Felisberto comme un bébé. Les grands-parents canariens étaient des gens gais qui aimaient la guitare et le *cante* flamenco.

"Quelle chance, se disait María Luisa. Du flamenco chez moi, dans la rue Soberanía Nación ? Inimaginable ! Ils vivaient tous caparaçonnés, les hommes dans leur uniforme, les femmes dans leurs gaines. Comment le ventre de ma grand-mère aurait-il pu s'agiter, engoncé dans son corset ? Personne dans ma famille n'avait les doigts comme des boudins ! Tourner les pages du missel ou goûter le sirop pour voir s'il est à point n'ont jamais provoqué d'engelures."

Une fois installée à Paris, María Luisa avait demandé à Olé de lui acheter un piano pour la rue Lauriston. Elle-même pianotait la *Lettre à Élise* comme toute jeune fille de bonne famille, et avoir un piano chez elle lui aurait permis d'écouter Felisberto, le menton dans le creux de la main en exhalant des soupirs, le coude planté dans l'œillet d'un châle de Manille tendu sur le couvercle, en biais. Cela ne put se faire car, l'opération de séduction s'étant déroulée dans un temps record, les émissaires n'eurent pas le temps de monter le piano, et l'invité du Pen Club n'eut pas le loisir de montrer ses talents de concertiste dans le salon meublé en Louis XV. Il refusa aussi qu'elle l'accompagne dans les bars où il gagnait un peu d'argent en jouant des tangos. Ce n'est qu'à Montevideo que María Luisa put l'entendre jouer, et encore, pas tout de suite, seulement après la présentation d'une série de personnages.

Les amis de Felisberto, qui ne se mettaient pas vraiment en frais pour María Luisa (la petite couturière faisait pâle figure à côté des autres, cultivées et fines toutes trois), avaient été invités au concert privé. Les personnages étaient des numéros connus que les amis, tapageurs et joyeux, demandaient à chaque visite, comme si plus qu'à un concert ils venaient au cirque. "Felisberto, le poivrot!" lui demandaient-ils, et Felisberto parlait avec la langue pâteuse tout en trébuchant. "Felisberto, le *gallego*!" (Là ils se tournaient pour la regarder en se mordant la langue) et Felisberto s'arrangeait pour créer l'illusion d'un béret enfoncé jusqu'aux sourcils, qui n'en faisaient plus qu'un. Ou alors "Felisberto, l'Andalou!", ou bien "Felisberto, le fou!". Maintenant leurs sourires signifiaient qu'ils ne la prenaient pas pour une *gallega*, ni bien entendu pour une folle, mais lui? Felisberto avait observé les fous de près, très attentivement, dans les hôpitaux psychiatriques où l'invitait le docteur Cáceres, afin qu'il les observe et non pour y être soigné, et il savait les imiter avec une perfection achevée qui faisait froid dans le dos, surtout quand il imitait un fou dont le problème était de ne pas reconnaître ses propres mains quand il les regardait.

Après le poivrot, le *gallego*, l'Andalou et le fou venaient les gestes du premier concert. Cela était déjà écrit, mais il prolongeait les répétitions. Attentif aux expressions, aux rires, aux silences de son public, Felisberto scrutait la moindre réaction. Les autres l'intéressaient-ils donc? Les voyait-il tels qu'ils étaient ? Il les observait pour eux-mêmes, en s'intéressant à leurs vies ? Pensez-vous ! Quand elle eut décidé que le temps de l'idylle touchait à sa fin et que la séparation était proche, María Luisa ne se priva pas d'enfoncer le clou :

– Tu ne vois jamais personne, Felisberto, tu te contentes de les observer quand ils te regardent. Mais gare à celui qui voudrait savoir qui tu es.

Avec la scène du premier concert, elle rit à en faire pipi dans sa culotte. Semblable en cela à la grand-mère à la cravache, critiquer Felisberto ne l'empêchait pas de le trouver drôle, surtout quand il faisait le geste de se remonter comme un automate, tout en essayant les différentes façons de se rapprocher du piano.

– *La première fois, je suis entré aussi léger qu'un livreur pressé qui va déposer sa viande sur une table*, disait-il, et il traversait la pièce à toute vapeur, l'air diligent.

Tout à coup il s'arrêtait, fronçait le sourcil, se caressait le menton :

– *Non, ce n'était pas la bonne méthode. Il me fallait plutôt entrer avec la lenteur de celui qui va donner son vingt-quatrième concert de la dix-neuvième saison, presque avec ennui, et je ne devais pas me précipiter quand mon assurance risquait d'être entamée par la peur ; je devais donner l'impression de porter avec désinvolture une chose personnelle, mystérieuse, élaborée pour une vie inconnue.*

Et sitôt dit sitôt fait : un homme élégant, l'air désabusé, un dandy négligent, fatigué de triompher dans les grands salons, traînant sa réputation comme une cape posée négligemment sur une épaule.

– *J'ai commencé à entrer lentement, j'imaginais la présence du public avec tant de force que soudain je ne pouvais plus marcher correctement et qu'à faire trop attention à mes pas, je ne reconnaissais plus ma façon de marcher, alors j'ai tenté quelques pas distraits hors de la scène et j'ai essayé de copier mes propres pas.*

A ce moment de la nouvelle, Felisberto courait anxieusement après lui-même, essayant de se rattraper, parvenant à se dédoubler en un Felisberto plein de doutes suivant la piste d'un Felisberto pris au dépourvu, avançant ou reculant pour devenir deux, l'un scrutant l'autre avec une authentique curiosité. "L'associé!" s'exclama María Luisa pour elle-même.

– *Parfois j'ai pu me saisir à l'improviste,* concluait le comédien, épuisé. *Mais même quand j'étais détendu et que je voulais être naturel, j'essayais plusieurs façons de marcher : je roulais des hanches comme un torero, ou je marchais droit comme un* I, *comme si je portais un plateau chargé, ou je me déportais d'un côté et de l'autre, comme un boxeur.*

Après avoir représenté le livreur de viande, le torero, le garçon de café et le boxeur, Felisberto finissait par s'asseoir devant le piano.

Pour autant il ne perdait pas l'occasion de mimer son premier concert. Installé sur son tabouret, il regardait le clavier avec stupéfaction et perplexité, essayant un accord, se grattant le crâne avec cet air désemparé de qui ne se souvient d'aucune note.

– *Alors je me suis décidé à attaquer la première,* et il regardait autour de lui, atterré, comme pour demander du secours. *C'était une touche noire. J'ai posé le doigt dessus et avant d'appuyer j'ai eu le temps de comprendre que tout allait commencer. Le silence s'est installé dans le public, pareil au vide qu'on ressent avant l'accident que l'on voit venir. La première note retentit et on aurait dit une pierre tombée dans un étang.*

Maintenant les images devenaient audibles. Le premier accord sonnait comme une grosse gifle. Le pianissimo, comme de fines gouttes de pluie. Et cette masse sonore qu'il modelait comme s'il travaillait, disait-il, *une matière plastique et chaude.*

Il se frotta énergiquement la joue droite (*c'est comme si les regards du public allaient me faire lever des cloques*) et finalement il se décida à jouer.

Petrouchka, comme s'il l'avait choisi pour elle.

"Et dire qu'avec ces petites mains tremblotantes, se dit María Luisa quand la masse sonore l'eut submergée entièrement (pas une seule boucle noire ne dépassait), ce scribouillard dévoreur de pommes de terre sautées peut jouer comme ça." Elle fut prise d'une admiration… inconfortable. Pouvait-elle se le permettre ? Olé l'avait prévenue : "Ne le sous-estime pas." Mais une chose est ne pas sous-estimer, et une autre admirer.

Elle se calma en se rappelant la fois où elle avait été félicitée après avoir dit que Trotski lui semblait meilleur que les autres hommes. S'il n'était pas nécessaire de haïr pour tuer ni, comme dans le cas présent, pour utiliser, alors un merveilleux pianiste pouvait également être un ennemi du peuple.

Pour finir, la star de la nuit joua la *Lettre à Élise*, le seul morceau que María Luisa avait réussi à apprendre pendant ses années de couvent. Mais une *Lettre à Élise* démultipliée, une fois encore, en divers personnages.

"Le colonel", annonçait-il, et la *Lettre à Élise* se transformait en une marche militaire, interprétée par un terrible moustachu aux sourcils fiers.

"L'institutrice", et c'était une petite musique prolixe pour une fête de fin de cours.

"La demoiselle romantique", et les notes de Beethoven s'empâtaient longuement : c'était une substance mielleuse qui collait aux doigts.

Et pour ceux qui en voulaient encore, *Poivrots*. Pas les imitations, mais les parties musicales. Felisberto composait. Le connaissant, elle se doutait bien que sa musique ne serait pas dans le style des valses de Strauss. En Russie, on l'avait instruite en lui faisant écouter des choses bizarres (ce morceau de Stravinsky qu'il venait de jouer, ce n'était pas du Carmen Sevilla), mais là ça dépassait les bornes. Au début, on aurait dit une pitrerie, avec de drôles de grincements. Ça vous arrachait les tympans, attaquait vos nerfs comme un ongle promené sur une ardoise, et une fois que le mal aux dents devenait insupportable, la musique se faisait lourde, triste. Très triste. Comme quitter le cirque auquel les amis croyaient être en train d'assister, passer ensuite à une petite danse campagnarde et atterrir dans un cauchemar. Horrible. Sombre. Noir comme ton pire souvenir.

Sans se faire remarquer elle porta la pointe de son mouchoir jusqu'à ses yeux. Ce n'était pas la seule musique qui lui tirait les larmes, ce qui lui faisait de la peine (elle devait être fatiguée ; avec tout ce cinéma il était déjà minuit), c'était de penser que Felisberto jouait des rôles pour qu'on ne le voie pas. Il montrait afin de se cacher. En se travestissant il défendait son “moi”. Mais son moi n’avait rien d’amusant, son moi était très dur, putain, très dur. Et en ce qui la concernait ? Elle n’avait pas grand-chose à cacher, excepté le fait d’être une espionne. Cependant ils se ressemblaient sur un point : l’un comme l’autre portait en lui une parcelle de vérité et une autre de dissimulation. Sauf que María Luisa n’avait rien volé et qu’elle n’avait rien à se reprocher. Elle représentait des personnages pour le bien de la Révolution mondiale, du progrès, de Pepe. Ses mascarades ne dissimulaient aucune culpabilité. En réalité, oui, elle se sentait coupable d’une chose, mais tellement incrustée, celle-là, que seul un coup de poignard aurait pu l’en déloger.

Elle disait tout ça pour elle-même, bien installée parmi les amis de son mari, tandis que ce dernier jouait le torero ou le *gallego* et qu’elle-même jouait l’épouse. Pour jouer son rôle d’épouse, il lui suffisait de pencher la tête selon son habitude, parler le moins possible, sourire benoîtement quand son mari faisait des pitreries, se montrer réservée et un peu timide, comme doit le faire une étrangère qui vient d’arriver et qui n’est pas encore au fait des us et coutumes du pays, et avoir l’œil humide quand les cancanières venaient lui demander :

– Vous pensez avoir des enfants ?

– Ah ! (La réponse était brève.) Ah ! Si la guerre n’était pas passée par là, j’en aurais un.

Et ça n’allait pas plus loin. Suggérer. Laisser entendre. Une petite larme permise, mieux encore, bienvenue, qu’elle n’avait pas besoin de dissimuler parce qu’elle venait à point nommé. Puis le silence. Pour le reste, c’était l’affaire des autres. Elle n’était plus si jeune et, si elle avait perdu un enfant, à quoi bon insister. Surtout avec un mari comme Felisberto Hernández, pauvre *gallega*.

Moments d'attente, moments passés à se tordre les mains dans tous les sens en scrutant l'horizon. Comme s'il lui suffisait de monter sur la terrasse pour apercevoir Moscou. Elle ne pouvait toujours pas se mettre au travail, le lien avec la Centrale tardait à venir, tout s'étirait comme un ver de terre ; le câble qui devait établir le contact entre l'équipement et l'antenne attendait là, mort de rire, sans utilité immédiate. Elle avait toujours entendu dire combien il était démoralisant de perdre un maillon. L'agent secret qui pense l'avoir perdu se sent abandonné. Seul. Sans famille. Sans existence. Sans identité. Et il ne fait pas que le ressentir, il est réellement livré à lui-même. Tout ce qui jusque-là a représenté un soutien pour lui s'effondre. Se brise. Une marionnette sans fils.

Elle ne pouvait pas communiquer avec Olé, ni avec Pavel, ni avec aucune de ces chères mines contrites. On lui avait donné l'ordre d'attendre et elle attendait. Les appareils débranchés étaient toujours remisés au fond de la malle noire, dans un coin de son atelier de couturière ("haute couture", comme elle voulait qu'on dise). Le capitonnage et les bourrelets, qui devaient empêcher Felisberto, avec son oreille de phtisique, d'aller vers les machines (comme l'Horacio des *Hortenses* allant à sa perdition ; et il ne faisait aucun doute que si Felisberto trouvait le pot aux roses, elle finirait sa vie comme l'héroïne de la nouvelle qui avait attiré l'attention d'Ernö Gerö), semblaient se moquer de María Luisa avec une telle passivité. Son contact, l'attaché culturel de l'ambassade soviétique (pour aller lui rendre visite elle rasait les murs, avec sa perruque à boucles blondes qui juraient tellement avec le vert de sa peau), avait beau l'inciter à la patience, c'était peine perdue. Elle rongeait son frein. Quoi de pire pour une espionne que de n'avoir rien à espionner. "On ne m'a pas fait venir au bout du monde pour épouser un couillon et vivre comme une taupe", marmonnait-elle.

C'étaient des journées de sanglots, mais Felisberto ne voyait rien, n'entendait rien. Son oreille de phtisique n'était pas ouverte à tous les sons, elle n'était sensible qu'à quelques-uns d'entre eux seulement. Le grincement des rails du tram 42 résonnait encore à ses oreilles comme s'il les entendait, mais les hoquets de María Luisa, qui ne faisaient pas partie de sa mémoire, étaient exclus. Elle pleurait allongée sur son lit, tandis qu'il discutait avec un ami dans la pièce contiguë, riant haut et fort. Elle se demandait s'il ne riait pas comme ça pour ne pas entendre ses sanglots, et alors la petite fille qui était en elle, la plus petite de ses *matrioshkas* (celle que Felisberto avait découverte quand elle était couchée) montait involontairement le volume de ses pleurs. Celui ou celle qui pleure n'attend-il pas qu'on vienne lui en demander la raison? Mais si d'aventure Felisberto l'écoutait, se douterait-il que sa femme pleurait parce que le NKVD ne donnait pas signe de vie?

Lorsque Olé se réveilla finalement de son sommeil (dans le jargon, l'endormie c'était elle, la cellule dormante, désespérément dormante dans une très lointaine ville du Sud) et que María Luisa déballa son équipement pour l'installer dans un coin de son atelier, derrière les Singer, c'était comme si elle maniait les rênes d'une carriole depuis toujours familière. Ces machines lui étaient familières, elles lui calmaient les nerfs. María Luisa ne l'avait pas remarqué jusque-là: elle savait garder pour elle les bizarreries fascinantes que nul ne pouvait comprendre (le sang vert de Frida, les poupées amoureuses de Felisberto), dissimuler quand ses chefs se chamaillaient méchamment entre eux, ne pas demander d'explication quand quelqu'un disparaissait sans laisser de traces – dans un silence glacé –, mais elle ignorait jusqu'à quel point s'asseoir devant ses appareils faisait d'elle cette personne qui semblait avoir disparu depuis des siècles: elle-même.

Ce lieu lui appartenait. Et là, les questions n'étaient plus de mise. Parmi tout ce qu'elle avait eu entre les mains, ces machines représentaient ce qu'il y avait de plus intelligent et de plus sensé. "Elles m'apaisent autant que, pour les Virtudes, tricoter des chaussettes", se disait-elle. Un objet qui avait sa propre logique, un objet que l'on pouvait manier sans qu'un coup du sort lui retire sa raison d'être. Tant qu'elle recevrait des informations et en transmettrait, elle resterait vivante. Éveillée, rassurée. Inexpugnable. Elle en avait eu la preuve en pleine guerre, là-bas en Ukraine : les bombes explosaient tout alentour, mais elle-même restait connectée et, de ce fait, rien ne pouvait l'affecter, pas même la mort.

Cette fois, Olé ne lui avait pas confié un Paraset, l'appareil qu'elle avait emporté à Vinnitsa. Elle s'était prise d'affection pour cette minuscule machine que les Russes avaient copiée aux résistants français, dans le maquis. Aujourd'hui, elle disposait d'un superbe équipement. Elle avait eu un mal fou à l'introduire dans la malle, et ce n'était pas le plus grand ; mais pour sa sécurité personnelle, cela valait mieux. Il était constitué d'un émetteur récepteur muni d'un clavier et d'un appareil de radio, avec ces bords arrondis et cette couleur d'un rose orangé qui le rendaient humain, avec des bobines et des soupapes thermoïoniques en forme de ventouses, comme celles que posait doña Virtudes sur le dos avec une allumette enflammée. Il y avait aussi une petite machine servant à perforer le ruban de papier, un microphone et une antenne. Elle aurait peu l'occasion de parler dans ce microphone. Sa radio couleur chair munie de ventouses était pourvue d'un transformateur de voix, mais le procédé était lent, risqué : on entendait les voix comme à travers une huile brûlante, à cause des décharges d'électricité statique.

Le manuel des codes contenait une phrase inventée par Olé, pour servir de clé. Elle disait : *les mains aiment la farine crue.* Cette phrase lui parut tirée par les cheveux, mais elle ne s'attarda pas à l'examiner de plus près. On racontait qu'en Allemagne, durant la guerre, Leopold Trepper, le directeur de l'Orchestre rouge, utilisait pour ses clés les romans d'amour les plus romantiques. Dans ce genre d'activité il fallait être un peu joueur.

Au souvenir de ce groupe d'espions communistes qui travaillaient à Berlin sous le nazisme, elle sentit son sang se figer. Ils avaient presque tous fini pendus. Ou décapités. Mais

Montevideo n'était pas Berlin. Le contre-espionnage allemand n'avait besoin que de cinq heures pour détecter, grâce à une triangulation et un radiogoniomètre, l'endroit d'où le pianiste émettait ses messages. Transmettre pendant cinq heures de suite sans changer de lieu, c'était comme piloter un avion sous les bombardements. C'est la raison pour laquelle l'Uruguay était un lieu béni : il y avait des propriétaires d'estancias qui avaient des échanges radio pour consulter le prix du mouton. Personne ne perdait son temps à les détecter, pour quoi faire ? En Argentine le contrôle était plus strict, mais avec les cinquante mille radios amateurs qui occupaient l'espace aérien, ils ne pourraient pas davantage repérer l'espionne.

María Luisa souffrit une grande déception à Moscou, avant son départ, alors que l'opération "Séduction de l'écrivain uruguayen" était déjà fêtée avec des litres de vodka, en l'absence d'Olé, cela va sans dire. Elle nourrissait un rêve prétentieux : avoir en main la machine Enigma. Elle l'avait dit et répété, avec des accents de petite fille, coquette, capricieuse, têtue et tapant du pied. Rien à faire. Terré dans son antre, l'invisible s'y était refusé sans lui fournir d'explication. Il ne lui montrerait pas le fonctionnement de l'Enigma – jusqu'où lui-même était en mesure de le comprendre –, et encore moins bien sûr lui confierait-il un de ces précieux appareils pour sa mission à Montevideo.

Les Soviétiques avaient récupéré une vingtaine d'Enigma, abandonnées par les nazis à Stalingrad, à l'issue de la bataille, et quelques autres en Espagne, de la même provenance (les Allemands les avaient envoyées à Franco). Mais jamais les Alliés n'avaient transmis aux Russes les codes secrets que les Anglais d'abord, les Polonais ensuite, avaient réussi à percer. Patience. De toute façon, avec son modeste équipement María Luisa se sentait revenue dans le monde des vivants.

Elle chantonnait pour elle-même et s'apprêtait à monter sur la terrasse pour installer l'antenne, camouflant ses intentions en portant un panier de linge humide, quand Felisberto surgit, subitement atteint par la fibre courtoise.

– Donne, je vais t'aider.

– Ce serait bien la première fois.

– Il y a un commencement à tout.

De sorte qu'ils montèrent ensemble, lui portant le panier et elle avec son fil électrique roulé sous le bras.

– Et ça, qu'est-ce que c'est ?

– Une corde pour étendre le linge, tu vois bien !

– Tu n'en as pas assez avec celles qui y sont déjà ?

– Pour ton linge et le mien, certainement, mon cœur. Mais il arrive que les robes une fois cousues soient un peu sales. Et je préfère qu'elles soient lavées et repassées avant de les exposer.

– Et ce petit enclos, dit-il en lui montrant un grillage métallique avec lequel María Luisa avait isolé l'espace destiné à ses cordes à linge.

– Je n'aime pas que les voisins viennent fouiner dans nos affaires.

Tout en murmurant "quel sens de la propriété" Felisberto lui tourna le dos et se mit à étendre ses pantalons. Un couple harmonieux qui se consacrait à ses humbles tâches quotidiennes, dans la paix et la bonne entente. Elle tendit le fil électrique d'une extrémité à l'autre de la terrasse, l'accrochant soigneusement de chaque côté. Comme elle allait dissimuler ces attaches avec des caleçons, Felisberto se retourna pour les regarder.

– Et ces petits œufs ? demanda-t-il, l'air joyeux, montrant les deux petits objets en porcelaine blanche, incrustés aux extrémités du câble.

– Je me suis posé la même question, figure-toi ! Il semblerait que les cordes à linge sont comme ça aujourd'hui.

Mais quand il voulut utiliser la corde aux petits œufs pour étendre les draps, sa femme le retint :

– Pour ça, tu me laisses faire. Si tu ne les tends pas bien, c'est plus difficile de les repasser correctement ensuite. Retourne plutôt à tes écritures.

Il l'observa avec attention.

C'était un regard pénétrant, perçant, réfléchi.

Comme pour s'incruster au plus profond.

Comme pour l'évaluer sans concession.

"Ça y est, il m'a découverte, pensa-t-elle. Il sait tout. L'autre jour il m'a bien dit : *mes yeux voient les os par-delà la chair.*"

“Quelle femme d’intérieur elle est devenue, se dit-il, et en si peu de temps. Où est passée cette virago à épaulettes qui m’a levé au Pen Club ? Il faut la voir avec ses savates et son gros peignoir à fleurs, et son odeur de friture. Elle ne lèverait pas les yeux de sa couture et de son porte-monnaie, même sous les bombes.”

Il était sur le point d’accepter avec une révérence l’invitation à se retirer quand il s’immobilisa pour inspecter la chemise de nuit qu’elle était en train d’étendre.

Une énorme chemise de nuit d’un blanc transparent.

– Je ne le connaissais pas, constata-t-il.

– Je viens de l’acheter. Je l’ai choisie très large parce que c’est plus commode.

Felisberto la regarda à nouveau des pieds à la tête et dit :

– Si tu continues à grossir elle sera trop juste.

Et il regagna son bureau.

Traînant ses savates dans les escaliers (ce bruit de caoutchouc qui colle aux pieds en sueur puis se décolle, ces succions semblables à des baisers vulgaires, se dit-il), María Luisa descendit également pour faire un essai avec ses machines, pas les Singer, les autres, et voir si l’antenne horizontale qu’on lui avait appris à installer – avec un isolant à chaque extrémité – fonctionnait correctement. Elle avait renoncé pour l’instant à utiliser un bon fil électrique recouvert de cuivre. Il valait mieux éviter les questions des voisins. Les isolants en forme de petits œufs pouvaient être dissimulés, pas le cuivre. Mais quelle contrariété avec Felisberto ! Qui aurait pensé que son nigaud de mari monterait juste à ce moment-là ?

Elle calcula la longueur d’onde selon l’heure et la saison (cela se passait le matin et en été) et s’installa pour taper son premier message. La petite machine perfora la bande et la grava. Parfait, infaillible, sûr et encore mieux protégé car elle n’envoyait pas ledit message directement à Moscou, mais vers un navire de pêche russe muni d’équipements puissants, ancré quelque part au large des côtes argentines.

Quelques instants plus tard elle reçut la réponse, via le navire de pêche. Une réponse d’Olé. Elle en fut tout émue, comme s’il s’agissait de la voix d’un amant. En se perforant, la bande émettait un bruit sourd et continu. Un petit orage, un moteur d'avion, des tirs lointains, parfois prolongés en un sifflement aigu et plaintif. Le bruit n'était pas aussi harmonieux que celui produit par l'alphabet morse, qui exigeait une certaine oreille et sur lequel on pouvait danser, mais ce son lui appartenait, c'était un son bien à elle. A chacun sa musique. Celle-ci l'apaisait, la confirmait dans sa certitude ; elle faisait ce qu'il fallait sans se poser de questions.

Felisberto avait déjà écrit un récit dans lequel un homme possédait des yeux éclairants. Il voyait dans l'obscurité. Une femme somnambule entrait dans la chambre où l'homme, allongé par terre, regardait les choses en les faisant briller par la force de son regard. La femme s'approchait lentement de l'homme, avec son énorme chemise de nuit d'un blanc transparent, tel un fantôme aveugle, et lui marchait dessus en frôlant son visage avec la traîne. Il y avait aussi cet autre récit qui occupait l'esprit de Felisberto depuis un certain temps. L'héroïne était une femme extraordinairement grosse qui venait de perdre son époux adoré. Elle faisait inonder sa maison et installait sur l'eau, dans des moules à gâteau, des bougies allumées qu'elle laissait flotter. Elle passait une énorme chemise de nuit d'un blanc transparent, montait sur une barque et se promenait en ramant à travers la maison.

– Et pourquoi cette eau ? demanda María Luisa.

– Ce sont des rituels mortuaires.

– Ah ! Alors, ce sont les bougies de la veillée funèbre ?

– Quelle perspicacité !

Les nouveaux *abedules* se déroulaient avec chemise de nuit. Sur le sol, heureusement. Felisberto éteignait la lumière, s'allongeait par terre et María Luisa, enveloppée dans son déshabillé flottant, devait s'approcher, les bras étendus, et poser son pied, délicatement bien entendu et sans pantoufle, sur une épaule, un bras et même sur le visage de son mari, qui jouissait dans l'ombre.

María Luisa s'épanouissait, c'était un fait, elle abandonnait peu à peu son uniforme ajusté de femme fatale pour adopter la rondouillette sobriété de la femme mariée. Et de la femme uruguayenne. La capeline du mariage, sans aller plus loin. Après avoir remarqué la simplicité des habitants de

Montevideo, elle avait décidé de laisser cette capeline dans son carton à chapeau, où Felisberto se fatigua de la tripoter, la laissant flasque comme la perruque de la *manola* et le béret aux petites mouches.

Les compatriotes de Felisberto étaient des gens aimables et sans façon. Des femmes et des hommes discrets qui ne se donnaient pas de grands airs, toujours avec leur maté à portée de la main, la bouche continuellement froncée en train de suçoter la pipette, avec ce petit bruit agréable qu'ils appelaient ronchonnement. Un pays si aimable, où les grognements ne venaient pas des éclats de colère, comme à Paris ou à Moscou, mais de l'absorption de la dernière goutte.

Par ailleurs, le passage de la décennie des années 40 à celle des années 50 mit fin, du jour au lendemain, aux épaulettes et aux coiffures à postiches. Les rembourrages furent balayés une fois pour toutes. Un véritable ouragan : tout à coup les femmes se retrouvèrent avec les épaules tombantes et les cheveux courts.

Elles se les étaient déjà coupés dans les années 20 et 30, mais elles les avaient laissés pousser à nouveau dans les années 40, leur donnant du volume et des formes différentes – une forme de banane, par exemple. C'est ainsi que Felisberto s'était imaginé María Luisa sous son chapeau conique, et il fut fort étonné de se trouver devant une masse de cheveux bouclés de gamine… africaine. Elle paraissait esclave de la mode, et cependant elle se coiffait comme une femme qui n'avait pas le temps de mettre des épingles, des filets et des postiches. Un étonnement plein de clairvoyance, mais sans traduction. Il ne pouvait pas penser : "Elle a des cheveux de guérillera." Il se contentait de sentir que tous les signes ne coïncidaient pas.

Maintenant les petites boucles de María Luisa s'accordaient avec les mèches courtes un peu effilées de la coiffure "plume". Les femmes portaient des petits chapeaux quelque peu ingénus, en hollandaise, qui les rendaient simples, abordables ; celles qui pouvaient se le permettre comprimaient leur taille dans de larges ceintures élastiques et portaient des jupes amples de danseuses, mais de danseuses de film idiot, sans méchante vamp. Finis les angles aigus et les formes violentes. Avec toutes les conséquences que cela impliquait : María Luisa avait eu raison de soutenir que les épaulettes faisaient des hanches étroites. Une fois les épaulettes disparues, et après sa métamorphose en femme comme il faut, avec ses chairs généreuses autour de la taille, il en résultait quelque chose de maternel, mais non d'euphorisant.

Cependant, la fibre gitane pointait son nez. La longueur de ses jupes, sa façon de s'asseoir les jambes écartées, les pans de sa jupe ramenés entre ses deux cuisses : c'était moins l'image d'une épouse soumise que d'une bohémienne désinvolte. Se sentant de jour en jour plus à son aise dans cette ville paisible, María Luisa commençait à montrer le bout de l'oreille.

La première fois que la couturière de "haute couture" étendit son coupon de tissu sur la table de la salle à manger, afin d'y découper un orifice en son centre, Felisberto vint fourrer son nez.

– Qu'est-ce que tu fais, un poncho ?

– Mais non, gros bêta, ce que tu vois là s'appelle une jupe cloche.

Il murmura fasciné :

– L'autre jour j'ai vu une vieille femme avec des hanches très larges. On aurait dit une table qui se serait mise à marcher.

Il ne fut guère aisé de lui faire comprendre que la forme de cette jupe ne correspondait pas à la largeur des hanches d'une femme, aussi vieille fût-elle. Il fallut également veiller à ce que Felisberto ne profite pas d'un moment d'inattention pour passer sa tête dans l'orifice et se mette à voleter dans tout l'appartement. Un *carnavalito* du Nord argentin. Et lui, un sauvage. Un sauvage avec son enfance adhérée à son âme, un sauvage qui eut subitement une meilleure idée :

– Tu veux bien la mettre, cette jupe ?

Soupir de María Luisa.

– Quelle idée, allons ! Pour quoi faire ?

Mais une curiosité inavouable la poussa à obéir. Au risque de provoquer une déchirure dans ce vêtement fait pour un corps de quinze ans, elle introduisit ses parties inférieures dans l'énorme corolle et resta comme ça à attendre. Felisberto se mit à quatre pattes et pénétra sous cette sorte de tente.

Il en ressortit peu après, très rouge ; il gagna la cuisine et, tout en picorant les restes d'un repas :

– *Ma maîtresse avait une jupe grise, du même gris qu'une certaine poule. Je commençai à m'imaginer combien il serait beau de vivre sous la jupe de la maîtresse. Si je lui touchais une jambe, elle resterait aussi immobile et aussi calme que la poule avec son poussin.*

A partir de ce jour il s'intéressa à la couture. Il surgissait dans l'atelier (il devait arriver sur la pointe des pieds ; comme elle ne voulait pas l'alerter, elle ne se décidait pas à donner un tour de clé) pour chercher quelque chose dont il ne connaissait même pas le nom.

Tandis qu'elle coupait un morceau de tissu, il lui posait des questions, excité comme qui assiste à un prodige :

– Pourquoi tu le coupes comme ça ?

– C'est une coupe en biais.

En biais ! L'exclamation laissait déjà prévoir ce qui allait venir : un de ces mystères joyeux ou douloureux dont María Luisa commençait à avoir sérieusement marre.

Elle ne fut pas déçue. Il lui fallut tout entendre : que les choses en biais l'intéressaient car, lorsque le tram 42 passait devant une certaine maison de son quartier, il éclairait les murs transversalement, et que…

Elle explosa :

– Eh bien c'est une jupe, putain, rien qu'une jupe, et écarte-toi parce que ça m'énerve de te voir planté là comme un piquet dès que je prends mes ciseaux.

– Ce que j'essayais de te dire, murmura Felisberto avec une douceur trompeuse, c'est que tu m'as toujours semblé être une femme transversale.

María Luisa est en train de pianoter sur sa machine quand Felisberto entre dans l'atelier, une feuille de papier à la main.

Elle n'a pas le temps de la dissimuler. Pas immédiatement. Tout mouvement brusque risquerait d'attirer son attention. Il la regarde en clignant des yeux comme s'il venait de fixer le soleil. Il veut lui lire le paragraphe qu'il vient d'écrire. Elle s'immobilise et tout doucement elle recouvre le clavier avec un morceau de tissu, qui ne le cache pas totalement. Elle écoute. Quand il a terminé sa lecture, il la fixe dans les yeux.

– Alors, qu'en penses-tu ?

– Très joli.

Il ne lui vient rien d'autre à l'esprit, elle ne cherche même pas. "Joli" : elle est incapable d'imaginer un commentaire plus pointu. Rien que ce "joli". Il la regarde de la tête aux pieds, c'est-à-dire, dans la mesure où María Luisa est assise derrière sa petite table, de la tête à la taille. Il est difficile de ne pas voir l'appareil mal dissimulé, dont les formes et les proportions sont tout sauf celles d'une machine à coudre Singer.

Il voit l'appareil. Il l'a regardé, il a dû le voir. Ils se dévisagent. Le regard fixe. Un bon moment. *Des yeux qui voient les os par-delà la chair.* Deux yeux qui éclairent dans l'obscurité. Des yeux obnubilés par leur propre lumière ? Le monde lui apparaît-il comme un cœur noir entouré d'un halo avec des petits points brillants, multicolores, dansants ? Felisberto baisse les yeux, les pose sur l'appareil, les laisse ainsi posés comme s'il réfléchissait, comme s'il l'observait, intrigué ; il soupire, remue la tête et s'éloigne en disant, moins comme une question que pour confirmer une certitude :

– Si la littérature ne t'intéressait pas, pourquoi es-tu allée au Pen Club ?

Un certain temps est passé depuis la cérémonie civile. María Luisa rentre chez elle, sa perruque dans le sac (elle est allée voir son contact à l'ambassade), et elle tombe nez à nez sur elle.

– Je te présente Calita, dit joyeusement Felisberto. Maman, voici María Luisa.

Les deux femmes – toutes deux brunes et rondelettes – ferment à demi les yeux pour se regarder, comme pour palper mentalement la qualité du tissu (ainsi les Soviétiques avaient-ils regardé Africa à Barcelone, pour évaluer son courage).

La phrase "qu'est-ce que mon fils a bien pu te trouver" surgit avec netteté, comme écrite sur le front de la mère.

– Ah, j'oubliais, ajoute Felisberto, voici Ismael, le Tondu.

En effet, Calita est venue accompagnée de son second fils. Né pour seconder, pour être l'autre. Un provincial gauche; un rustre, se dit María Luisa tout en cherchant la main que lui tend Ismael, inerte comme un objet.

Calita n'a pas les cheveux plantés en forme de V (le front à la Fantômas de Felisberto doit lui venir de son père). Ismael a cette même forme, mais plus que Fantômas, on dirait Mickey Mouse avec son dessin en forme d'aile qui délimite la naissance des cheveux.

María Luisa est au courant de l'importance qu'a eue Calita pour la première épouse, María Isabel (moindre, en fait, que pour les autres, et ce pour une question de classe sociale : les Guerra étaient de meilleure souche que les Hernández), pour la deuxième, Amalia, et pour sa maîtresse, Paulina. Bien s'entendre avec Calita, lui être agréable, chercher son approbation, c'était la condition absolue pour le succès des mariages et des fiançailles ; cela dit, de telles démonstrations de bonne volonté ne garantissaient rien du tout.

La valise est posée par terre. Une seule pour la mère et le fils. Sur la table il y a trois petites tasses à café. Calita se lève précipitamment.

– Je t'en apporte une tout de suite, ma fille.

Alors, c'est elle qui fait les honneurs, c'est elle la patronne. Elle connaît déjà la cuisine, elle a trouvé les petites cuillers, le sucre. Qu'a-t-elle vu d'autre ? Dans quel autre coin de l'appartement est-elle allée fouiner ?

Comme si elle l'avait entendue, Calita répond en revenant avec la tasse :

– Je n'ai pas osé entrer dans ton atelier, ma fille, mais je meurs de curiosité parce que j'ai toujours aimé la couture.

– Je vous le montrerai plus tard, il est un peu en désordre. En ce moment j'ai beaucoup de travail.

– Tu te débrouilles bien, ma fille : réussir à te faire une clientèle en si peu de temps ! Bien sûr, les amies de Felisberto doivent te commander des vêtements...

Il ne lui reste qu'à ajouter : “Les épouses de Felisberto.”

María Luisa ne peut réprimer une grimace en buvant son café. Non que le café soit mauvais ; elle a un problème à résoudre : comment éloigner cette bonne femme qui menace de mettre son nez là où elle n'a rien à faire ? Ce qui a échappé au regard de ce tête en l'air de Felisberto (inutile de parler du petit second), celle-là tombera dessus en moins de temps qu'il faut pour le dire.

– Est-ce que vous voyez vos petites-filles ? s'enquiert María Luisa d'une voix mielleuse, pur produit de son passage par le Sagrado Corazón.

Elle a visé juste. La vieille femme se tord sur sa chaise et avoue :

– Les choses ne sont pas faciles avec mes belles-filles, ma petite. Comme elles ont divorcé... J'espère qu'avec vous...

Et les sourires qu'elles se lancent sont des flèches.

María Luisa profite d'une urgence de Calita pour appeler Felisberto avec son petit doigt. Une fois dans la cuisine elle le coince.

– Où penses-tu les loger ?

– Comment ça, où ? Ici.

– Il n'en est pas question.

Calita revient de la salle de bain en reboutonnant sa jupe, puis elle se penche pour ouvrir sa valise, elle fouille à l'intérieur, en retire une paire de pantoufles avec des peluches sur les bords et les met en gémissant de plaisir. Une vague odeur de pied envahit le salon. Elle montre le paquet mouillé dans le creux de sa main et s'excuse :

– J'ai lavé ces bas, ma fille. Comme je n'en ai apporté qu'une paire... Je vais les étendre tout de suite. Où se trouve la terrasse ?

Et la voilà qui part comme une flèche vers l'escalier, comme si elle connaissait le chemin. Mais l'autre s'interpose.

Calita s'immobilise, impressionnée par ce corps massif. En voilà une drôle de belle-fille, plus bizarre encore que les deux autres, parce qu'elles, au moins, parlaient normalement, pas comme celle-là avec son accent de chanteuse de zarzuela bon marché. María Luisa lui arrache ses bas avec brusquerie.

– Je vous en prie, madame, je vais les étendre moi-même.

La nuit tombe. Il faudra bien les inviter à passer la nuit dans l'appartement. Felisberto envoie des signaux désespérés à María Luisa. Cette dernière se lève, se redresse dans toute sa hauteur et sa largeur, se plante devant la vieille femme, imposante, décidée, consciente que sa taille semble avoir triplé par la résolution qui l'anime.

– Je vais installer deux lits de camp dans le bureau de Felisberto, annonce-t-elle, mais l'endroit est très petit et lui en a besoin pour écrire ses choses. Demain je vous conduirai dans ce si joli hôtel, à quelques rues d'ici. Vous êtes mes invités, c'est de tout cœur, Calita ; mettez-vous à l'aise.

Calita ouvre la bouche, Felisberto lève théâtralement ses mains jusqu'à sa tête ; quant à Ismael, il semble n'avoir rien entendu.

– Un hôtel. Ah ! Tu me chasses de chez toi ? Tu entends ce que j'entends, Felisberto ? Felisberto, s'il te plaît, secoue-toi, tu ne dis rien ?

– Tu vas le regretter, la menace son mari fièrement, en soulevant la valise que sa mère vient de refermer après y avoir réintroduit ses pantoufles (les bas resteront abandonnés dans les ténèbres d'une terrasse inconnue que Calita, l'exilée, n'aura pas l'heur de connaître), avant de sortir en claquant la porte, dramatiques tous deux, suivis par le muet qui accompagne le pathétisme de la scène en y contribuant, si ce n'est par la parole, du moins par le geste.

Et cependant il accompagne. Tous trois se font compagnie les uns les autres, ils se serrent les uns contre les autres, ils s'entassent, se réchauffent. Ils sont une île. En les voyant ensemble, María Luisa a compris que Felisberto ne sera jamais fidèle qu'à Calita et Ismael. Elle pense à elle-même, inévitablement. Elle n'a jamais connu ce genre de fidélité. Ni envers les Virtudes, ni envers son père, ni envers son oncle le général. C'est sans doute la raison pour laquelle elle s'est trouvé une famille d'adoption. Le NKVD a été son île.

Heureusement qu'à la maison elle a une alliée. María Barrios, sa couturière qui, à l'occasion, fait office de femme de chambre et de cuisinière, est une femme de la campagne rêche et silencieuse. La maison lui a plu, la patronne lui a plu, le salaire lui a plu. Elle a regardé Felisberto et ça lui a suffi : pauvre Mme María Luisa, qui est tombée sur un drôle de pantin. Mais elle ne le dit pas, pas même avec les yeux. Puis elle a regardé l'atelier. Bien qu'elle ne vienne pas travailler avec les Singer les jours et aux heures où María Luisa est occupée à ses autres activités, l'équipement bizarre dissimulé dans un coin n'a pas pu lui échapper. Il a suffi d'un seul regard pour que María Luisa sache que la María uruguayenne ne dira pas un mot. Un pacte entre femmes.

Et dans la famille de Felisberto elle a, heureusement, une autre alliée. Mabel Hernández Guerra, la fille aînée – celle à qui Felisberto fait la lecture de ses nouvelles – est une femme de gauche, socialiste, féministe. María Luisa n'est pas la même avec tous ses interlocuteurs (comment pourrait-elle être la même si son jeu de poupées intérieur la démultiplie comme les *Lettre à Élise* de Felisberto). Mabel est tombée sur une María Luisa aux idées avancées. Elle a eu droit à l'authentique, à la rebelle : joli cadeau pour une jeune fille qui cherche sa place au milieu de ce nœud d'épouses. Joli cadeau surtout parce que, en parlant avec Mabel, María Luisa a bien fini par admettre que la jeune fille a hérité "la tête" de Felisberto, ce qui revient à dire que le père en a une sur les épaules. Si la fille est intelligente parce qu'elle lui ressemble, c'est que lui n'est pas un gobe-mouche.

Le retour à Montevideo a signifié pour Felisberto une véritable dégringolade. Pour commencer, c'est un Montevideo sans Supervielle. Son protecteur franco-uruguayen avait dit vrai : ils ne se reverraient jamais plus, ni en Uruguay, ni ailleurs sur cette terre. Après toutes les attentions dont il a fait l'objet à Paris, Felisberto est revenu pour s'enliser à nouveau dans ce misérable emploi d'espion radiophonique (il doit démontrer à ses amis que, malgré tout l'argent qu'elle gagne, sa femme ne l'entretient pas) et pour recevoir, en prime, la gifle d'Emir Rodríguez Monegal.

Ce célèbre critique littéraire avait déjà administré une gifle à Felisberto avant que ce dernier n'obtienne sa bourse et n'entreprenne son voyage à Paris. Mais cette deuxième gifle est plus incisive. Rodríguez Monegal vient de publier un article dans lequel il soutient que le narrateur d'une nouvelle de Felisberto n'est qu'un enfant et que cet enfant n'a pas mûri, ni dans sa vie, ni dans sa pensée, ni pour l'art, ni sur le plan sexuel.

María Luisa le trouve, la face lie de vin, à côté de la coupure de journal. Tout près, sur la table, la bouteille de vin rouge, non plus français, malheureusement, fait pendant à son teint.

– Regarde, lis ça. Dis-moi si tu es d'accord avec lui.

María Luisa lit l'article en veillant à ce que ses yeux ne la trahissent pas. Dernièrement, elle n'hésite pas à assener deux ou trois vérités à Felisberto quand l'envie la démange, afin que ce dernier hurle et s'énerve et qu'elle puisse se plaindre de mauvais traitements auprès de ses amis, ainsi prépare-t-elle le terrain pour un prochain divorce. La déconvenue avec Calita, que Felisberto ne lui pardonne pas, lui a servi à ça.

Mais quelque chose la retient. La fragilité de ce gamin quinquagénaire pourrait attendrir une pierre. Comment peut-elle le regarder droit dans les yeux, elle qui n'a pour ainsi dire aucune opinion sur des sujets tels que la pensée et l'art, mais qui sur le plan sexuel peut dire des choses – beaucoup de choses –, par exemple que le critique ne s'est pas trompé. En tout cas elle ne peut pas, et elle en est la première surprise. Surprise aussi d'un geste qu'elle n'avait pas prévu : elle se lève de sa chaise et elle va passer ses bras autour du cou de son petit mari, qui se pelotonne entre ses deux bons gros seins.

– Non, tu n'es pas un enfant, gros bêta. Tu es un grand écrivain, ça ne fait aucun doute. Rien moins qu'à Paris, d'autres critiques plus importants que cet Abdul l'ont écrit noir sur blanc.

– Abdul ? fait Felisberto, surpris, tandis qu'un sourire d'espoir renaissant illumine son visage.

– Je voulais dire Emir, corrige María Luisa, impatiente. Je me suis trompée, ce sont deux noms arabes, non ?

Mais c'est trop tard. Le mot "câlin" qui lui a échappé sans préméditation et l'inopportune confusion entre un arabe et l'autre l'entraînent irrémédiablement vers quelque petit jeu de chemise de nuit, de jupe cloche, de capeline ou de *manola* –

petits jeux illustrés par la phrase de cet Emir de malheur, des petits jeux qui, elle est bien obligée de l'admettre, ne manquent pas de piquant.

Des petits jeux. Felisberto semble condamné à voir tout ce qu'il entreprend provoquer les rires. Si María Luisa n'avait pas l'esprit occupé ailleurs, les efforts de son mari pour sortir la tête hors de l'eau lui feraient de la peine.

De fait, c'est bien ce qui lui arrive. Non qu'elle ait des remords : tout ce qu'elle fait, elle le fait pour l'URSS et pour le progrès du monde. Toutes ses actions sont justifiées. Pourtant, quand elle le voit partir travailler (elle a demandé à Olé si elle devait libérer Felisberto de son emploi d'espion radiophonique, et son chef lui a répondu par la négative, de la même façon qu'il n'avait pas autorisé María Luisa à lui acheter un costume) ou s'escrimer sur l'anglais et la sténographie avec une concentration exagérée, ses cheveux noirs et frisés tombant de chaque côté de son visage comme les tristes oreilles de ces chiens au nom anglais justement, elle ne peut s'empêcher d'éprouver de la peine. C'est une pitié qu'elle éprouve parfois pour elle-même – pas aussi souvent qu'elle pourrait se le permettre –, pour son histoire si étrange, si difficile à raconter.

Pauvre Felisberto, si mal armé pour affronter la vie. Les tournées dans les patelins, les concerts dans des théâtres de troisième zone, tout s'est transformé en une lutte acharnée pour apprendre une langue et une écriture qu'il pense être salvatrices. Voilà qu'à présent il mise tout sur l'anglais et la sténographie. De toute façon, il ne renonce pas, il n'a jamais renoncé. S'entête-t-il à faire ses exercices pour se libérer de sa femme qui, sans l'entretenir totalement, le nourrit ? S'imagine-t-il travaillant dans un ministère ou une entreprise, comme sténographe, comme secrétaire bilingue ? La seule idée d'un Felisberto employé de bureau donne envie de rire et de pleurer.

Pour le moment, l'anglais ne lui sert à rien (il est aussi dur d'oreille pour l'anglais que pour le français, et elle a vu sur son bureau les quelques notes d'un élève appliqué, mais pas très vif d'esprit : Felisberto a écrit le mot *yellow* en jaune, souligné avec un crayon de cette même couleur, pour plus de clarté) et il se sert de la sténographie plutôt pour écrire ses récits sibyllins. María Luisa a également trouvé sur son bureau des papiers indéchiffrables. Pour comprendre ces hiéroglyphes il faudrait un Olé. Elle-même n'a pas le temps de s'en occuper. Ni l'envie. Mais somme toute, elle se pose une question : que peut bien écrire Felisberto avec ces signes que personne ne comprend ? Et s'il parlait d'elle ? S'il utilisait la sténographie à sa façon, avec ces pattes de mouche qu'il s'est inventées, pour raconter son mariage avec une espionne ?

Il existe d'autres coïncidences : il a imaginé une sténographie personnelle et il est en train d'inventer une méthode pour enseigner le piano ; de son côté, elle a inventé un système personnel pour taper ses messages, que seul l'invisible est en mesure de comprendre.

Mais les coïncidences ne doivent pas lui faire oublier son travail. C'est elle qui nourrit son monde, et elle le fait sentir. C'est bien elle qui achète de quoi manger et elle qui se met en cuisine. Au fil des mois elle s'est laissée rabaisser au rang de cuisinière. Volontairement. Pour jouer les victimes.

– Cette grosse bedaine qui passe son temps à me demander à manger ! Et moi qui me tue pour gagner notre pain ! gémit-elle devant les amis qui n'ignorent pas l'égoïsme infantile de Felisberto et qui la plaignent de la voir ainsi esclave.

Un jour, son mari qui a toujours faim, son mari qui lui réclame à cor et à cri des déjeuners et des dîners chaque fois plus copieux, entre tel un ouragan dans la cuisine alors qu'elle répand un petit tas de farine sur la table.

Et une fois de plus il s'immobilise, les yeux comme des soucoupes.

– Qu'est-ce qu'il y a ? explose-t-elle, levant les bras comme une pleureuse marocaine, en exagérant un peu pour la mise en scène et un peu parce que la vie l'exaspère. Tu as encore vu un fantôme ?

Mais avec cette même pudeur qui l'avait saisi à Paris lorsqu'il avait aperçu la *manola* et qu'il lui avait demandé la permission de la prendre dans ses bras, Felisberto la supplie :

– Je peux ?

– Si tu as les mains propres… soupire-t-elle, résignée.

Felisberto frôle la farine, la touche, la caresse, y plonge les doigts, les paumes, le dos de la main, en rassemble un peu dans le creux, ferme le poing, laisse glisser la fine poudre d'un côté avec la lenteur et la finesse d'une horloge de sable et, en extase, il murmure :

– *Les mains aiment la farine crue.*

JOURNAL D'OLEG

Moscou, avril 1950. Le mariage dure toujours. Africa se plaint mais, pour le moment, elle supporte. Je me les imagine tous les deux, chacun dans sa chambre, chacun devant sa machine, séparés par un voile invisible, un rideau léger mais infranchissable, tous deux transmettant des messages en apparence dissemblables et se sentant pareillement puissants devant le clavier qui est leur raison de vivre.

Je persévère dans mes tentatives de déchiffrer la machine Enigma et, dans un même élan, l'œuvre de Felisberto. Le parallélisme entre ces deux entités me laisse pantois. Ce sont des espaces identiques. Mon vieux compagnon Yuri Lotman n'avait-il pas l'habitude de dire : "La structure de l'espace du texte se transforme en modèle de la structure de l'espace de l'univers" ? L'espace ! Ce seul mot résume ma tragédie, oui, je n'hésite pas à la consigner dans ce journal dont je doute parfois qu'il parvienne entre les mains de sa légitime destinataire. Une tragédie. Je peux bien me permettre de le dire puisque personne ne m'entend. Quelle asphyxie quotidienne : être resté seul dans cette ville désertée par mes amis véritables, mes compagnons d'école qui ont fui à Tartu. Je dis Tartu comme j'aurais dit Jérusalem ou le paradis. L'Estonie est à deux pas d'ici, et pour moi elle est si loin.

Si Africa lit un jour ces lignes, elle sera contente d'apprendre les résultats auxquels je suis parvenu. Je parle de l'Enigma. Pour ce qui est de Felisberto, je crois qu'elle s'en fiche. Elle ne s'est même pas rendu compte que, pour son code, j'avais emprunté la phrase d'un récit écrit par son mari. C'était une façon de lui adresser un clin d'œil : *les mains aiment la farine crue.*

Un clin d'œil avec émetteur mais sans récepteur, un clin d'œil solitaire. Il est vrai que j'aurais pu chercher d'autres phrases de Felisberto qui lui auraient rappelé quelque chose, des phrases de l'unique récit – souligné par mes soins – que je lui ai laissé lire. Cependant, j'ai voulu la sonder et vérifier si elle n'avait vraiment pas lu autre chose. Dans un premier temps, elle avait l'intention de lire son œuvre d'un bout à l'autre ("de la tête à la queue", avait-elle dit : quel langage concret elle utilise, toujours saupoudré d'images palpables ; et moi à côté, si pédant, si compliqué, si absent de la vie). Et dire que c'est moi-même qui m'y suis opposé, arguant que Felisberto pouvait avoir des soupçons si elle lui disait connaître toute son œuvre. Mais aujourd'hui qu'elle est mariée, qui l'en empêche ?

Le résultat a été sans surprise, c'est-à-dire nul. Je ne sais pas pourquoi la confirmation de son apathie me rend triste. Avoir la preuve de son indifférence à son égard, cela a-t-il une relation avec celle qu'elle exprime à mon endroit ? Et si elle ne m'a jamais vu, quel autre sentiment puis-je en attendre ? Jusqu'à quand continuerai-je à lui envoyer des signaux dans le vide ? Parfois je me demande si je ne suis pas en train de tomber amoureux de Felisberto, plus que d'Africa… ou des deux. Nous trois. Dire cela me fait une drôle d'impression : nous trois, et moi au sommet du triangle, le seul à être au courant de cette histoire qu'ils sont en train de vivre en la comprenant à demi, et un œil dessiné au centre comme dans le symbole maçonnique. Olé, le Grand Architecte de l'espionnage.

Le seul à être au courant ? Il est vrai que l'idée de faire se rencontrer Africa et Felisberto m'appartient. Mais qui d'autre que moi aurait compris que nous étions tous trois des "pianistes", des "espions radiophoniques", des manipulateurs de machines destinées à monter des spectacles ? Quand j'ai lu *Les Hortenses*, je n'en croyais pas mes yeux : l'Horacio de la nouvelle était Felisberto, mais également Oleg… A cet instant je me suis dit qu'un flux inconscient nous traversait, nous unissait, nous clarifiait (à condition d'y prêter l'oreille). L'inconscient ou la conscience de quelqu'un d'autre. Un quatrième metteur en scène qui se révèle à travers la plaisanterie. Un sens de l'humour pas nécessairement bienveillant qui cherche à rire à nos dépens.

Étudier le fonctionnement de l'Enigma m'a procuré un plaisir qu'Africa éprouvera peut-être avec son modeste équipement. Elle en veut davantage, je sais. Elle désire certaines machines avec la même intensité qu'elle désire certains hommes. Je regrette de devoir lui refuser une chose et l'autre. Et moi, alors ? Le plaisir de pénétrer dans une machine peut-il remplacer le plaisir tout court ? L'Enigma est-elle pour moi la fiancée que je n'ai pas ? Je m'acharne à résoudre ce mystère comme s'il s'agissait du corps de la femme que je ne possède pas, une femme que j'ai moi-même contribué à mécaniser ? Cet acharnement n'est pas à ma gloire, ni en tant qu'amant, ni en tant que chercheur. Cela signifie clairement que je ne suis pas préparé à affronter l'une et l'autre, la machine et la femme.

On a longtemps cru que les meilleurs crypto-analystes étaient ceux qui étaient experts dans la structure du langage. Mais l'arrivée de l'Enigma nous a conduits à considérer qu'un esprit scientifique serait plus à même de la déchiffrer qu'un simple cerveau de linguiste comme le mien. Cela dit, j'ai réussi à comprendre certaines choses. Et comme Africa a entendu parler de l'Enigma sans en connaître les détails, je tâcherai de lui expliquer en quoi consiste l'objet de son désir, je lui en ferai l'exposé par-delà la distance géographique et temporelle (dois-je rappeler à chaque ligne qu'elle ne pourra me lire que lorsque je ne serai plus de ce monde ?).

Ses origines remontent à l'année 1919, quand le Hollandais Alexander Koch et l'Allemand Arthur Scherbius en obtinrent le brevet. En 1925, l'armée allemande acheta la première unité de ce qui allait devenir le système d'encodage le plus redoutable de l'Histoire. Mais une équipe polonaise et une autre britannique, la première dirigée par Marian Rejewski et la seconde par Alan Turing, réussirent à en percer le mystère. Il est inutile de préciser que, durant la guerre, les Alliés la préservèrent jalousement, sans penser à aucun moment nous la céder.

Qu'est-ce que l'Enigma ? Une machine qui permet d'envoyer des communications secrètes. La différence avec les autres, c'est qu'elle s'appuie sur un système de chiffrage rotatif et qu'elle possède trois éléments : un clavier pour rédiger le texte brut, une unité de modification qui encode chaque lettre du texte dans une lettre correspondante du texte chiffré et un tableau muni de plusieurs lampes pour indiquer la lettre du texte chiffré. Si sur le clavier on tape la lettre *b*, un courant passe dans le disque de modification, suit le parcours du câblage interne et illumine sur le tableau la lettre *a*. Cela signifie que le *b* est encodé sous la lettre *a*.

Scherbius avait imaginé que le disque de modification tourne automatiquement un sixième de révolution à chaque encodage de lettre. La disposition giratoire définissait six alphabets chiffrés. Mais la répétition (lorsqu'on tape six fois la lettre *b*, le disque de modification retrouve sa position initiale) est l'ennemi de la sécurité. C'est pour cette raison que Scherbius a introduit un deuxième disque de modification, puis un troisième, et pour finir un réflecteur qui restitue le courant à travers les disques de modification.

Avant d'initier l'encodage, l'opérateur fait tourner les disques de modification pour les placer dans une certaine position. Il y a dix-sept mille cinq cent soixante-seize points de départ possibles, et la position initiale détermine la manière d'encoder le message. Ces positions initiales sont dictées par un manuel de codes qui donne la clé sélectionnée pour chaque jour. Sans ce manuel, le crypto-analyste doit essayer toutes les clés possibles, c'est-à-dire les dix-sept mille cinq cent soixante-seize positions initiales. Ce manuel n'est pas en ma possession.

De retour d'Espagne, Leonid Eitingon m'a remis une des rares Enigma qu'ils avaient pu récupérer, en me disant “tiens, si tu veux t'amuser”, avec ce ton qu'on prend pour s'adresser à un fou inoffensif, celui que prennent mes camarades quand ils m'adressent la parole.

– Pour ce qui est du livre des recettes, a-t-il ajouté, tu le demanderas à Franco.

Je me souviens très clairement du jour où elle est arrivée. Leonid a posé sur mon bureau la mallette carrée, il a soulevé le couvercle et... elle est apparue sous mes yeux. Quelqu'un d'un peu distrait aurait pu la prendre pour une banale machine à écrire. Mais en soulevant le tableau sont apparues les petites roues magiques, ces roues qui peuvent décider le cours d'une guerre.

A cet instant j'ai pensé à ces deux hommes pour lesquels j'ai une profonde admiration, je me suis recommandé à eux de la manière la plus intense. Le premier est Rejewski, le jeune polonais de vingt-trois ans, un timide à lunettes (la ressemblance entre nous deux est frappante), qui a réussi à percer le mystère sans posséder le manuel, en analysant dans les messages allemands que ses compatriotes interceptaient les chaînes de lettres dont le modèle était lié aux 10 000 000 000 000 000 de clés par jour... Il y est parvenu. Il s'agissait d'identifier le lieu d'où les Allemands attaqueraient son pays ; il était obligé de le faire et il l'a fait. J'admire sa réussite, mais, plus que sa réussite, j'admire sa capacité à se concentrer sur une inconnue, tel un moine dans sa cellule. Le second est Felisberto qui a été capable d'écrire : *ce qui nous émerveille le plus dans les choses, c'est ce que nous ignorons, connaissant quelque chose.* Il est clair qu'expliquer à mes chefs que je suis davantage fasciné par l'inconnu en soi que par son entière résolution n'est pas aisé. Pavel m'avait prévenu : "Attention, n'exagère pas, personne ne t'a demandé de passer ton temps à étudier l'Enigma, tu le fais pour toi-même et cela comporte toujours un risque." Le fait est que toute initiative qui excède les limites normales entraîne un risque.

Passer de l'Enigma à Felisberto ne m'apporte pas davantage ce que je ne cherche pas, la paix. Il n'y a pas de conclusion, pas d'évidence, juste des interrogations. En quoi consiste son mystère, qui semblerait dévier comme le courant transmis par l'Enigma est dévié par le réflecteur ? L'enfance dont il ne s'est jamais détaché ? La maison natale, qui continue de se dresser en son for intérieur, lui est-elle à jamais étrangère ? De la même façon, le monde entier lui est-il étranger ?

Cet écrivain me glisse entre les doigts. Quand je tente de l'assimiler à l'avant-garde française ou russe, ou au futurisme – considérant le côté mécanique de ses inventions –, j'ai l'impression qu'il se moque de moi tout comme sa femme se moque de lui. Il est à la fois inassimilable et obsédant. Alors j'ai envie d'écrire à Africa de Las Heras : "Tu veux avoir une Enigma chez toi ? Tu l'as déjà. Elle s'appelle Felisberto Hernández."

Et l'idée me vient tout à coup. Une idée risquée mais, pour cela même, tentante. Si je donnais l'ordre à Africa de l'interroger, sous prétexte qu'à Moscou nous voulons enquêter sur ses supposées activités anticommunistes, auxquelles son œuvre littéraire n'est peut-être pas étrangère ? Avalerait-elle la pilule ? Serait-elle prête à m'obéir et à lui soutirer de monumentales bêtises qui ne nous seraient pas d'une grande utilité, ni à elle ni à moi ? Je dis ça parce que ce phénomène littéraire aiguise ma curiosité et parce que je porte un certain intérêt à cette âme égarée. En l'intéressant à ce singulier écrivain, dont elle partage la vie parce que je l'ai voulu, peut-être Africa pourra-t-elle se ressaisir.

Sans attendre je m'assieds pour élaborer un questionnaire.

Je m'interromps aussitôt : ce mot me rappelle trop les questionnaires autobiographiques dont se sert S. pour nous emprisonner dans nos propres déclarations. De plus, j'attache de l'importance au ton des questions. Elles doivent être très simples, des questions qu'elle-même aurait pu se poser, et susceptibles d'inciter Felisberto à donner des éclaircissements éventuels sur ce que je cherche à savoir.

Pour ça il faudrait que je lui demande de tout lire maintenant. Qu'elle s'installe devant l'œuvre de Felisberto, comme elle s'est installée pour apprendre le fonctionnement des appareils de radio. Si elle m'objecte que par le passé je ne l'ai pas autorisée à le faire, je lui dirai que les circonstances ont changé et qu'elle démontrera de la sorte un intérêt pour son époux.

Je sais, elle me répondra que c'est justement ce qu'elle évite. Pourquoi l'attendrir ? Elle fait tout pour transformer sa vie en un enfer quotidien (je suis persuadé que cela ne doit pas lui coûter de gros efforts). Elle pense divorcer, une fois que son réseau de relations sera suffisamment étoffé. Elle s'est arrangée avec Pavel dès avant son départ : "Dès qu'il ne te sera plus d'aucune utilité, débarrasse-t'en." Pavel m'a lui-même raconté qu'Africa avait demandé en toute innocence : "Je dois le tuer ?"

Ah, que j'aimerais avoir ce Felisberto en face de moi et que notre dialogue se déroule librement et sans préméditation. Lui demander si un ajustement subit de la vue, interne ou externe, fait qu'il appréhende les objets sous un angle légèrement tordu. Lui dire que j'ai failli crier en lisant cette phrase dans un de ses récits, *sa tête était comme un appareil capable de tout percevoir, mais sans rien expliquer*. Devant un verre de vodka que je boirais en son honneur, comme je l'ai fait le jour de son mariage, peut-être lui raconterais-je que cela m'est arrivé aussi. Modestement, mais cela m'est arrivé. Juste un éclair. Cependant, le hiatus, le glissement, la déviation – oui, à nouveau la déviation –, l'instant malvenu qui existe entre la chose captée et ma tête, tout cela m'a procuré un plaisir des plus extraordinaires.

Petit inconvénient, comment me retrouver à une table en face de Felisberto, et où, dans quelle ville, dans quel bar hors de ces frontières que je ne pourrai plus jamais franchir, et comment me présenter, sous quelle étiquette ? Comme un expert capable de déchiffrer le type de message qu'il n'a jamais songé à envoyer ? Comme le montreur de marionnettes qui dirige ses pas, comme l'artisan qui en remonte le mécanisme ?

Dis voir, Olé, me dis-je, mon vieil Olé, qu'aimerais-tu savoir s'il était assis en face de toi ? Tu lui offrirais un verre et tu lui demanderais pour quelle raison le narrateur-émetteur utilise une transmission déphasée, comme s'il se fichait d'être compris, dans la mesure où lui-même se fiche de comprendre ? Tu mentionnerais le délit, tu lui ferais part de ton étonnement devant une œuvre qui abonde en vols, en emprunts, en chèques, en pièces de monnaie, où la "culpabilité" s'exprime en termes d'économie ? Ferais-tu allusion à l'"associé", en essayant de comprendre comment ce dernier peut représenter à la fois le monde, les autres et la mère, tout en étant hostile et familier, autoritaire et protecteur ? Pourquoi, poursuivrais-tu, ces positions inattendues qu'adopte votre narrateur-personnage pour fuir "le commun et le banal", comme s'il était étranger à son propre corps et se regardait jouer depuis l'extérieur ? Et pourquoi se déclare-t-il "original dans les choses communes mais pas dans ce qui est élaboré" ? Ce qui ne l'empêche pas de chercher l'originalité dans certaines attitudes artificielles, s'attardant à tripoter ses sentiments, comme si ces derniers ne pouvaient être perçus qu'un peu plus tard. Et pour ne pas le molester davantage avec tout ça, tu lui demanderais son opinion sur une certaine définition concernant son travail: Felisberto Hernández, un philosophe qui fuit toute espèce d'abstraction?

Mais, par-dessus tout, je suis sûr d'une chose, tu lui parlerais de machines.

Dès ses premiers textes, ces minuscules "Livres sans couverture", parmi lesquels se trouvait *La femme qui avait avalé du poison* – le livre que t'a offert Gerö –, les récits de Felisberto recèlent des jouets. Mécaniques ou à ressorts. Des petites planètes artificielles. Des grands-mères renfermant des batteries, des accumulateurs et des freins musculaires. Des appareils pour penser et écrire. Des machines cinématographiques. Sans oublier les instruments dont se sert Horacio dans *Les Hortenses* pour actionner les automates dont il tombe amoureux. Même si, à vrai dire, les poupées de Horacio ne sont pas des automates. La seule qui remue, grâce à un système de contrôle à distance que tu as dans ta main, c'est ta propre poupée, Olé. Je me décide subitement. Il n'y a plus de doute à avoir. J'enverrai à ma créature mécanique une seule question facile à formuler: qu'est-ce que Felisberto est en train d'écrire en ce moment?

Je comprends parfaitement qu'en lui demandant de travailler à un "espionnage littéraire" insensé, je risque de finir dans une de ces cliniques psychiatriques réservées aux expulsés du Parti, abruti par des piqûres. Mais en faisant cela je sens cette légèreté que je ressentais quand je me lançais en parachute, pardon, quand elle se lançait en parachute au-dessus de mon village natal. Une légèreté suicidaire? En tout état de cause, détachée. Et perplexe. Qui est Felisberto? Qui est Africa? Qui suis-je? Qu'est-ce que j'ignore de nous trois, connaissant certaines choses?

Ma décision marque une limite, j'en suis bien conscient: si Africa me dénonçait, tout deviendrait si évident que je pousserais un soupir de soulagement. Il est préférable que ce qu'on redoute finisse par arriver, plutôt que de rester à attendre, empêtré dans un jeu solitaire qui vous fait perdre tout lien avec la réalité la plus élémentaire. Aucune phrase ne m'a autant touché que celle-ci de Felisberto: *je suis un wagon décroché de la vie.*

Un mois s'est écoulé depuis que j'ai envoyé le questionnaire, et elle garde le silence. Sa réaction m'est parvenue par un autre canal. Une réaction très claire: Africa m'a dénoncé auprès de Pavel. Mon compatriote vient de murmurer à mon oreille en passant à côté de moi: "Tu as perdu la raison?" Sur le même ton je lui ai répondu: "Et pas toi? Y a-t-il quelqu'un parmi nous qui ne l'a pas perdue?" Et lui, ouvrant les bras: "Je ne te le répéterai pas: sois prudent."

Et subitement, quand tout laissait croire que les communications avec Africa de Las Heras seraient limitées aux sujets habituels (combien de nouveaux passeports uruguayens elle avait pu obtenir), je reçois une réponse qui me comble. C'est le message le plus long qu'elle m'ait jamais envoyé. Elle a pris des risques. A mesure que je le transcris d'une main tremblante (je reconnaîtrais sa marque entre mille: la vitesse avec laquelle elle tape dans un style bien à elle, puissant et nerveux), je ne peux m'empêcher de rire, en pensant à la stupeur qu'ont dû éprouver nos radiodiffuseurs – à bord du navire de pêche qui parcourt l'Antarctide argentin en feignant de s'intéresser à un petit mollusque appelé krill – en recevant ce message et le retransmettant aussitôt:

"Felisberto est en train d'écrire une nouvelle intitulée *La maison inondée.* Le personnage principal est une veuve obèse qui regrette son mari et qui fait inonder sa maison au moyen de machines qui maintiennent un niveau d'eau constant, sur laquelle flottent des moules à gâteau où se trouvent des bougies allumées. Quand je lui ai demandé ce que cela signifiait, il m'a répondu: ce sont des rituels mortuaires."

Felisberto ne se demande plus si son mariage est un fiasco, il le sait. Il le sait et il le proclame. Il l'a avoué franchement au docteur Cáceres et à Carlos Benvenuto, avec cette indifférence bien à lui, avec cette façon impitoyable qu'il a d'abandonner les femmes de but en blanc :

– J'ai foiré. Comme Paulina s'y connaissait beaucoup en littérature... je pensais qu'en épousant une femme qui était exactement le contraire, tout marcherait comme sur des roulettes. Pauvre María Luisa, c'est une femme bonne et travailleuse, elle s'y connaît en couture, en cuisine, mais...

Ils viennent de déménager au 829 de la rue Brito del Pino. Un petit immeuble carré et sans caractère aux appartements peu agréables, mais celui qu'ils occupent possède une vaste terrasse qui enchante la *gallega.* María Luisa a une passion pour les terrasses, dans l'autre appartement elle passait son temps à tendre des cordes, à monter pour surveiller le linge, comme si elle craignait qu'un coup de vent n'emporte ses culottes. Elle a gardé l'appartement de la rue Colonia comme atelier de couture et l'a laissé aux bons soins de sa fidèle servante, cette María Barrios qui ignore Felisberto comme s'il était un meuble. Elle ne lui a jamais demandé ce qu'il désirait, ce qu'il aimerait manger, elle n'en a que pour María Luisa, la seule patronne qu'elle reconnaisse. Maintenant, par bonheur, il (Felisberto) verra moins María. Il pense que le déménagement est une tentative désespérée de sa femme pour sauver leur mariage, ou ce qu'il en reste.

– Cela me fait un peu de peine, dit-il en conclusion, mais elle m'a déçu. Trop bête. Et ce qu'elle a fait à Calita est impardonnable.

Pour ne pas lui faire du tort il garde le silence sur ce qu'il a vu. Et entendu. María Luisa se cache dans son atelier pour ne pas être découverte. Qui sait si au fond elle n'a pas tenu à déménager pour séparer l'atelier et le domicile conjugal, afin de se consacrer tout à loisir à ses activités secrètes sans être espionnée.

Elle le croit sourd et aveugle, mais cela fait longtemps qu'il est au courant de tout. Il a conçu un soupçon atroce et accumulé suffisamment d'indices pour justifier sa méfiance. Afin d'en avoir le cœur net il a collé son oreille contre la porte de l'atelier. Il a honte de l'avouer, c'est pourquoi il ne dit mot, mais il ne le regrette pas. Il a honte pour elle. Elle qui jouait les femmes fines, cultivées, bien informées. Que lui avait-elle répondu quand, au restaurant, il l'avait invitée au Pen Club? "Ce sera un honneur, monsieur, je viens de lire dans les journaux qu'on prépare un hommage au grand écrivain uruguayen, j'y assisterai avec grand plaisir." J'y assisterai avec grand plaisir, drôle de mensonge; elle qui ne feuillette même pas les magazines chez le coiffeur, elle qui est incapable de faire la distinction entre un bon et un mauvais écrivain. Il a fini par être sûr d'une chose: si María Luisa s'enferme pour ne pas être dérangée, en fait c'est pour écouter des feuilletons à la radio.

Au début, il avait du mal à le croire. Mais il avait dû se rendre à l'évidence. Lui, avec son expérience radiophonique, nul ne pouvait le tromper. Ces grincements, ces crépitements d'huile brûlante venaient d'une émettrice de très mauvaise qualité, camouflée au milieu des rouleaux de tissu. Ce n'était pas le cliquetis régulier d'une Singer. Ce bruit, il le connaissait très bien: il l'avait entendu toute son enfance à Atahualpa. Personne ne pouvait lui faire prendre des vessies pour des lanternes en matière de Singer. Encore une preuve de la radinerie de María Luisa. Comme si elle n'avait pas les moyens de se payer un appareil convenable. Par moments on percevait le sifflement caractéristique des ondes courtes. Avait-elle la nostalgie de l'Espagne? Les sons lui parvenaient étouffés, sans doute parce qu'elle recouvrait l'appareil, pour éviter que son mari écrivain ne critique ses goûts.

Des goûts de midinette. Que pouvait-elle écouter d'autre? Des opéras, des symphonies? Des poèmes? María Luisa haïssait la poésie! Elle le lui avait dit très clairement après leur mariage : “Tes amis qui écrivent des vers ne me disent rien qui vaille. Va les retrouver au bar, mon chou, et reste le temps que tu voudras, moi je suis casanière, comme toute bonne Espagnole, j'aime rester à la maison.”

Casanière, certes, se disait Felisberto, et ordinaire par-dessus le marché. De quoi aurait-elle parlé avec les poètes ? Pour ne pas la tourmenter, il évite de lui parler des feuilletons radiophoniques (après tout, Calita non plus n'en manquait jamais un seul). Il lui avait lancé une vanne discrète lors d'un déjeuner. María Luisa avait fait semblant de ne pas entendre. Elle n'était peut-être pas intelligente mais elle savait dissimuler.

Le comble, ce fut la perruque. Comme il la soupçonnait aussi de fumer en cachette – les bourrelets au bas des portes servaient de paravent à fumée et non pas pour lui permettre d'écrire en silence (il n'était pas idiot, ne lui avait-elle pas installé un bureau loin de son atelier, supposément pour que le bruit des Singer ne l'interrompe pas au beau milieu d'un paragraphe ?) –, un jour il fouilla dans son sac. Il n'y avait pas de cigarettes. En revanche, il tomba sur quelque chose de poilu : il lança le sac par terre en poussant un cri d'horreur.

Ce n'était pas un animal. C'était une perruque blonde et bouclée qu'il chaussa à son poing pour la regarder avec dégoût. Il n'avait jamais vu une chose aussi *commune et triviale.* María Luisa pensait-elle pouvoir continuer ses petits jeux avec ça ? Après la *manola*, après Cléopâtre, la capeline, la jupe cloche… comment pouvait-elle penser que des frisettes à la Shirley Temple pourraient éveiller chez lui une nostalgie des *abedules*? Felisberto était en train de hocher la tête, incrédule, quand sa femme entra dans la chambre.

Elle fut tellement interloquée qu'elle ne dit rien. Après tout, il était en train de voler (ouvrir le sac de quelqu'un, n'est-ce pas voler ?). Mais elle ouvrit la bouche en faisant une drôle de tête, comme cela lui arrivait parfois ; cette tête qu'elle avait faite quand, à Paris, il lui avait raconté en quoi consistait son misérable emploi et qu'elle s'était mise à dévorer nerveusement la baguette.

Ils étaient quittes : elle avait honte pour lui, et lui pour elle. En cela au moins elle montrait une certaine délicatesse. Elle était supposée être prise en faute, alors que, dans le fond, c'était lui qui aurait dû rougir comme une tomate. Il ressentit à nouveau cette peine que l'on ressent vis-à-vis des personnes que nous avons décidé de quitter et qui sont déjà loin, très loin derrière, comme s'ils n'existaient pour ainsi dire plus. Il lui proposa, avec le peu d'entrain qui aurait suffi à une femme plus orgueilleuse, ou moins amoureuse, de refuser sur-le-champ :

– Je ne la connaissais pas, tu ne veux pas la mettre ?

Elle lui arracha la perruque des mains et se précipita vers le miroir pour l'enfoncer par-dessus ses propres frisettes, rêches et noires, où brillaient déjà quelques cheveux blancs. C'était à en pleurer : une dame rondouillette, le visage olivâtre avec de fausses boucles d'un blond doré, soufflant comme un bœuf pour faire plaisir à un mari qui ne la désirait plus, incapable dorénavant de la trouver désirable, même déguisée en guenon.

Felisberto fit cependant un effort. Il tenta de sourire quand elle lui planta son doigt sur le nez et quand elle s'enquit des directives, “qu'est-ce que tu veux, comment tu le veux, je me déshabille ou je me déguise en *manola* – elles ne sont pas toutes gitanes, tu sais, et il y en a aussi des blondes”, toujours avec cette humilité, cette mansuétude, cette obéissance qui ne correspondait pas à ce beau morceau de femme. Ah, l'amour. Par amour les femmes perdent jusqu'à la dernière parcelle de dignité. Par amour María Luisa avait abandonné sa rue Lauriston pour l'accompagner dans une capitale provinciale ; par amour elle s'est rendue ridicule en prétendant se transformer en blonde new-yorkaise.

Les *abedules* avec perruque furent les derniers. Ils n'avaient pas terminé de s'ébattre que María Luisa, à nouveau brune, porta les mains à sa poitrine.

Il la regarda sans lui demander ce qu'elle avait. Non qu'il s'y refusât, il en était incapable. Cela lui arrivait : ce qu'il venait de voir avant de rentrer chez lui se déroulait une fois de plus sous ses yeux. Il ne disait pas voir, mais voler : *je volais avec les yeux une chose abandonnée dans la rue ou à l'intérieur des maisons, et ensuite je l'amenais à ma solitude. Mes yeux choisissaient un objet quelconque et avalaient ce dernier lentement.* Alors le bonheur l'aveuglait si fort qu'un geste comme celui de María Luisa, ou de qui que ce soit d'autre, était pour lui invisible.

– Mon cœur, l'entendit-il gémir à une distance qui semblait venir tant de l'espace que du temps. Tu m'entends ? Mon cœur ! Un médecin ! Je meurs ! Felisberto, je te dis que je suis en train de mourir et toi tu restes là ? Tu es un monstre d'égoïsme ! Un monstre ! Un monstre !

Il la vit partir en criant "un monstre" dans un lointain céleste ; nonobstant, il put apercevoir sa femme remplir une valise avec empressement et fermer son précieux atelier à double tour, avant de claquer la porte. Son bonheur ne diminua pas pour autant. Il comprit tout de même ce qui venait de se passer. A demi, mais il comprit.

– Elle est partie, soupira-t-il en s'étirant sur son lit tandis que les objets volés par ses yeux palissaient peu à peu, l'un après l'autre. Elle est partie, répéta-t-il, et à cet instant il comprit tout.

Cela fait un bon moment que María Luisa a décidé d'en finir avec cette comédie. Elle l'a fait savoir à Pavel, lequel a donné son autorisation. Avec Olé, mieux valait ne pas discuter. La folie le gagne. Elle continuera à lui envoyer des messages concernant son travail, mais pour les affaires personnelles elle s'adressera à Pavel. Sauf pour la mort de l'eau, qui est une exception (peut-être parce qu'elle-même, allez savoir pourquoi, était intriguée par l'histoire de la grosse femme avec ses moules à gâteau flottants).

La scène de la crise cardiaque, elle l'avait répétée. Elle savait que ce serait parfait : la Virtudes mère était une experte dans l'art de simuler des attaques, et ça on l'a dans le sang, ça s'hérite.

Mais elle a pris sa décision en voyant Felisberto fouiner dans son sac. Le déménagement pour la rue Brito lui a permis de protéger son atelier. C'est insuffisant. Maintenant, il est clair qu'il soupçonne quelque chose. Aussi tarabiscotée que soit sa version des faits (elle a dû abonder dans son sens, mimant la passion pour confirmer ses interprétations tirées par les cheveux, tout en flattant sa vanité), le fait est qu'il commence à mettre son nez un peu partout. Quand on s'y attendra le moins, il ouvrira les yeux. Il est temps de trouver un prétexte définitif pour rompre avec lui. Elle n'aurait jamais imaginé que la scène de l'attaque cardiaque coïnciderait avec un de ces moments où Felisberto se fige, droit comme un piquet, les yeux comme des soucoupes. Cela vaut mieux, moins il y aura de scènes à jouer, mieux ce sera.

Kirzanov, son contact à l'ambassade, lui a préparé sa sortie. Tout est prêt, elle n'a plus qu'à révéler sa maladie de cœur, faire courir le bruit parmi les amis de Felisberto pour qu'ils sachent qu'elle part se soigner ailleurs, seule – parce que son mari ne s'occupe pas d'elle et de sa maladie –, et monter sur un bateau qui l'éloignera pendant un laps de temps raisonnable. Quand elle reviendra, guérie, elle aura de solides raisons pour dire à Felisberto, comme dans les feuilletons radiophoniques qu'elle écoute d'après lui (ses piques à ce propos ne pouvaient être plus explicites) : "Va-t'en d'ici, méchant homme !" Ce n'est pas elle qui a abandonné le domicile. Il ne l'a pas accompagnée pendant sa maladie. C'est un monstre, et elle, une malheureuse couturière espagnole qui, malgré tout, aime Montevideo et a choisi d'y rester.

Quelques mois plus tard, Maria Luisa revient. Elle est allée à Moscou, bien entendu. La ville des sept caprices de Pepe, où elle jouit d'un traitement spécial – occupant un appartement confortable sur la Kalujskaia, réservé aux agents privilégiés du KGB –, a congelé son cœur, supposé défaillant mais qui est, en fait, plus florissant que jamais. Elle a une santé de cheval et un appétit que beaucoup lui envient et qui lui sied bien. Mais elle ne ment pas quand elle affirme devant ses amis uruguayens (jamais devant les Soviétiques) que Montevideo a changé sa vie. Une ville chaleureuse. La ville où les gens boivent du maté en discutant dans la rue. A Moscou, dans la rue, on boit de la vodka en silence jusqu'à s'effondrer ivre mort sur la neige.

Pavel Sudoplatov l'a accueillie avec une affection quasi montévidéenne et un regard coquin. Elle capte aussitôt ses intentions. Il faut admettre que le chef ne les dissimule pas. Adoptant cette expression offensée avec laquelle les Européens imitent le flamenco et le tango, et frappant dans ses mains à contretemps, l'Ukrainien s'est mis à frapper le sol avec ses talons tout en claquant des doigts. Ah, c'était ça ! Les mines contrites lui ont raconté l'apprentissage du morse par le flamenco.

A cet instant, comme s'il était resté de l'autre côté de la porte en attendant un signal, surgit, mort de rire, lui aussi frappant le sol avec ses talons, l'homme le plus laid qu'Africa ait jamais vu.

Chapeau noir orné d'un large ruban blanc de mafieux portuaire. Foulard autour du cou, noué par-dessus un col de chemise douteux et une pomme d'Adam en balancier. Un visage de souris. Des joues creuses. Deux yeux saillants, comme arrondis par quelque vision effrayante. Des sourcils affligés. Un nez extraordinaire qui pend vertigineusement au milieu de ce visage à la maigreur extrême, absorbant le jus et la viande pour s'emparer de tout et rester seul à bord. (Africa se surprend à imaginer une chose qui semblerait plutôt élaborée par Felisberto : ce nez glouton imite le comportement de certaines gouttes sur une vitre les jours de pluie ; de grosses gouttes, rapides et voraces, qui se précipitent en piqué, entraînant toutes les autres.) Et sous l'appendice dévorateur et mélancolique à la fois, une petite bouche sensible, minuscule, un peu froncée, qui révèle une délicatesse inattendue sitôt que l'homme à l'expression à la fois étonnée et dubitative cesse de frapper du pied pour lui serrer la main, la regardant fixement avec ses deux œufs durs de film d'horreur.

Pavel fait les présentations d'un air malicieux (Africa se demande jusqu'à quand les Russes la tourneront en ridicule).

– Le colonel Rudolf Abel, la colonelle María de la Sierra, alias Africa de Las Heras, alias Patria.

Elle est fatiguée d'expliquer que son vrai prénom est Africa et pas l'autre. Elle ne répond même pas. Africa est fascinée en contemplant son chef – basé aux États-Unis –, le légendaire colonel Abel (Pavel n'a pas dit son vrai nom), celui-là même qui durant la guerre a opéré en Pologne et en Ukraine, pas loin de Vinnitsa. Finalement elle voit son visage. Elle ne l'avait pas imaginé aussi affreux, elle n'en reste pas moins éblouie. C'est lui qui se trouve à la tête du réseau des agents illégaux qui envoient des informations concernant la décision du président Harry Truman d'utiliser la bombe atomique afin d'empêcher la victoire des communistes en Chine.

Le colonel Abel décèle de l'admiration dans le regard de la colonelle Patria, et sa toute petite bouche esquisse une moue affable :

– Je vous félicite, camarade. Les experts que vous nous avez envoyés l'année passée d'Amérique du Sud n'auront pas eu l'occasion de démontrer leurs talents aux États-Unis. C'est dommage. Mais cela n'enlève rien au sérieux de votre travail.

Sérieux. Voilà le mot qu'elle attendait. C'est une pique à l'encontre de Pavel, qui cligne légèrement des yeux. En juin 1950, la Corée du Nord avait envahi la Corée du Sud. Les agents experts envoyés grâce à l'entremise d'Africa, pourvus de vrais passeports uruguayens, auraient pu effectuer des actes de sabotage sur le territoire américain. Ils étaient capables de fabriquer des explosifs avec du matériel local. Pavel s'y était opposé. Sans avancer de raisons valables, il avait préféré envoyer ses propres agents pour mener à bien cette mission. Deux mois plus tard, les hommes d'Africa étaient revenus sains et saufs en Argentine, et de là ils avaient rejoint Moscou.

Le juif squelettique au chapeau de mafieux (en fait il s'appelle William August Fischer) et l'Andalouse aux formes de plus en plus généreuses se sont serré la main en scellant un pacte. Ces deux-là ne sont pas en concurrence, ils collaborent. Africa lui restera fidèle. Il la regarde comme pour lui dire qu'il le sait.

A Moscou elle a également tenté de rencontrer Olé. Elle a demandé à Pavel de le lui montrer, de tirer le rideau pour qu'elle voie son visage. La curiosité affichée d'Olé vis-à-vis de Felisberto a éveillé la sienne. Quel type d'animal est-il donc ? Que signifie cet intérêt pour la littérature ? Pourquoi veut-il savoir ce que Felisberto écrit ou pense écrire ? C'est inutile. Pavel sourit, l'air embarrassé.

– C'est un jeune homme bizarre, lui avoue-t-il. Nous pensons tous qu'il est amoureux de toi et qu'il te craint.

– Il y a de quoi, dit Africa en souriant tristement. Si j'étais à sa place, moi aussi je me craindrais.

Quand elle revient chez elle dans la rue Brito del Pino, à Montevideo, Felisberto n'est pas là.

Elle se dit que le point sur le côté ressenti en constatant le fait vient de ce que personne n'aime entrer dans une maison vide et trouver un bureau sans papiers et un placard sans costumes (en réalité, le pluriel est inexact car Felisberto n'en a qu'un seul), ni sentir dans certains coins l'odeur de l'absent, ni faire cuire à la vapeur des *chauchitas* (elle a appris à appeler ainsi les haricots verts), des *chauchitas* avec une goutte d'huile, au lieu de se mettre à préparer d'énormes repas qui pourraient nourrir une armée entière, tout en écoutant Felisberto réciter – sur ce ton de locuteur de radio qu'il prend pour dire ses propres textes, déjà écrits ou en cours d'écriture –, feignant d'improviser, *son corps avait attiré à lui toutes ces nourritures et tout cet alcool comme un animal qui avale d'autres animaux, et maintenant il lui faudrait se battre avec eux la nuit entière.*

Mais une fois cette impression passée, elle comprit que son travail à Montevideo commençait à peine. Elle était libre, libre. Et maîtresse chez elle, dans ses deux appartements. Finis les camouflages et les subterfuges, finis les pommes de terre et les *abedules* de plus en plus insipides. Si Felisberto avait décidé de prendre les devants et de la quitter, bon débarras. Si cela pouvait le rendre heureux… Maintenant elle connaissait son chef. Elle s'était bien entendue avec le très laid. Honneur extraordinaire pour une femme, elle se trouvait à la tête d'un réseau d'espionnage qui s'étendait depuis le grand pays du Nord jusqu'aux bateaux de pêche russes ancrés dans les eaux argentines, près de l'Antarctique. Elle avait toujours cette responsabilité sur les épaules : se procurer des passeports, par dizaines, qui ne soient pas faux. Pour les falsifications, il existait le bureau spécialisé de l'OMS à Moscou. Mais ses agents, eux, devaient entrer sur le territoire américain avec la mention "citoyen uruguayen" sur leur passeport, portant le cachet officiel. Des documents sûrs, irréprochables. Pourquoi ? Parce que, comme venaient de le lui expliquer Pavel et Abel à Moscou, l'espionnage atomique n'avait pas pris fin en août 1949, avec l'acquisition de la bombe. Ah non ? Non. Maintenant il s'agissait d'organiser une nouvelle guerre de guérilla comme celle de 1942 contre les nazis.

– La guérilla de l'ère atomique, lui avait annoncé Pavel en gonflant sa poitrine, dont la mission est d'attaquer et de saboter les centres atomiques américains. Tu seras en famille : deux de tes camarades pendant la guerre en Ukraine travailleront tout près, en Argentine, au Brésil, au Paraguay et au Mexique.

– Qui ça ? avait-elle demandé, l'air anxieux.

La réponse l'avait comblée de joie. Grinchenko et le colonel Filonenko accompagné de son épouse. Et, chapeautant le tout, Pavel et Abel. Olé ne fut même pas mentionné, Olé est une excroissance bizarre : c'est comme s'il n'existait pas. Pour le reste, c'était parfait. Pas de gros politiciens (si elle pense à Beria, elle ne dit rien), tous des militaires comme elle les aime, parce que les militaires ne sont pas des Felisberto.

María Luisa est revenue à Montevideo avec un sacré problème. Comment faire maintenant. Jusque-là, elle a suivi la méthode habituelle : les bébés morts à la naissance. Mais elle se rend compte qu'il lui faut inventer autre chose. Elle a tout épuisé lors de ses petits voyages à l'intérieur de l'Uruguay.

Elle doit aux bébés ses uniques moments de liberté depuis son mariage. A peine arrivée à Montevideo, l'idée lui avait été suggérée – ou cela n'avait fait que lui rafraîchir la mémoire – par des amis de Felisberto, des exilés argentins, antipéronistes enragés.

Le seul sujet abordé par ces Argentins, c'était Evita. Ils avaient une telle haine à son encontre que María Luisa avait décidé de s'intéresser au personnage. Quand elle leur avait demandé en quelle année était née cette jolie blonde, si pâle et fragile, la réponse l'avait laissée rêveuse.

– En 1919 dans un village perdu appelé Los Toldos. Mais officiellement elle est née en 1922 dans la ville de Junín.

– Une façon de se rajeunir, je suppose, dit María Luisa.

– Non, ce n'est pas ça. L'histoire, c'est qu'en tant que fille illégitime et adultérine, elle ne pouvait pas épouser un officier de l'armée comme Perón. Son extrait de naissance véritable l'aurait mise à découvert. C'est ainsi qu'ils ont cherché dans le registre civil de Junín, où elle a passé une partie dc son enfance, la date de naissance d'un bébé mort en couches, né plus ou moins l'année de sa naissance à elle, et ils en ont trouvé une qui lui allait comme un gant. C'est comme ça, ajoutèrent-ils au milieu de gros éclats de rire, que Perón a pu lui passer la bague au doigt.

– Tu as décidé de te fondre dans le mur ? lui avait demandé Felisberto en la voyant plongée dans ses pensées. Elle avait hoché la tête et s'était mise à rire. Elle venait de résoudre son problème.

Dès lors, elle passa son temps à peaufiner les détails. Quand tout avait été clair dans sa tête, elle avait commencé à s'absenter de la ville sous un prétexte en or : les tissus coûtaient moins cher en province. Felisberto ne relevait même pas la tête quand elle lui annonçait son prochain voyage. On ne pouvait le taxer d'homme jaloux ou possessif : une fois qu'il lui avait demandé "Et moi qu'est-ce que je mange ?", et qu'elle lui répondait : "Ne t'inquiète pas, gros glouton, María se chargera de tes banquets", il ne semblait pas se rendre compte de son absence.

Elle quittait le domicile avec une petite valise, se dirigeait en chantonnant vers la station des autobus et montait dans une de ces guimbardes déglinguées qui allaient vers des localités répondant aux noms aussi doux que Durazno, exotiques que Paysandú, ou sonores que Tacuarembó (elle n'allait pas à Treinta y Tres, pour ne pas risquer de croiser Ismael Hernández, l'éternel second). Cela l'amusait de penser qu'elle aussi faisait des tournées, comme des années auparavant son inénarrable époux. Elle s'installait près de la fenêtre, heureuse de cette escapade, tirant de sa valise d'énormes saucissons qu'elle ne mangeait jamais en présence de Felisberto, comme ça elle pouvait lui jeter sa gourmandise à la figure, sans lui donner l'occasion de prendre sa revanche. Les saucissons, en cachette. Par la fenêtre défilaient les paysages somnolents où elle aurait voulu vivre.

Elle aurait tellement aimé passer sa vie dans ce coin, sans plus jamais bouger ; à peine avait-elle aperçu ces paysages que, tout en mastiquant son saucisson, elle pleurait de nostalgie. Un en-cas doublement salé. Admirer les collines légèrement arrondies, les hameaux endormis où il y avait toujours une grosse femme immobile qui regardait passer l'omnibus comme une vache regarde passer le train, c'était déjà regretter, sentir tout cela perdu. Perdu, quand ça ? Ce devait être dans une autre vie, plus simple que la sienne. Perdus les villages et, avec eux, perdu l'enfant.

Dans le fond, Caridad n'était pas loin de la vérité : elle était stérile. Utiliser l'enfant mort pendant la guerre comme faire-valoir selon les cas, le cacher, l'exhumer, lui donner un autre nom, changer son âge – parfois pour une raison valable et parfois pour rien, pour jouer avec le feu, avec son feu, avec celui qui la consume –, n'appelle-t-on pas ça être stérile? Julián. Julián Arbat de Las Heras. Quand elle a récupéré son fils, il était si grand qu'ils ne se sont pas reconnus. Comment pouvait-il lui pardonner? Entre la Révolution et lui, sa mère ne l'avait pas choisi lui. Et alors quoi, le laisser éternellement aux Virtudes pour qu'elles continuent à déverser leur venin contre elle, ou bien lui faire courir le risque de devenir... son fils? Parfois elle se prend à douter de sa naissance, de la même façon qu'elle a un doute sur son vrai nom: Africa de Las Heras ou Patria, Ivonne, Znoy. A force de mentir, la vérité se cache. Et elle se venge.

Cette évocation venait maintenant à propos. Une tristesse convoquée pour donner des résultats. Vu le travail qu'elle se préparait à entreprendre, toute larme versée était la bienvenue. Quelle cruelle ironie, feindre une chose qui était vraie, elle qui, pour plus d'efficacité dans son travail, essayait de croire pour de vrai ce qu'elle feignait de croire. En s'arrêtant dans la ville ou le village choisi avec soin (après consultation préalable des périodiques de la Bibliothèque nationale de Montevideo), enveloppée dans un manteau informe que Felisberto haïssait, et sur la tête son fichu d'un violet passé, son air abattu aurait ému le cœur le plus endurci.

Son choix dépendait de la date de fondation des journaux. Les journaux de Salto, de Mercedes, de Soriano ou de Rocha, fondés après les années 20, ne lui étaient d'aucune utilité. Dans ce cas elle allait tout droit voir les tombes. Et c'est pour ça qu'elle affichait tant de peine et qu'elle saluait – en se séchant les yeux – une de ces femmes appuyées sur leur balai, paralysées sur le pas de leur porte, l'air intrigué, et qu'elle prenait une voix chevrotante pour formuler sa question: "Bonjour, madame, pourriez-vous me dire où se trouve le cimetière?"

Le fossoyeur l'observait également derrière une pierre tombale: une femme inconnue, avec un bouquet de chrysanthèmes et son visage de circonstance, tournant autour des tombes sans en choisir aucune.

– Vous cherchez quelqu'un, madame?

Les sanglots de la femme étaient torrentiels et subits. (Comme chez Felisberto. Dans une de ses nouvelles, *Le Crocodile*, un vendeur de bas avait la larme facile. Quand il fondait en larmes, nul ne résistait : tout le monde lui achetait ses bas.)

La réponse de María Luisa était confuse. Au milieu des hoquets on décelait quelques paroles isolées. “Une promesse à la Vierge de... de las Virtudes... j'ai perdu mon bébé... à la naissance... partout où je vais je le cherche, les tombes... les toutes petites... oubliées... des bébés qui sont montés au ciel... leur laisser des fleurs... croyez-moi, monsieur, que je saurai vous récompenser.”

Un fossoyeur attendri, et plein d'espoir après avoir entendu ces dernières paroles, l'accompagnait entre les croix, murmurant “toutes mes consoléances”, lui assurant qu'elle n'était pas venue en vain : ce n'étaient pas les angelots qui manquaient dans ce cimetière. “Combien ?” demandait María Luisa avec une subite sagacité de comptable, disposée à distribuer ses chrysanthèmes à parts égales. Quelques instants plus tard, devant chaque petite tombe elle déposait un petit bouquet, priait en silence, baisait le marbre usé par les ans ou le bois rongé, soupirait, et pour tenir sa promesse, non pas à l'endroit de la Vierge de las Virtudes mais du fossoyeur, elle donnait à ce dernier une belle liasse de billets.

Quand la localité possédait un journal local un tant soit peu vénérable, la femme qui descendait de l'omnibus et qui s'empressait de gagner le siège dudit journal, était une blonde extrêmement élégante vêtue d'un bel ensemble gris. Elle entrait aussi peu discrètement qu'un bataillon et se présentait d'une voix autoritaire : “Je suis maître Acuña Benavídez de Suárez Costa.”

L'effet était le même : pas plus le deuil que le don de commander n'admettent de réplique. Que pouvait faire le directeur avachi, le rédacteur ou le secrétaire, ou tous les trois à la fois, d'*El Pueblo* de Santa Lucía, département de Canelones, fondé en 1921, ou de *La Democracia* de San Carlos, département de Maldonado, 1922, ou d'*El Heraldo de Florida* en 1919, ou de *La Unión* de Minas, département de Lavalleja, 1877, ou d'*El Eco de Palmira*, département de Colonia, 1872, d'*El Helvecia*, même département, 1914, ou d'*El Colonia*, idem, 1901, sinon courber lâchement l'échine devant cette étrangère aux airs de matrone, si sûre d'elle – de la même façon que le fossoyeur s'était grandi en s'apitoyant devant l'autre étrangère qui, plongée dans sa souffrance, était incapable de prononcer un traître mot ?

Une fois de plus Olé avait donné dans le mille : "Montre-toi ou très petite ou très grande, les attitudes extrêmes tranchent à la racine toute velléité d'explications." Ainsi la femme éplorée et l'avocate jouissaient-elles de la même autorité, l'une pour visiter des petites tombes plus ou moins anciennes, l'autre pour consulter les vieux numéros du journal local.

Ah ! Si vieux que ça ? Qui remontent aux années 20 ? Le directeur, le rédacteur ou le secrétaire d'*El Eco de Palmira* ou d'*El Heraldo* de Florida se grattaient la tête, l'air songeur. Non, ils ne possédaient pas d'archives, mais peut-être que dans les sous-sols, en cherchant bien…

Peu après ils lui apportaient le paquet à moitié rongé par les souris, essayaient de défaire le nœud à demi pourri, finissaient par couper la ficelle au ciseau, passaient le dos de la main sur les vieux papiers en soulevant de la poussière et, sous les airs courroucés de l'avocate distinguée qui se bouchait le nez en chassant l'air, ils lui fichaient la paix.

Personne ne venait l'interrompre. Personne ne venait lui demander quel article ou quelle section du journal vieux de trente ans motivait un tel déplacement depuis la capitale de la République. Ils étaient dévorés par la curiosité, et peut-être rêvaient-ils de publier un encart sur une mystérieuse étrangère qui s'intéressait à la préhistoire de leur gazette. Mais lui parler face à face, ça non. Ils ne s'adressaient jamais directement à ces deux femmes, l'inconsolable ou l'autoritaire. Il aurait fallu être un scélérat pour interroger une pauvre femme en larmes et bien audacieux pour questionner une avocate de cette trempe.

Consulter les avis de décès de toute une décennie, humides et rongés par les souris, ne pouvait se faire en une heure, *Zamora**, chantonnait María Luisa, jouissant de sa solitude.

---

* *No se ganó Zamora en una hora* : "Zamora n'a pas été prise en une heure." *(NdT)*

Et de son invention. Ce qui était passionnant dans son travail, c'est qu'il mettait fin, en l'espace de quelques secondes, à sa nostalgie d'autres existences jamais vécues. Comme elles devaient s'ennuyer ces grosses femmes paisibles, dans ces patelins, à regarder les gens passer ! En revanche, pour elle, quelle vie si variée, si remplie ; combien de pères, de fils, de frères, de cousins, de beaux-fils et de belles filles, de vieillards et autres descendants l'accompagnaient pendant qu'elle tournait page à page, avec son index taché de moisissure, le journal d'une autre époque, avec d'autres gens : combien de "mère chérie, tu continues de vivre dans le cœur de ta famille" et même, en regardant dans la colonne d'à côté, combien de "femme en couches", combien de "douces attentes", combien de "cigognes" visitant les foyers illuminés par le bonheur, jusqu'à la naissance annoncée par une croix.

Il était là. Le petit ange. L'angelot et sa veillée funèbre. Son petit ange à elle ? Chasser le souvenir, brusquement, et se répondre à soi-même : non, penses-tu, putain, pas du tout ; le petit ange étranger, l'angelot de cette région, celui dont elle avait besoin pour son travail. Elle pouvait presque le voir avec ses petites ailes en carton doré, assis sur le couvre-lit comme la *manola*, entre les cierges et les fleurs – comme son aide et complice María avait dit qu'ils avaient l'habitude de les célébrer dans son village de Rocha –, tristes mais contents car, même sans être baptisé le bébé qui mourait montait tout droit dans les limbes.

Un enfant mort à la naissance, en 1923, 1925 ou 1927. Relever ses nom et prénom, les coordonnées du pauvre papa et de la pauvre maman qui lui souhaitaient un sort heureux là-haut, de la même façon qu'elle les avait notées au cimetière dans son carnet, tout en se mouchant ; redresser sa perruque et reprendre son allure altière, comme l'autre avait renoué son fichu et soigné son air abattu ; puis prendre congé avec effusion ou pétulance, selon le cas, tout aussi rapidement dans un cas comme dans l'autre, avant de passer en revue les rouleaux de tissu dans le magasin – et après en avoir réglé le prix, expliquer qu'elle ne pouvait pas emporter un rouleau entier sur ses épaules, que quelqu'un viendrait les chercher bientôt ; et, pour finir, manger quelque chose de léger dans le coin "Famille" du bar le plus en vue en attendant la sortie du prochain autobus. Si elle se trouvait loin de chez elle, María Luisa passerait la nuit dans un hôtel, mais pas dans la même ville sinon dans une autre, sur le chemin du retour, pour ne pas graver dans la mémoire des habitants sa perruque ou son fichu plus qu'ils ne l'étaient déjà.

Qui irait chercher cette marchandise ? María Luisa avait recruté quelques pauvres miséreux, qui n'étaient ni des vieux ni des ivrognes ; c'étaient des gamins de la campagne récemment arrivés à Montevideo, qui conservaient toute leur innocence. Elle commençait par leur proposer des petits travaux, comme balayer le trottoir, et finissait par leur demander d'aller récupérer lesdits rouleaux de tissu. Le fait qu'un jour elle les expédie à Durazno ou à Paysandú afin de ramener la marchandise n'avait rien d'étrange. Et si les heureux gamins qui avaient été embauchés s'étonnaient de faire toute cette route juste pour ramener un rouleau de tissu blanc ou coloré, à carreaux ou à fleurs, les plus malins – et ceux qui n'avaient pas gardé la monnaie pour eux afin de conserver leur emploi – se gardaient bien de dire quoi que ce soit.

María Luisa leur offrait des vêtements usés mais corrects, leur donnait l'argent pour le billet et les repas, leur expliquait où se trouvait Las Delicias ou La Favorita ou le grand magasin Ramos Generales à Durazno ou à Paysandú et, au dernier moment, elle se frappait le front et annotait sur un morceau de papier le nom du bébé né en 1923, 1925 ou 1927.

– Ah, mon petit, j'oubliais, je ne sais pas où j'ai la tête ! Je voulais te demander autre chose : tu vas passer au service de l'état civil pour demander l'extrait de naissance de cette personnc. Si on te pose des questions, tu n'as qu'à dire que ta patronne en a besoin pour une démarche quelconque. Mais on ne te demandera rien.

Pays béni. Peu après les Ivan s'envolaient sans difficulté vers les United States avec leurs précieux passeports où il était écrit, en flagrante contradiction avec leurs traits slaves et leurs joues tachetées comme des œufs de perdrix, "Lisandro Nicanor Zavaleta, né à Durazno", ou "Washington Feliciano Bermúdez. originaire de Paysandú".

Cependant, elle ne dormait pas sur ses deux oreilles. Elle se réveillait en sursaut au milieu de la nuit, en sueur. Parfois, Felisberto la trouvait à l'aube en train de manger une pomme. Lui rentrait avec le visage bordeaux. "Tu es déjà en train de manger", remarquait-il. Elle continuait à mordre dans son fruit. Avec rage, habitée par la peur. Un jour, un de ses pauvres finirait par dire un mot de trop dans un de ces bistrots de village et l'image de la voyageuse, qui parlait avec un accent de *gallega* (elle avait beau s'efforcer, elle n'arrivait pas à se débarrasser de cet accent chantant que nul dans les parages n'attribuait à la région de Ceuta), prendrait corps.

En 1952 María Luisa sollicita à titre personnel la nationalité uruguayenne. Pour cela elle avait besoin du concours de Felisberto. Cela faisait un certain temps qu'ils ne se voyaient pas. Dans une ville aussi petite où tout le monde se croisait dans la rue et qu'elle parcourait de long en large avec ses amitiés flambant neuves, la chose était curieuse. Elle menait une vie sociale tellement active depuis sa séparation ! Mais de Felisberto, pas trace. Visible. Car, pour les nouvelles, il y en avait toujours. Les gens lui en donnaient et elle ne rechignait pas à en demander. Ainsi donc, à peine revenue de son voyage pour soigner son soi-disant cœur malade, elle apprit que son ex-mari vivait dans une pension de la rue Chaná. Avec qui ?

– Avec qui d'autre veux-tu que ce soit ? lui répondit-on la bouche en cœur, avec ce ton mi-malin, mi-malicieux qui commençait à être le ton indiqué pour parler de Felisberto. Avec sa maman !

Elle se rendit à la pension et frappa à la porte. Il était trois heures de l'après-midi, une heure indécente pour les Uruguayens, que María Luisa avait choisie pour être certaine de le trouver, mais aussi par malice.

Felisberto ouvrit : les cheveux en bataille, avec ces mèches noires et frisées qui retombaient de chaque côté de son visage comme des oreilles de cocker. Ils se saluèrent d'un baiser. Felisberto essaya de s'arranger les cheveux, jeta un œil inquiet dans la chambre pour voir si doña Calita ne se levait pas, encore à moitié endormie, pour demander qui était là, et il lui proposa à voix basse :

– Allons discuter au coin de la rue.

– Tu continues de dormir avec elle ?

– Avec Calita ? Juste la sieste.

La laiterie de l'angle avait des mosaïques blanches et de hauts sièges. Felisberto grimpa difficilement sur l'un d'eux. Il était encore plus gros qu'avant. Accoudé au comptoir, il demanda un chocolat avec des biscuits à la vanille. Il n'était pas non plus très aisé de parler dans ce lieu, avec le *gallego* (elle ne l'appelait pas ainsi pour faire comme tout le monde, mais parce qu'il était réellement originaire de Galice) qui passait son chiffon et qui était tout ouïe. Il tendait sans doute davantage l'oreille que Felisberto, moins occupé à écouter la requête de María Luisa (absorbé et distrait, il dit oui à tout) qu'à observer le petit morceau de chocolat fondre dans son verre. Une méduse languide avec des voiles bruns. María Luisa finit par se taire à son tour ; elle observait en silence la lente dissolution. Amours décomposées.

– On la croirait vivante, dit-il en ne laissant aucune ambiguïté sur le sexe de la créature faite de brumes et de tulle.

– On la croirait moribonde, répondit-elle.

Comme ils n'avaient plus besoin de se chamailler, elle lui posa une question qui lui brûlait les lèvres depuis un certain temps.

– Ce que tu m'as dit sur la mort de l'eau, dans cette nouvelle que tu as écrite… c'est parce que l'eau est vivante ? Et qu'elle meurt ?

– Je ne t'ai jamais dit ça.

– Mais si, mon coco, tu l'as dit en voyant ma chemise de nuit et… Ces bougies allumées dans les moules à gâteau étaient là pour une veillée funèbre, n'est-ce pas ?

– C'est la femme de chambre qui le croyait, mais non.

– Alors pourquoi étaient-elles là ?

– Doña Margarita aimait regarder la façon dont les bougies tombaient l'une après l'autre dans l'eau.

– Eh bien moi, ça me fait penser aux âmes des chrétiens qui s'éteignent, non ?

Felisberto cessa un instant de surveiller la disparition dans son verre de lait et la regarda avec une lueur de tendresse :

– Non, non, l'eau lui semblait innocente, elle attirait à elle ses pensées et ses souvenirs. Pour elle l'eau était une religion.

– Mais alors, j'ai raison ! La religion parle toujours de la mort, j'en sais quelque chose.

Jamais ils n'avaient autant parlé. Ils prirent congé presque avec amour. Le jour indiqué, Felisberto se présenta au tribunal pour signer le document : "A seule fin d'obtenir la nationalité uruguayenne, je certifie que mon épouse doña María Luisa de Las Heras de Hernández..." Son épouse avait vécu de façon permanente à ses côtés depuis le jour de son mariage et s'était occupée... de sa maison.

Deux mois plus tard, l'Espagnole fut entendue lors d'une audience : elle jura avoir des convictions démocratiques, puis elle se laissa encrer le pouce droit. En septembre rien ne s'opposait à ce que lui soit délivrée sa carte de citoyenneté.

Le jour même – celui du pouce encré –, elle commença à ouvrir l'œil.

Elle entra dans les bureaux de la police comme dans un moulin. Personne ne lui demanda ses papiers. Une petite foule de gens s'entassait devant le comptoir de l'entrée. Entre deux matés, un fonctionnaire de police vérifia sommairement ses coordonnées, les compara avec celles consignées sur le registre, lui prit ses empreintes digitales et lui dit :

– Maintenant prenez votre récépissé et allez vous faire prendre en photo dans cette pièce à droite, vous voyez ? Là-bas, au bout de ce couloir.

María Luisa emprunta la direction indiquée, toujours au milieu d'une foule de gens, tourna à droite, et comme elle entrait, avant d'avoir pu tendre son papier au photographe, elle fut aveuglée par un éclair. Un éclair bienfaiteur, un éclair de lucidité qui méritait bien une messe d'action de grâce.

Jusque-là, le photographe ne l'avait pas encore vue. Il ne l'avait pas vue, et ne verrait aucune personne venant du couloir avec son papier à la main. Les personnes qui allaient se faire photographier pouvaient faire un échange : l'une pouvait se faire photographier à la place d'une autre. Dans ce cas, le fonctionnaire installé au comptoir devant l'entrée prendrait la photo avec un nom qui ne correspondait pas à la personne, il la collerait sur le document qui n'était pas le bon et...

María Luisa vola jusqu'à l'ambassade soviétique (c'était commode car elle était située à quelques blocs de la rue Colonia) avec sa perruque tordue par l'émotion. Mais elle la redressa avant d'entrer. Il ne pouvait en être autrement, la légation soviétique était un monument à la gloire de la symétrie. Deux colonnes à l'entrée, chacune couronnée d'une grenade à main (elle se le disait chaque fois qu'elle venait, mastiquant sa colère par avance, imaginant par anticipation les réflexions du bureaucrate ranci qui allait critiquer son travail sans jamais avoir levé ses fesses d'un fauteuil, alors qu'elle-même passait sa vie à risquer sa peau), un petit temple au milieu avec trois arcades et une fenêtre de chaque côté qui reproduisait le même arrondi. Elle pénétra par la grande porte, en arc de cercle évidemment, et à voix basse elle demanda:

– Kirzanov.

L'attaché culturel était identique au bâtiment. Il avait une tête en forme d'œuf qui imitait les courbes de la façade. Pas un cheveu ne dépassait de sa sphère parfaite. Il l'écouta d'un air méfiant. On ne savait si c'était sa condition d'agent de contact qui le rendait méfiant ou s'il était devenu chef du service secret au sein de l'ambassade parce qu'il souffrait d'une incapacité innée à accorder sa confiance. Il était également incapable de se lancer dans quoi que ce soit: oh non, ce n'est pas lui qui aurait sauté en parachute avec des grenades dans le dos!

Il bombarda María Luisa de questions, brèves et constipées. Et si le pauvre de service choisi pour cette action la dénonçait à la police? Et si le policier se rendait compte qu'un jeune homme d'aspect étranger pénétrait dans le couloir sans être passé par le comptoir de l'accueil? Elle avait sa réponse toute prête: "Le poison, camarade." En cas de problème, l'Ivan de passage et elle-même sauraient s'éliminer sans l'ombre d'une hésitation. Ils avaient ce qu'il fallait, outre le courage.

Elle obtint le feu vert, fit venir son gamin le plus dégourdi et demanda à voir sa carte d'identité. Il n'en avait pas. Et son extrait de naissance ? Il l'avait, il le tira d'une poche profonde, plié et replié mais lisible.

– Avec ça tu vas aller récupérer le document. Tu le ramènes, je te paye et tu disparais.

– Oui, madame, dit le pauvre en souriant.

En entrant dans le local de la préfecture, le gamin partit d'un côté et l'Ivan, qui était entré en sifflant sans le côtoyer, d'un autre. Le gamin tendit son papier, posa l'empreinte de son pouce droit et récupéra son récépissé. Mêlé à la foule il le donna à sa patronne qui lui fourra les billets bien mérités au fond de la poche, puis elle l'accompagna jusqu'à la porte, le regarda compter les billets et lever les yeux pour remercier le ciel, attendit qu'il ait tourné le coin de la rue et tendit le document à l'Ivan à la mine contrite. Ce dernier s'éloigna, tête baissée pour dissimuler sa haute taille – il portait aussi un chapeau pour cacher ses cheveux blonds coupés en brosse –, il suivit le couloir avec le document du pauvre de service et se fit prendre en photo. Ses papiers authentiques, au nom de Nepomuceno Saravia, né à Rivera en 1923, porteraient la photo d'un type à la peau piquée de taches de rousseur. Après tout, il y avait aussi de vrais Nepomuceno, avec une autre couleur de peau, certes, mais avec des pommettes saillantes et des yeux bridés, comme des Slaves déteints.

Dans la pension de la rue Chaná, Felisberto et Calita vivent comme deux tourtereaux. Ce ne sont pas les mêmes tourtereaux qui, quelques années auparavant, avaient trouvé refuge dans la petite chambre pouilleuse pour jouer avec la capeline, mais ils leur ressemblent. Le logement dans lequel ils vivent n'est guère plus joyeux, ils font la sieste côte à côte comme l'autre couple la faisait. Felisberto ne comprendra jamais pourquoi les gens font des gorges chaudes en évoquant ces innocents repos d'après déjeuner, au côté de sa maman qui le berce pour chasser la peur qui l'assaille ; elle sait ce qui l'effraie : ne pas savoir si la main qu'il sort d'entre les draps est la sienne ou si elle appartient à quelqu'un d'autre. Lui n'est pas mécontent, il est dans son jus. Il semblerait même que d'avoir perdu tout espoir lui convienne. Le miteux ne promet rien, mais n'exige rien non plus. Le miteux ne menace pas. Comme toute habitude, l'habitude que l'on a du miteux protège et rassure.

La paix règne entre le fils et sa maman. Elle est heureuse. Il lui appartient, elle lui prépare son maté, ses pommes de terre sautées, cent fois meilleures que celles cuisinées par la mauvaise femme avec ses grands airs de richarde, qui n'a même pas été capable d'acheter un costume à ce pauvre Felisberto. Ce dernier continue d'exercer son misérable emploi d'espion radiophonique, et il écrit ses choses. Calita ne saurait dire quelles sont ces choses, mais les professeurs en font l'éloge, ce qui veut dire qu'elles sont bonnes, même si on n'y comprend goutte. Mais tout cela demande de la pondération car, chaque fois que Felisberto est porté aux nues, par ce Supervielle, par exemple, qui lui a fait tourner la tête en l'emmenant au bout du monde, la chute a été rude.

Et subitement la concorde cesse de régner. Ou plutôt celle qui cesse de régner, c'est Calita. 1954, la nouvelle chérie de

Felisberto est une grosse femme appelée Reina, et Reyes de nom de famille. Reine Rois : la seule chose qui lui manque c'est une étole en hermine. Le petit est méconnaissable : tout doux, tout attendri. Sensible.

– Plus sensible que jamais, maman, lui avoue-t-il. *Toute pensée, l'idée même d'un broc à eau, est pleine de tendresse. J'aime mes souliers, qui sont seuls, délacés et toujours aussi bons camarades l'un à côté de l'autre.*

– Meilleurs camarades que nous deux ? demande Calita en regardant les souliers, et elle étouffe un sanglot. Felisberto baisse la tête. Sa mère comprend qu'elle a perdu.

Et par-dessus le marché elle est professeur, cette Reina de malheur, pas chanteuse de zarzuelas comme l'autre. Une pédagogue doublée d'un écrivain, mais qui écrit des livres sérieux, pas comme Paulina qui n'était pas mauvaise, mais qui n'écrivait que de la poésie. Le petit fait tout par deux et en alternance : une femme grosse qui écrit (Paulina), une couturière entre les deux, ni grosse ni maigre, ni bête ni savante (María Luisa), une autre grosse cultivée (Reina).

Felisberto connaît Reina d'avant. Il était justement avec Paulina quand il avait fait sa connaissance lors d'une conférence de Cáceres sur la psychologie. A cette époque il ne s'était rien passé, ils s'étaient regardés et au revoir. Tout est arrivé à cause de Cáceres, quelques années plus tard. Reina avait raconté l'histoire à Felisberto et ce dernier lui avait raconté la même chose. Reina était seule car son fils venait de se marier ; Cáceres lui avait parlé de son ami écrivain, séparé de María Luisa et sans chérie à l'horizon : pourquoi ne réunissaient-ils pas leurs deux solitudes. Comme si quelqu'un lui proposait à elle de réunir quoi que ce soit ! se disait Calita. Après tout, elle aussi était seule depuis la mort de son mari ! Bien entendu, personne ne le faisait, car la seule chose qui lui importait, c'était son fils, pardon, ses fils.

Ah, Cáceres, ce monsieur à la fine allure, comme celui de *La flor de la canela**, ce monsieur je-sais-tout avec sa barbe et son chapeau à larges bords comme personne n'en porte plus,

* *Vals* péruvien rendu célèbre par la chanteuse Chabuca Granda. *(NdT)*

toujours prêt à aider Felisberto à trouver une femme, toujours disposé à consoler la précédente ou la suivante. Consolateur de Paulina, à qui il offre des pastilles et des conseils, qui ont été si peu utiles à cette pauvre sainte, réellement amoureuse, elle. Consolateur de cette gourgandine de *gallega* qui, à Paris, avait pu obtenir ses papiers pour venir fourrer son nez là où nul ne la réclamait, grâce à l'intervention de sa femme, Esther. Et sans vouloir être devin, certainement consolateur de cette Reina qui joue les salvatrices, jusqu'au jour où son tour viendra de pleurer, elle aussi, toutes les larmes de son corps.

Pour le moment, Felisberto trouve cette dernière bien plus souveraine que les Reines du Luxembourg, la médiévale et l'estropiée. Une véritable Reine. *Tu m'as fait don de ma personne et du grand effarement qu'est ma vie*, lui a-t-il écrit. En fait, il le lui a seulement dit, mais elle l'a prié de lui écrire cette phrase pour l'avoir avec elle, de façon définitive. Voilà en quoi elle se différencie des précédentes : la foi, la foi dans la littérature. Amalia et Paulina y croyaient aussi, la première moins, mais calmement ; la seconde, davantage, mais avec jalousie. Jamais autant que la dernière. Reina les dépasse toutes avec son pouvoir de persuasion, quand elle s'évertue à convaincre Felisberto qu'il est réellement un écrivain. De génie. Et les paroles d'un écrivain de génie doivent être consignées par écrit. Cependant, les autres ont eu leur part. Plus les femmes se succèdent, plus Felisberto se persuade qu'il y a dans chacune d'elles un petit quelque chose des autres. Les précédentes annoncent celles qui viendront, et les contredisent en même temps. En cela elle est d'accord avec Calita. Paulina était écrivain. María Luisa non, Reina oui. Sa vie est une bannière avec des franges de femmes dont les couleurs se répètent en alternance.

Cela fleure un peu son boléro, cependant la phrase *tu m'as fait don de ma personne* ne saurait être plus exacte. Depuis sa dernière séparation, Felisberto a l'esprit ailleurs, il est étranger à lui-même. Il est urgent de lui rendre ce qu'il a perdu. Il a écrit quasiment toute son œuvre entre 1942 et 1949. En faisant les comptes, jusqu'à ce qu'il rencontre María Luisa et qu'il lui dédie *Les Hortenses*. A partir de là, il n'a plus été lui-même. Il faudrait presque donner raison à Calita quand elle peste contre l'Espagnole. Après María Luisa (et depuis que Supervielle a commencé à briller par son absence, il faut bien le reconnaître), Felisberto est tombé au fond d'un puits. Le fait que ce puits l'apaise ne l'effondre pas moins. Au fond de ce puits il ne cesse de ruminer, de retoucher, de repenser la plus longue nouvelle du monde, *La maison inondée.* Non qu'elle soit très longue, ce qui est long c'est l'écriture. Il s'est mis dans de beaux draps avec ses théories sur l'eau, la religion de l'eau, la mort de l'eau, les rituels de la mort de l'eau ; un imbroglio dont lui-même a du mal à se dépêtrer.

Reina l'écoute, l'air sérieux, et le conseille, mais il leur arrive aussi de rire ensemble. Felisberto lui prête ses yeux et ses oreilles, ainsi voit-elle et écoute-t-elle des choses inédites. En croquant des pastilles à la menthe, Felisberto fait le bruit d'un cheval qui mastique du maïs. Les cheveux ondulés d'une femme sont une plante qui pousse sur le mur d'une maison abandonnée. L'éblouissement de Reina devant les clairvoyances de Felisberto est compensé par celui de Felisberto devant les bontés de Reina. Le niveau des deux éblouissements est maintenu pendant un certain temps. Mais il arrive un moment où Felisberto commence à considérer les bontés de Reina comme un droit. Il les a gagnées, elles lui appartiennent. Alors, comme dans les vases communicants, le niveau commence à baisser de son coté ; pour l'équilibrer, Reina fait remonter de quelques centimètres celui de son abnégation.

Ils vont habiter dans un appartement à Punta Carretas, vaste et lumineux. Les fenêtres donnent sur la mer. Felisberto regarde vers le lointain et se contracte comme un mollusque qui est resté avec toute sa masse blanche à l'air, sans rien pour le couvrir. C'est trop pour lui : trop de clarté, trop d'espace.

– Je ne peux plus dormir dans cet appartement quand je pense à maman qui est seule dans une pièce sombre, se lamente-t-il.

– Tu veux que nous l'amenions vivre avec nous ? propose Reina.

Felisberto a un sourire indéchiffrable ; elle suppose avoir donné dans le mille. Elle augmente ses heures de cours, donne des classes particulières, travaille du lever au coucher du soleil pour pouvoir meubler la chambre de Calita, qui surgit bientôt avec sa vieille valise, ses pantoufles bordées de peluche et une vague odeur de pieds.

Douce présence, apaisante : les deux femmes s'entendent bien. Calita prépare le maté, tandis que Reina corrige les copies de ses élèves et que Felisberto écrit son éternelle *Maison inondée*, où l'eau innocente recueille les pensées et les souvenirs de doña Margarita. Pas de nuages à l'horizon.

– Je vais avoir bien des remords quand maman sera morte ! gémit Felisberto durant la nuit. Je veux rester seul avec toi mais elle ne veut pas.

C'est l'anniversaire de Reina. Un *asado* est organisé dans la maison où elle a vécu avec ses enfants avant son mariage. Felisberto a mangé de son côté, les yeux troubles ; après le dernier morceau de chorizo coincé dans la gorge, il s'est éclipsé. Il ne connaît pas la maison, il entre pour la visiter et aussi pour fuir les verres levés en l'honneur de la reine de la fête. Il déambule à travers les pièces hautes et étroites comme pour chercher une chose déjà inscrite dans sa mémoire. Il va jusqu'au fond, trouve l'escalier, descend. Il est accueilli par un sous-sol qu'éclairaient deux pâles lumières au ras du sol. Il continue de chercher, il sait qu'il y a encore plus, il descend en chancelant les trois dernières marches glissantes et gratte une allumette. L'antre, irrespirable, humide et sombre, avec un sol en terre et des murs non crépis, l'attendait. Une présence immobile, contenue, alerte. En expectative. Felisberto se souvient de son premier concert, le silence qui est tombé d'un coup, comme si un énorme animal soulevait sa patte. L'animal est là, la patte levée au-dessus de sa tête. Felisberto installe son corps pesant dans la tanière et le tapit dans l'ombre. L'antre et Felisberto se complètent, le concave accueille le convexe et entre les deux ils forment un fruit. Noir. A la petite souris qui le regarde et lance un cri en le voyant, il susurre :

– *Je me noie en moi-même comme dans un marais.*

Il ignore combien de temps s'est écoulé depuis qu'il a découvert sa place dans le monde. Une voix de femme crie son nom, il ne répond pas. Il reste immobile et recroquevillé comme un enfant dans un placard. Il n'a pas l'intention d'effrayer la femme qui le cherche d'une pièce à l'autre ; il n'est pas caché, il est seulement accroupi, il se sent à l'aise, et ne refuse pas de répondre quand Reina plonge finalement sa tête dans les ténèbres et, d'un filet de voix, l'appelle :

– Felisberto, tu es là ?

– Oui, répond-il fermement. Repars avec maman, Reina. J'ai décidé de rester dans le sous-sol.

Il est minuit, Reina proteste, supplie, argumente, pleure, et subitement c'est Calita qui l'enjoint de remonter, sans oser entrer :

– Ne fais pas ça, fils, viens, ne reste pas là dans le noir avec cette horrible humidité, on dirait la cale d'un bateau.

Felisberto murmure pour lui-même : "La cale d'un bateau, la Calita d'un bateau", et tout haut, d'une voix ferme :

– Partez sans moi, ne vous inquiétez pas. Cet endroit est bien pour écrire.

N'a-t-il pas rêvé à Paris d'une chambre de bonne qui lui servirait de nid, un de ces petits espaces pour artistes, calés sous les toits en forme de sourcils affligés ? Un sous-sol c'est la même chose, mais plus affligé encore, comme cela lui convient. Les pièces grandes et bien aérées éventent les pensées des poètes.

Deux semaines s'écoulent ainsi. Le matin il sort de sa tanière, il secoue sommairement la terre sur ses vêtements et se rend à l'Agadu pour faire son travail d'espion radiophonique. Ils se voient peu avec Reina, laquelle essaie de trouver des arguments. Lui se contente de dire :

– Je hais mon chef, Reina, je n'en peux plus. Je vais me faire opérer d'une fistule au coccyx pour ne pas aller travailler.

Pendant l'intervention de son mari, Reina augmente encore davantage le niveau de son altruisme ; la bonne samaritaine arrange le sous-sol, double les murs avec des nattes, installe un lit, un bureau et s'en va vivre avec l'apprenti troglodyte qui, en revenant de l'hôpital, apprécie moyennement.

– Ça y est, c'est décidé, déclare Felisberto en regardant les aménagements sans joie, j'ai décidé de tuer mon chef. La seule chose que je crains en prison, c'est de devenir homosexuel.

C'est le moment choisi par Reina pour prononcer les paroles que María Luisa n'a jamais dites :

– Felisberto, renonce à cet emploi de misère qui empoisonne ton existence.

La réaction de Felisberto se développe en deux temps simultanés, bien que, vus de l'extérieur, l'un paraisse lent et l'autre chassé en plein vol. Dans un premier temps la bouche de Reina articule ce que la bouche de l'autre aurait dû dire. Felisberto a tellement rêvé que María Luisa prononce cette phrase qu'il confond les lèvres et les paroles. Qui a dit quoi ? Les lèvres désaccordées de sa quatrième et de sa cinquième femme ne vont pas ensemble, ne coïncident pas ; ce sont des lèvres tordues et mal assemblées que Felisberto perçoit en un éclair. Il voit bien que la lèvre supérieure appartient à l'Uruguayenne et l'inférieure à la *gallega*. Mais la bouche monstrueusement bancale décrète la fin de sa condamnation. C'est la seule chose qui compte. Ainsi donc, dans un second temps, à cheval sur le premier, Felisberto ne se donne même pas la peine de répondre et de remercier, il part comme une flèche pour aller présenter sa démission à l'Agadu sans essayer de comprendre cette histoire de bouches.

En se libérant, il s'enferme : sa liberté se trouve là où il n'existe ni horizon ni soleil. Ce qu'il doit écrire ne tolère aucune ampleur. Il prend un crayon, du papier et, pourvu d'une lampe à kérosène, il pénètre dans l'antre le plus primitif – l'endroit miteux par excellence, celui qui ne possède ni sol ni nattes, ni lit ni bureau – pour écrire le *Journal de l'impudent*, tandis que Reina se démène comme une folle pour entretenir l'homme dans sa tanière et sa maman.

Il est accueilli par quelques souris qui prennent la fuite, affolées. A peine Felisberto s'est-il assis sur le sol qui suinte l'humidité qu'il se transforme en débandade. Les trois morceaux dont il est composé abandonnent le navire. Un Felisberto abandonné, même par la dernière souris de ses entrailles, se penche sur les fugitives pour les examiner tout à loisir. Il a écrit des récits sur lui-même et d'autres avec des spectacles nés de lui-même ; maintenant, il écrit sur sa désintégration. Il veut savoir qui sont les Felisberto, combien ils sont et pourquoi chacun s'en va de son côté. Il se sait malade. Il défend sa maladie comme un forcené. Il s'ausculte et se dissèque avec un seul objectif : se raconter. Et non plus se soigner.

Il a toujours pensé qu'il était trois, c'est pour ça qu'il écrit : *Nous étions trois, le corps, le moi et la tête. La tête appartenait à une tierce personne. Au cours d'une étape d'un relatif optimisme, dans un état de cure relatif, j'ai cherché une certaine unité de lutte, à tout le moins entre le corps, la tête et le moi, afin de pouvoir afficher un comportement loyal face au monde. Mais je me suis heurté à une grande désillusion.*

Maintenant qu'il ne nourrit aucune illusion, il observe le trio. La tête, qui est également l'associé, et le corps, qui est l'impudent du trio, lui inspirent très peu d'estime. Si son corps a été un innocent avant de devenir un impudent, Felisberto ne s'en sent pas proche pour autant. L'étrangeté de son corps n'est pas quelque chose de récent ; jadis, enfant, Felisberto regardait ses mains et ne les reconnaissait pas comme siennes : il ne les reconnaît pas davantage en tant qu'adulte. A peine a-t-il posé un pied dans l'antre qu'il écrit : *j'ai senti tout mon corps comme s'il appartenait à un autre.*

Cependant, la quête principale ne concerne pas ces deux-là, le corps et la tête. Celui qu'il veut trouver, c'est le troisième – en discorde –, le moi. Le plus fuyant, le plus imperceptible. C'est comme chercher une aiguille dans une botte de foin. *Mais qui cherche mon moi ? Ce serait lui, mon corps ? Ou alors celui qui me fuit tel un bandit qui pressent la police ? Alors, l'idée de justice relève-t-elle de mon moi ? Mais moi, mon moi plus que moi, ne serait-il pas caché dans un coin de ce grand et mystérieux continent ? Le laissera-t-on sortir un jour ? Aura-t-il du temps libre ? Tentera-t-il de s'évader ? Il doit être très bien surveillé.*

– Felisberto, je t'ai trouvé un emploi ! lui crie Reina d'en haut, depuis cette clarté où s'agite la compagnie des hommes. Felisberto, tu m'entends ? Un bon emploi à l'Imprimerie nationale, un poste de sténographe comme tu voulais !

Aveuglé par la lumière subite, Felisberto ressemble à un hamster qui montre ses yeux rouges au milieu d'un tas de copeaux.

Il ne discute pas, il obéit ; il retire les copeaux avec le dos de sa main et sort. Peu après il revient :

– C'est bon, ils m'ont pris, mais c'est très loin. Il va falloir que je prenne l'autobus tous les jours et moi je n'aime pas ça. Déménageons plus près de mon lieu de travail.

– D'accord, répond Reina.

Et ils déménagent, avec les meubles, les livres, les casseroles, et Calita.

Reina a dû se dire qu'elle aussi méritait une belle métaphore. Un jour de l'année 1958, comme elle faisait des courses dans un magasin du quartier – chargée de paquets pour nourrir les Hernández mère et fils –, elle tomba dans "un de ces pièges installés dans les magasins pour ranger les provisions", racontait-elle simplement et sans malice, peut-être sans paroles pour exprimer jusqu'à quel point le mariage l'avait piégée, et trouvant – à défaut – la langue de l'accident qui vient toujours au secours de ceux qui ne se plaignent pas. De l'hôpital elle envoya un message à Felisberto : "Je me suis fracturé le bras, Felisberto, viens." Felisberto ne répondit pas. Quand Reina revint chez elle avec le bras en écharpe, le placard et la bibliothèque de Felisberto étaient vides.

JOURNAL D'OLEG, DERNIERES PAGES

Moscou, 1956. La catastrophe s'est abattue sur nos têtes après la mort de S., il y a trois ans de ça. Ironie du destin, nous étions nombreux à être entrés à le NKVD pour éviter les représailles ; certains y ont échappé, comme cette pauvre Africa, pêchée dans les eaux troubles. Et voilà que certains d'entre nous étaient jugés comme de dangereux assassins, quand ceux-là mêmes qui nous reprochaient nos terribles actions, pris d'une vertu subite suite à la disparition du Petit Père, s'étaient montrés d'une égale férocité et avaient encouragé la nôtre.

Les actions menées par nos services étaient terrifiantes, c'est vrai, mais ô combien utiles ! Je me permets de rappeler à ceux qui nous jugent aujourd'hui, avec ce visage angélique qui ne trompe personne, que l'espionnage atomique, conduit par Pavel depuis le début de la guerre (il n'en était pas satisfait, il préférait s'occuper de la guérilla en Ukraine, la guérilla traditionnelle ; de plus, n'étant pas un scientifique, il craignait ne pas être à la hauteur), a fait des miracles parmi les physiciens américains qui mettaient au point l'arme secrète. Nous avons agi avec intelligence et respect, évitant les menaces et les leurres que nous avions l'habitude de proférer et d'agiter. Un génie comme Robert Oppenheimer, ce grand pacifiste qui a voulu partager avec l'URSS les secrets de fabrication de la bombe à uranium – non pour trahir son pays, mais pour s'opposer au nazisme –, méritait un traitement délicat que nous, qui sommes généralement peu accommodants, avons su lui donner (délicatesse qui est allée jusqu'à ne pas le dénoncer, ni tenter de le faire, en même temps qu'Enrico Fermi et Leo Szilard, les deux autres génies de la physique nucléaire qui nous ont mis au courant de leurs recherches, tandis que les pauvres Ethel et Julius Rosenberg payaient de leur vie le fait de nous avoir servi de courrier pour quelques papiers sans importance).

Les agents du FBI me font rire. Ils croient avoir fait une prouesse en interceptant les messages que nous envoyions et continuons d'envoyer depuis le toit de notre ambassade à Washington, et depuis nos légations à New York et à San Francisco. S'ils ont pu le faire, c'est parce qu'en 1942, quand Pavel venait de prendre les choses en main, quelqu'un a commis l'erreur de répéter un même code. Mais intercepter, c'est une chose, et déchiffrer en est une autre. Le fait est que depuis 1942 ils se cassent la tête à essayer de transcrire nos numéros dans l'alphabet cyrillique et de transposer ce dernier dans l'alphabet latin. La seule chose qu'ils ont réussi à déchiffrer, c'est un rapport qui les tourne en ridicule (ils auraient mieux fait de le garder secret). Lorsque Harry Truman est parvenu à la présidence, il a appris que les États-Unis possédaient la bombe atomique. Ainsi, lors de la conférence de Postdam, Truman a raconté à S. avec maintes précautions, comme s'il s'agissait d'une véritable… bombe : "Notre pays dispose d'une arme d'une force de destruction insolite." S. a plissé ses yeux malins et a pris un air horrifié. Mais il le savait déjà. Il avait appris la nouvelle deux semaines avant le Président américain, grâce aux rapports de "Mlad" et de "Charles", noms de guerre de Theodor Hall et de Klaus Fuchs, nos deux hommes infiltrés dans la centrale de Los Alamos.

Soyons sérieux, la supériorité du KGB sur le FBI a été amplement démontrée. Les États-Unis avaient-ils des équipes scientifiques supérieures à celles de l'Union soviétique ? Cette dernière possède un service d'intelligence supérieur au service américain, grâce à quoi nous nous sommes hissés au rang de puissance atomique. La guerre froide est notre œuvre : si l'équilibre des pouvoirs a pu se réaliser, il faut en remercier le KGB.

Après la mort de S., Beria s'est démené pour sauver les hommes impliqués dans la "conspiration sioniste". Il était trop tard pour sauver Mijoels ou Lozovsky, fusillés un an auparavant, avec la crème de notre intelligentsia juive, mais Leonid et d'autres, jetés en prison pour avoir "couvert la conspiration" (je parle de l'autre, la conspiration des Blouses blanches, celle des médecins juifs), sont sortis de prison grâce à Beria. (Il faut préciser que la campagne antisémite qui s'est déchaînée aux États-Unis à la suite de l'affaire Rosenberg n'a rien à envier à la campagne russe.) Non content de cela, Beria a réhabilité massivement les victimes de S. Chose amusante : Khrouchtchev, qui tient à avoir le beau rôle dans cette histoire, s'est empressé de les dé-réhabiliter, si je peux me permettre ce terme. Je ne prétends pas sanctifier Beria, c'était un criminel parmi beaucoup d'autres, comme Yezhov, son prédécesseur, plus intelligent cependant, et avec un homme intelligent on peut toujours s'entendre. Non, je ne prétends pas le sanctifier, je me contente d'observer que dans la mesure où un individu fait quelque chose qui a le mérite d'être bénéfique, il vaut mieux l'accepter sans se poser de questions.

Beria fut arrêté en juin 1953 et fusillé peu après. Pavel a été envoyé dans la prison de Butirka, puis dans celle de Lefertovo et a terminé au pénitencier de Vladimir, où il croupit à côté de Leonid.

En relisant les lignes qui précèdent, il peut sembler plaisant que, vu les succès du KGB, ce soit moi qui bombe le torse, précisément moi dont la seule qualité est de savoir perdre. Mais la Patrie est une chose (je ne pense pas au nom de guerre d'Africa, sinon à l'URSS), et cet être mystérieux que j'appelle "moi" en est une autre. Mystères bolcheviques : sait-on que je suis partagé entre une fidélité lourde et vétuste, et le plus irrésistible désir d'être infidèle ?

Et en parlant de Rome (elle a effectivement quelque chose de romain, mon Espagnole, avec son profil parfaitement rectiligne et ses airs de matrone patricienne) : en 1949, Africa est arrivée en Uruguay, et en URSS nous avons fait exploser notre premier champignon. Les deux événements ne sont pas seulement liés par la nature explosive de ma belle, mais à partir de là, à Montevideo, Africa a continué les travaux initiés par nos services au début de la guerre, la chaude ; avec son concours, Abel, depuis les États-Unis, a tissé une toile savamment ramifiée, et les informations ont parcouru le continent avec efficacité et rapidité. Les informations et ses conséquences : un déplacement d'agents transformés en citoyens uruguayens, grâce au travail d'une femme qui semble les enfanter ou

– Felisberto dixit – les tirer comme des lapins d'un chapeau claque.

Le réseau d'Abel transmet depuis la Californie, le Mexique, l'Argentine, le Brésil, le Paraguay et, bien entendu, depuis l'Uruguay. Outre Africa, d'autres agents illégaux du MGB (le NKVD s'appelait dorénavant ainsi), parmi lesquels on trouve Vladimir Grinchenko et Mijail Filonenko – qui s'étaient installés en Amérique du Sud en tant qu'émigrants tchécoslovaques et honorables commerçants –, gagnent les États-Unis pour leurs "affaires". En réalité, ce sont des experts en opérations de sabotage. Ils connaissent Africa depuis des siècles, ils ont tous participé à la guérilla contre les Allemands. En plus de planifier des sabotages (qui n'ont jamais vraiment été concrétisés, soyons francs), le plan d'Abel, devenu citoyen américain (il se fait passer pour un peintre bohème, aidé en cela par son allure réellement extravagante), consiste à déceler toute activité inhabituelle dans les bases de l'OTAN.

Qu'est-il arrivé à Africa après la mort de Beria ? Rien. Les camarades espagnols jouissent de prérogatives spéciales qui, d'une façon inespérée, m'ont évité de finir en prison moi aussi. Logiquement, j'aurais dû être pris dans le coup de filet consécutif à la "conspiration sioniste" et finir mes jours en prison aux côtés de Leonid et Pavel. J'ai attendu les pas dans l'escalier le cœur en suspens, bien qu'avec une résignation prémonitoire : "C'est pour ça que tu as rêvé à cette carte du tarot, me disais-je. Tu as tout du condamné à mort, il ne manque que le petit coup de pouce."

Un coup de pouce qui n'est pas venu. Les pas dans l'escalier ne m'étaient pas destinés. Et personne ne s'est présenté dans mon bureau pour me donner d'explications, c'est clair. Mais, en récapitulant les faits, j'ai compris qu'aux yeux de la nouvelle hiérarchie, je n'étais rien d'autre que le lien entre Africa et la Centrale, un lien éprouvé, qui savait communiquer avec elle en espagnol. Ma condition de contact auprès d'une espionne appréciée m'a sauvé la vie. Ils ont dû me trouver tellement insignifiant qu'ils n'ont pas pris la peine de m'éliminer, ne serait-ce que par vengeance, ou pour prendre ma place.

Malheureusement, l'argument utilisé (mieux vaut ne pas toucher à ce qui fonctionne bien) ne semble pas avoir joué un rôle dans la décision ultime de mes patrons. Africa est très appréciée mais, selon eux, il lui manque quelque chose : un mari. Bien qu'ils lui aient fichu la paix depuis son divorce, je me disais bien que tant de bonheur ne pouvait pas durer. Un espion solitaire est un espion douteux. Inévitablement il viendra un jour où, suppose-t-on, elle voudra adoucir sa solitude. La théorie est bien connue : les meilleurs espions sont ceux qui travaillent par paire, en couple, s'entend. Lorsque la décision émane des chefs en personne.

– Tu connais Valentino, qui a été secrétaire de Togliatti ? m'a demandé il y a quelques jours la Bulgare Blagóeva, celle qu'Africa traîne dans ses cauchemars (ce n'est pas cette dernière qui l'a dit ; Pavel, qui le sait, l'a raconté en riant, quand il pouvait encore rire).

Et avant que j'aie eu le temps de prononcer un mot, en imaginant à bon escient le pire, elle a ajouté en me montrant sa bouche pleine d'une matière verte qui ressemble à de la moisissure :

– Nous l'enverrons à Montevideo pour qu'il se marie avec Africa.

A travers le regard qu'elle m'a lancé (ses petits yeux malins, ses cils collés par une autre matière molle, pas verte mais grise), j'en ai conclu qu'elle savait. Tout le monde le sait. Pour eux, je suis l'incapable, celui qui n'ose pas prendre une femme par les cheveux pour l'emmener quelque part, loin.

J'ai demandé une seule chose, c'est que ma relation avec Valentino, que je ne connais pas (j'aurais pu le croiser en Espagne, où il était toujours sur les talons de Togliatti, mais il n'en a rien été), soit de la même nature que celle entretenue avec Africa de Las Heras :

– Il n'est pas non plus nécessaire que nous nous rencontrions.

– Pourquoi ?

– Parce que, s'il me voit, il faudra qu'il lui fasse mon portrait. A elle.

– Et alors ?

La conversation que je reproduis ici n'a pas eu lieu entre la Bulgare et moi, mais entre un certain petit chef servile – mais pas répugnant – qui a attendu ma réponse avec cette expression qu'ils prennent devant moi depuis toujours.

Ma réponse n'est jamais venue.

– Mais tu ne veux pas qu'elle t'imagine, même par ouï-dire ? Tu préfères qu'elle te prenne pour un type difforme, bancal, un estropié, un nain, un bossu ? Un monstre ?

– Oui, je préfère.

Vous le croirez si vous voulez, le petit chef servile, mais pas répugnant, m'a pris dans ses bras.

Et cependant, cet Italien, mis à part la jalousie sauvage qu'il m'inspire, a également éveillé ma sympathie, au point que le triangle que nous formions avec Africa et Felisberto s'est transformé en quartet. Mes mines contrites m'ont apporté son dossier. C'est un homme extrêmement cultivé ; il emportera son immense bibliothèque à Montevideo. Trop cultivé peut-être, trop européen. S. n'est plus parmi nous pour exprimer sa méfiance à l'encontre des gens cultivés et des Européens, mais… je prévois des complications entre Valentino et sa future épouse (quelles vies ridicules nous menons !). Il ne sera pas le chef, mais pas non plus le subordonné. Les hiérarchies ne sont pas claires. Un conflit de pouvoir entre les deux est à craindre. J'en suis arrivé à me demander si la moucharde bulgare ne garde pas une carte dans sa manche. Pourquoi l'envoyer précisément lui, qui a connu des moments meilleurs et qui vit dans les limbes, tout comme moi, depuis qu'il a pris ses distances avec Togliatti (distances dont je ne connais pas les tenants et les aboutissants) ? Montevideo, cadeau empoisonné pour tous les Valentino de la terre. Plus j'y réfléchis, plus je ressens de la pitié à son endroit.

"Mais maintenant, *mia cara*, ça suffit."

Qui a dit ça ? Il ne manquerait plus que j'entende des voix.

Cela m'arrive, c'est vrai, quand je suis extrêmement fatigué. Et cette nuit je le suis. Ce que j'entrevois me fatigue. C'est une nuit d'hiver balayée par le vent et ses gémissements, je pense à Felisberto dans son sous-sol (Africa m'a écrit que Felisberto vit sous sa maison, dans un antre ; l'esprit souterrain ? A-t-il lu

Dostoïevski ? Il est peut-être plus facile de se le procurer à Montevideo qu'à Moscou ; chez nous il est pratiquement interdit), et maintenant à Valentino et à son…

Je ne comprends pas ce que je raconte, mais j'y crois. Pour anticiper les malheurs, on peut me faire confiance. Je me vois venir, hérisson ultrasensible qui se referme sur lui-même en exclamant des ah ! – ou des ahhh ! – alors qu'on ne l'a même pas frôlé du doigt. Dans le fond, nous savons tous ce qui va nous arriver. Je me souviens du geste de Beria, la façon dont il ouvrait son col, peut-être parce qu'il était gros et qu'il se sentait mal à l'aise dans sa chemise amidonnée et son costume étriqué, peut-être parce qu'il pensait – inconsciemment – au couteau planté dans sa gorge.

Oui, nous le savons tous. Mais comme moi je vis seul, parfois je sais aussi ce qui se passera pour les autres. En tout cas, et ça je le pressens avec la même netteté que dans mon rêve – où mon espionne se lançait en parachute sur mon village natal –, je sais parfaitement que si quelqu'un a l'intention d'utiliser Africa au détriment de Valentino, je m'interposerai en mettant mes bras en… croix.

María Luisa dirait, bien des années plus tard, que les pires coups dans sa vie (parmi lesquels elle ne mentionnait jamais Julián, ou si elle le mentionnait en son for intérieur, elle continuait de l'appeler "une autre histoire"), elle ne les avait pas reçus lors de la guerre d'Espagne, pendant la guerre patriotique – celle de Russie s'entend –, pas même à la mort de Pepe, bien que la mort de Pepe l'ait plongée dans un désarroi total, comme si les amarres avaient été sectionnées et qu'elle flottait depuis lors en haute mer – tel est le sentiment d'un enfant à la mort de ses parents, c'est du moins ce que disent les enfants qui aiment leurs parents, une chose que María Luisa n'avait jamais ressentie, ou qu'elle n'avait jamais avoué avoir ressentie. Après s'être refusée à y croire, considérant la chose absurde, dénuée de toute logique et injuste, après avoir répété des centaines de fois pour elle-même que Pepe ne pouvait pas mourir, après avoir lentement pris conscience de sa disparition puis senti le vent souffler dans son dos à découvert, à tout jamais, María Luisa avait relevé la tête.

Non, tout ça ce n'était pas des coups ; ç'avait été des moments durs, utiles pour aller de l'avant. Les vrais coups vous font régresser. Les *moros* qui déboulent dans les Asturies, ce gros lâche d'Orlov qui surgit à Mexico : voilà les coups véritables, parce qu'ils l'avaient empêchée d'aller de l'avant ; c'était comme l'empêcher d'être elle-même, la meilleure d'entre les Africa, la plus vaillante. Pendant la guerre d'Espagne on l'appelait ainsi, la femme "qui va de l'avant". La pire des choses qui pouvait arriver à une femme de son espèce, c'était d'être contrainte de reculer, comme la fois où le fou Pichalatu l'avait attaquée par-derrière. Nonobstant, il lui avait fallu supporter ces coups qui vous renvoient à la case précédente. Quelle souffrance lui fallait-il encore supporter après l'échec de la révolution espagnole et le fiasco de l'assassinat de Trotski ?

Et après, la série noire.

Beria est fusillé en 1953, Pavel et Leonid sont emprisonnés.

Pour le gros bonhomme, ça ne lui fait ni chaud ni froid. Elle le connaît peu et ce n'est pas son genre, il ne l'a jamais été. Un bureaucrate graisseux, comme Kirzanov. Mais Pavel et Leonid sont dans son camp, deux hommes qui portent l'uniforme, beaux, courageux, prêts à risquer leur peau. Des hommes forts et sains, le genre qui lui plaît. Il ne reste plus maintenant qu'à attendre la suite des événements et prendre cet air de "ce n'est pas moi" que les Russes lui ont enseigné, et soutenir le regard du gros type de l'ambassade comme si cela ne la concernait pas. Heureusement il reste Olé. Qui l'aurait cru, dépendre de l'invisible à ce point-là, avoir besoin de ses signaux qui semblent lui dire "du courage, Africa".

Entre-temps, elle s'est donné du courage toute seule, à sa manière. Les villages endormis avec ces bonnes femmes heureuses la faisant toujours rêver, elle a décidé de déménager à Ciudad Jardín, en cherchant bien sûr un prétexte valable. Elle a toujours aimé ce quartier de Montevideo situé en face du parc Rodó, avec ses ruelles arborées et ses douces collines, comme celles entraperçues de l'autobus, lorsqu'elle partait en quête de bébés… morts. Pourquoi ne pas conserver la rue Colonia pour divers ateliers, placés entre les mains de María l'aveugle, la sourde et muette – autant dire la fidèle –, et abandonner la rue Brito, si carrée et si peu gracieuse, pour aller vivre au milieu des oiseaux?

En 1955, pour les fêtes de fin d'année, une visite la convainc que les grosses femmes heureuses – et elle aussi, quand elle veut bien en faire partie – sont dans le vrai.

A l'occasion de la fête des Rois, elle a préparé les cadeaux pour Mabel, la fille de Felisberto et pour Walter, son petit-fils âgé de cinq ans (Felisberto grand-père!). La fille socialiste et féministe que n'a jamais cessé de voir María Luisa, divorce ou pas, arrive avec son gamin alors que les paquets ne sont pas encore fermés. Sur la table brille une balle multicolore, ardente, avec des pourpres magnifiques et cerclée d'une frise qu'on dirait sortie d'un palais maure. Une balle de l'Alhambra, un fruit magique qu'on pouvait envoyer jusqu'au ciel d'un coup de pied et qui revenait toujours à son point de départ. Des années plus tard le petit se souviendra que les couleurs semblaient tourner sur elles-mêmes comme dans un kaléidoscope et, lors d'une nuit d'insomnie, il se rappellera soudain que, sur la balle, un des dessins représentait une étoile rouge.

María Luisa regarde le petit-fils de son ex-mari en train de tourner la merveille dans ses mains, l'air incrédule, et se dit que certaines choses – généralement les moins compliquées – ont un sens. Elle murmure à l'oreille de Mabel : "Au moins elle est en cuir, comme ça ton fils ne pourra jamais dire que mon ventre et la balle remuent de la même façon", et plus bas encore, pour elle-même, tandis que Mabel rit en saisissant l'allusion : "Julián."

Et un beau jour de l'année 1956, María Luisa accueille un Italien qui vient pour l'épouser, tandis que lors du 20e Congrès, quasi simultanément, comme si les deux événements étaient pour ainsi dire accolés (viendraient-ils réellement de façon séparée ?), un Khrouchtchev tout tondu accuse Staline d'être un assassin, et le jeu de l'oie s'emballe alors et finit par tourner sur lui-même sans commencement ni fin.

Ils sont tous fous, alors ce sont tous des Pichalatu ? se demande-t-elle. La Révolution, qui avance parce qu'elle ne peut pas faire autrement, ce qui est scientifiquement prouvé et avec la science on ne joue pas, camarades, a-t-elle en son sein son propre Pichalatu ? A d'autres ! Africa de Las Heras ne croira jamais ça. Jamais. Plutôt mourir. Chaque fois que le doute s'infiltre en elle, il lui suffira de se rappeler deux choses. La première, elle l'a vue, l'autre lui a été racontée ; les deux se ressemblent.

Celle qu'on lui a racontée s'est passée à Málaga, Málaga la Rouge, à peine un mois après son arrivée au Mexique. C'était en février 1937. Un émigré andalou lui a décrit la scène. Les gardes civils, commandés par le général Mola, avaient des ordres formels : "Tuez tous ceux qui ne pensent pas comme vous." Il ne s'agissait pas de pénétrer les pensées de quiconque, mais de réunir une quantité suffisante de victimes pour utiliser le chiffre en guise d'avertissement: "Aujourd'hui ils sont plus de quatre mille, demain ils seront le double." Ils sont allés de maison en maison, ont saisi par les cheveux toute personne mal fagotée qui avait la mine de ne pas penser comme eux, ils les ont emmenés au cimetière de San Rafael, les ont fusillés là même et les ont jetés dans des fosses sans se donner la peine de voir s'ils respiraient encore.

Africa a demandé:

– Et ils n'ont pas résisté?

L'Andalou a réfléchi et à son tour il a demandé:

– Tu n'as jamais vu un agneau au moment où on l'attrape? Il commence par agiter ses pattes, puis il reste tranquille, l'œil vague.

L'autre scène s'est déroulée à Vinnitsa. Africa n'aurait pas dû s'éloigner de son groupe, mais une fois sur le lieu, cachée, elle avait regardé en serrant dans son poing sa fiole de poison, au cas où. Elle avait cru rêver. C'était une scène identique à celle de Málaga. Les gens mal fagotés et qui avaient la mine de ne pas penser comme les autres se trouvaient devant la fosse, debout, très droits. Ils ne bougeaient pas, ne criaient pas. Personne, pas même les enfants. Elle avait été impressionnée par les femmes, si pudiques avec leurs mains jointes sur leur ventre. Ils avaient tous des yeux égarés. Les yeux de l'agneau qui, après avoir agité ses pattes, a compris et se calme. Les hurlements avaient commencé quand ils s'étaient mis à mitrailler les enfants. Tous n'étaient pas morts. Elle avait pu s'en rendre compte quand les jeunes des villages, des paysans ukrainiens recrutés pour faire le travail, les avaient recouverts de terre car, peu après, une fois les fossoyeurs repartis, la fosse s'agitait comme si elle tremblait de l'intérieur.

Quelques instants plus tard elle avait envoyé un message à Olé dans lequel elle s'excusait d'avoir pris des risques avec son appareil de transmission.

Alors pourquoi conserve-t-elle la foi, pourquoi continue-t-elle à se battre? Pour cela même. Pour la fosse de Málaga et pour celle de Vinnitsa. Même s'il n'y a pas d'autres raisons au monde, ces deux-là lui suffisent.

C'est un Olé plus laconique que jamais qui lui annonce la nouvelle. Laconique car c'est un survivant, et aussi à cause de la nouvelle en soi. Elle connaît si bien son style qu'elle est capable de percevoir sa contrariété dans le message le plus bref: "Il travaillera avec toi. Il s'appelle Valentino Marchetti."

L'agent résidant à Montevideo devra se promener à Buenos Aires avec un livre jaune, un sac blanc et un foulard également blanc qui dépasse du sac, dans la rue Rivadavia, tous les jours, sur le même trottoir et à la même heure, jusqu'à ce qu'il arrive: un homme d'une cinquantaine d'années, agréable, de taille dans la moyenne basse, les cheveux poivre et sel et traînant légèrement la jambe.

On voit qu'Olé ou l'Ivan de service n'ont jamais mis les pieds à Buenos Aires. Rien n'attire plus l'attention d'un *porteño* qu'une femme ni laide ni décrépite, du moins pas encore, qui agite son sac en faisant des allers-retours d'un angle de rue à l'autre, dans ce quartier du Congreso plein d'employés de bureau pressés mais toujours prêts (le sexe dans le Río de la Plata a des années de retard; sur cette berge du monde il faut insister – le désir est toujours têtu –, alors que sous d'autres latitudes il a tendance à se relâcher). Inévitablement, un homme va s'arrêter en essayant d'identifier les signes révélateurs de la femme errante: c'en est une ou pas? Et, faute de conclusion définitive (cette jupe trop longue, ce livre sous le bras, ce foulard qui dépasse de son sac comme un drapeau blanc sont des signes contradictoires: qui est-ce, une gitane cultivée qui demande un cessez-le-feu?), il lui glissera une galanterie, une proposition d'une voix mielleuse, si possible derrière l'oreille, un "ah, si j'étais un livre pour que tu me prennes sous ton bras", un "me permettez-vous de vous accompagner, jolie dame?", un "vous craignez que je vous compromette?", un "si j'étais votre mari, je ne vous laisserais pas sortir toute seule avec de tels yeux". Si María Luisa répondait, cela ouvrirait la porte à une laborieuse négociation au terme de laquelle l'homme mettrait un certain temps à s'avouer vaincu. Elle devra rester muette (refuser, c'est amorcer une conversation), bien qu'à la fin, feignant l'étouffement, elle finira par brandir sa menace: "Malotru, vous allez avoir affaire à mon mari."

Marchant d'un angle de rue à l'autre, avec sa file d'admirateurs à la traîne, elle pense à Mikhaïl. Mikhaïl Filonenko qui se trouve avec sa femme à Buenos Aires. Elle aurait aimé aller leur rendre visite pour leur faire part de son malheur. Mais il est préférable de s'abstenir. Elle doit éviter que dans ses propos ne filtre une plainte. Après ce qui est arrivé, il faut se méfier de tout, même de son propre miroir. Ils la comprendraient, cependant. Quelle manie de la mettre avec des intellectuels (Kirzanov l'a avertie, le sourire en coin, que Valentino est un homme cultivé, qu'il vient à Montevideo avec une bibliothèque énorme). C'est la deuxième fois : deux hommes instruits, et elle, une cloche. Pourquoi ne lui envoient-ils pas un guérillero avec de belles cicatrices et de grosses médailles ?

Au bout d'une heure, le mari surgit, boitant légèrement, en effet. Il lui sourit en la regardant discrètement (cet œil incontrôlable qui s'échappe vers le bas, vers la poitrine de María Luisa, comme une petite boule qui répondrait à la loi de la gravité), il lui fait ses excuses pour le retard tout en distribuant des regards assassins aux candidats qui s'éclipsent.

Assassins dans le genre comique. Il est italien, il a compris la situation et a œuvré en conséquence. Un Ivan n'aurait pas compris, se dit María Luisa en se détendant un peu. Un Rital sympathique. Si elle ne savait pas qu'ils lui imposent cet homme pour lui rabattre le caquet, il la ferait presque rire avec ses airs de mari offensé. Elle connaît pourtant le subterfuge, lui mettre quelqu'un dans les pattes ne signifie pas la destituer, mais rogner son pouvoir ; cet accouplement subit équivaut à restreindre sa responsabilité, pas entièrement, mais suffisamment pour qu'ils cohabitent tout en se méfiant l'un de l'autre. Elle connaît aussi la théorie : le meilleur agent est l'agent marié avec un autre agent, c'est clair. Valentino lui donne un baiser sur la joue, la prend naturellement par le bras et l'entraîne jusqu'à un café où ils simulent une rencontre affectueuse, mais habituelle. Il faudrait être un lynx pour comprendre que cet homme et cette femme sont des tigres sur le qui-vive.

Elle sait qu'il ne s'appelle pas Marchetti mais Marco, né à Milan. Ce qu'elle ignore, c'est qu'il ne s'appelle pas Marco mais Giovanni Antonio Bertoni, né à Paenza. Au fil des jours elle apprendra qu'il a été secrétaire des Jeunesses communistes de Ravenne. Après avoir tué un policier il avait dû trouver refuge en URSS. Cela se passait en 1925. Dix ans plus tard il avait été envoyé en Espagne, et pas précisément comme milicien des Brigades internationales (ça, elle s'en doute, sinon comment se fait-il qu'elle ne l'ait jamais croisé nulle part, sur le front, par exemple), et encore dix ans plus tard on l'avait envoyé en Italie comme espion. "Ainsi ils t'ont attrapé comme moi, se dira-t-elle, mais plus jeune encore." C'est une de ces pensées qu'elle ose à peine se permettre dans la semi-pénombre de son cerveau. A la lumière du jour, jamais elle ne se serait avoué à elle-même qu'ils avaient été "attrapés" par les services d'espionnage dans des circonstances particulières: quand ils se sentaient traqués dans leur propre pays, ou quand ledit pays n'était pas en mesure de les protéger. Dans ce cas, la protection soviétique a un prix, et ce prix a pour nom la GPU, le NKVD ou le KGB. Pardon, Pepe, mille fois pardon, pour tout ça et pour les calomnies qu'on a proférées pour te salir, maintenant que tu es mort.

De son côté, il sait que sa promise, ni laide ni décrépite, est entièrement constellée de décorations. Une vitrine avec une impressionnante panoplie d'étoiles rouges. L'envoyer comme prince consort, à Montevideo en plus, si vite, n'est pas du tout une promotion. Depuis l'époque de la pré-crypto-ambassade soviétique que fut l'Internationale syndicale rouge dans la capitale uruguayenne, se voir expédié à l'autre bout de la planète a toujours été, pour les dirigeants d'une certaine catégorie, l'antichambre de l'expulsion. Et du procès. Et de la Lubyanka.

Aux côtés de Togliatti, il a représenté le double rôle de membre de l'Internationale communiste et d'homme de confiance. Pas de Togliatti, mais des autres. De Staline. Staline s'est toujours méfié des dirigeants européens, trop européens. Et celui qui se faisait appeler Valentino a été l'ombre de Togliatti. De sorte que, lorsque Togliatti retourne en Italie, en 1944, Valentino le suit comme l'ombre qu'il a toujours été.

Mais aujourd'hui Staline n'est plus. Staline a si bien disparu de ce monde qu'on peut se permettre de le traiter de criminel sans craindre un retour de bâton. Personne ne sait très bien qui a pris sa place et qui sont les nouvelles têtes, mais une chose est sûre, c'est qu'espionner Togliatti à Moscou ou à Rome, ce n'est pas la même chose que renifler les jupes de cette Espagnole encore belle, dans la plus petite capitale d'Amérique du Sud.

Et c'est justement de ça qu'il s'agit, de renifler, et le *promesso sposo* le sait parfaitement, il s'en rend parfaitement compte quand, assis au café du quartier du Congreso à Buenos Aires, ils se surveillent l'un l'autre comme s'ils se demandaient s'il fallait sortir les griffes ou montrer leur velours de chair rose, ou faire les deux choses à la fois.

Une odeur masculine. Cela fait quatre ans que María Luisa ne se repaît pas de cette senteur-là. Bien plus de quatre ans, en comptant bien. Une éternité, en fait. Felisberto ne dégageait pas cette odeur. Il émanait de son corps un relent de mollesse, pas cette odeur de muscles, simplement parce qu'il n'en avait pas, pourquoi chercher plus loin. Et ce Rital sent l'homme. Ce n'est peut-être pas un guérillero mais il en a l'odeur, c'est incontestable. Quand la bouffée presque oubliée lui fait fermer les yeux, Valentino remarque ses paupières peintes en violet sous les fins sourcils ; il se rappelle que les Russes en Espagne l'appelaient Znoy, et il comprend.

Il est urgent de mettre des barrières. Comment la présence de Valentino ne tomberait-elle pas, pour María Luisa, comme un cheveu sur la soupe ? L'héroïne décorée depuis le double menton jusqu'au nombril a monté toute seule, et avec succès, un réseau d'espionnage – elle reçoit des messages de l'Amérique tout entière, du nord au sud, et les retransmet par l'intermédiaire du navire de pêche – ; elle envoie ses propres informations sur la politique uruguayenne et argentine, et pour couronner le tout, elle s'est débarrassée d'un mari encombrant.

Et voilà qu'il arrive. Pour la surveiller. Pour la minimiser. Pour faire main basse sur sa gloire, si gloire il y a. Elle ne peut que le haïr et, en même temps – ex-Carmen avec un reste d'énergie qui pourrait sans difficulté renverser un régiment – elle ne peut s'empêcher d'en avoir envie. *Poveretta.* Quelle est cette pâleur sur la joue, déjà naturellement verdâtre, sinon la conséquence de quelque chose que Valentino – qui ne s'est jamais pris pour le Rodolfo cinématographique avec force baisers échelonnés le long d'un bras – a suscité, ce qui l'enorgueillit et lui fait dresser les cheveux sur la tête.

Quelques nuits plus tard, Valentino entre dans la chambre de María Luisa, lui sourit, l'air intimidé, murmure "drôle de situation, non ?". Elle ne répond pas, elle a juste eu le temps de voir par-dessus l'épaule droite de Valentino la petite tête de mort tatouée ; de son côté, il a eu le temps de la contempler, enveloppée dans sa chemise de nuit conjugale, d'un blanc opaque, pleine de volants ridicules et de plis puérils, ce qui révèle clairement sa propre intention de mettre des barrières, aussi fort qu'ait été son vertige, ou justement pour ça. L'Italien a apprécié de ne pas lui avoir vu un geste pour suggérer ce qui, de toute façon, devra arriver – ce n'est pas pour rien qu'il est latin et elle espagnole, autant dire une Arabe. S'il s'était trouvé dans cette même situation avec une Russe ou une Allemande, elles auraient déboulé dans sa chambre avec l'air de dire "camarade, faisons ça tout de suite pour le bien de la cause". Il éteint la lumière et tout se passe dans l'obscurité. Une fois la chose terminée, il murmure *"grazie, cara"* et elle répond "de rien". Pendant la journée, aucun des deux ne fait allusion à ce qui se passe tous les sept jours, exactement sept, pas six ni huit, sept, toujours de nuit – pratique, hygiénique, mais non dénué de chaleur. Il est une autre chose que Valentino apprécie, c'est que cette lionne affamée sache s'abstenir de crier.

Un certain jour elle lui demande :

– Qui t'a tatoué cette tête de mort fasciste ?

Il répond par une plaisanterie, alors elle laisse tomber. De toute façon il subodore que María Luisa rechigne à la seule idée de le présenter à ses amis. Pour sa part, elle sait, et lui aussi le saura dans un certain temps, sans doute pas très long (cela dépendra de son désir), que Montevideo leur donnera l'occasion de devenir ce qu'ils n'avaient jamais rêvé de devenir un jour.

Au début, Valentino s'y perd un peu. Sa camarade ne l'aide pas (elle a décidé de garder sa bouche fermée et elle s'en tient à sa résolution). Ce qui lui échappe, c'est le dessin. Somme toute il arrive à comprendre que les relations de María Luisa forment trois nébuleuses distinctes, liées entre elles par des questions d'âge ; ils sont tous plus jeunes qu'elle et plusieurs d'entre eux ont des enfants. Pour l'instant il attend que l'étincelle s'allume, et il se contente de sourire avec un mélange de bonhomie et d'ironie, tandis qu'il observe la façon dont María Luisa alterne, et altère, les récits, incapable qu'elle est de raconter deux fois la même chose, ajoutant à chaque récit un détail nouveau. C'est la même histoire et cependant c'en est une autre. Une déviation infime (comme celle de mettre sur son passeport des renseignements légèrement déplacés) la transforme.

– Valentino est un vieil amant, dit-elle en souriant avec malice devant un groupe de jeunots – ici on les appelle des titis –, des jeunots libérés et capables d'apprécier ce gros mot qui, dans leur pays, résonne encore de façon scandaleuse. Nous venons de nous retrouver en Italie, et quand le feu a pris une fois...

En revanche, devant une amie ultracatholique elle ne parle pas d'amant, de cendres encore chaudes, mais elle exhale un soupir à ébouriffer les cheveux de son interlocutrice :

– J'ai connu Valentino il y a peu dans un village des Alpes. Il m'a adressé la parole, je lui ai répondu, et une semaine plus tard il m'a demandée en mariage.

Les jeunots détectent peut-être les variations du récit, peut-être pas. Ils la surnomment de toute façon la "bonimenteuse" : "Voilà la bonimenteuse et ses histoires." Ils l'ont bien cernée : cette Andalouse est une conteuse qui aime orner ses récits. Véridiques ou pas, finalement ça leur est égal. Dans un pays où personne n'a l'œil aux aguets, pas même les hommes en uniforme, les amis ne vont pas se mettre à jouer les vérificateurs.

Valentino répète pour lui-même : "Amis." C'est un homme cultivé. Qui a lu, ou *léido* comme on appelle également dans ces contrées un homme instruit. Il est vrai qu'il est venu avec son énorme bibliothèque. Des auteurs contemporains, italiens ou pas. Il sait ce que signifie dans un texte la répétition des mots, de certains mots. Et il s'avère que dans le texte pratiqué à Montevideo, "ami" est le mot le plus souvent répété. Le type au nez subtil se déclare l'intime ami du francophile qui bute sur les *f*, le francophile qui bute sur les *f* est l'ami de l'homme qui marche pieds nus sur la plage. Ils se connaissent depuis tout petits, la sœur de l'un a fini par épouser le frère de l'autre. Et au milieu de ces garçons et de ces filles qui ont passé leur enfance à quatre pattes sur le même sable, l'espionne hispano-soviétique est comme un poisson dans l'eau : elle fait des tartes qu'elle orne de petites bougies bleues ou roses.

María Luisa exhibe Valentino comme un trophée, transforme légèrement les circonstances de leur rencontre, dans les Alpes ou à Rome, avant ou après ceci ou cela. Mais elle le laisse démêler l'écheveau sans rien lui expliquer, jusqu'à ce que l'Italien comprenne, s'il le peut, et sinon, patience.

Elle n'aura pas à attendre plus qu'il ne faut. L'étincelle de Valentino jaillit très vite. Comprendre et désirer cela même qu'il a compris, c'est tout un. Le désir d'un solitaire qui a toujours été sur le qui-vive. Pas de femme, pas de famille, rien. Il lui dit ça après l'amour, si on peut appeler cela de l'amour, fumant dans la pénombre tandis qu'il revoit avec sympathie la chemise de nuit avec ses volants ridicules et ses plis puérils :

– Ils sont comme tes petits-enfants, non ?

Dans sa façon de ne pas répondre, elle se trahit, même dans la pénombre. Il y a un petit bruit d'haleine contenue dans sa gorge qui traîne quelque chose de léger, un peu de salive peut-être. Cela suffit à l'Italien. María Luisa a un point sensible, et il vient de le toucher.

– Ces jeunes ne te servent à rien, *vero* ? C'est seulement parce que tu aimes les petits ?

Toujours dans l'obscurité, il la sent se raidir :

– Tous ne sont pas utiles ; certains oui.

– *Smettila, cara*, je ne vais pas te dénoncer parce que tu veux avoir des petits-enfants, dit Valentino en riant. Moi aussi j'aimerais bien.

– Quoi ? fait-elle d'une voix rauque. Quoi, être grand-père ?

– *Certo.*

A présent ils sont un couple comme un autre. Ils font rarement l'amour, comme la plupart des couples ; en public

Valentino met son bras autour de l'épaule de María Luisa avec une tendresse qui semblerait adoucie par le temps qui passe, tandis qu'elle se contracte avec un geste un peu brusque qui, pour des yeux avisés, recèlerait quelque tension (mais qui a des yeux avisés parmi ses amis ?). Ils fréquentent davantage les salles de cinéma que les théâtres, se disputent pour le programme (lui préfère les films de guerre, elle les films d'amour, à une seule exception qu'elle s'autorisera un peu plus tard, *Rocco et ses frères*, et tout autre film où apparaît Alain Delon, parce que le Français qui est beau comme un ange est le portrait craché de Ramón Mercader) ; ils vont voir des expositions (elle peint et suspecte que Valentino se moque de ses œuvres avec une affection typiquement maritale), mais par-dessus tout ils font plaisir aux autres. Ils vivent pour ça, pour organiser des réunions et apparaître comme les Rois mages, chargés de chaussons pour bébé et de gâteaux (elle), et de bouteilles (lui).

On dirait qu'ils ont acheté une maison dans la rue Williman uniquement pour réunir leurs jeunes amis et leurs enfants. C'est une vraie maison, de plain-pied, avec une cour intérieure "comme en Andalousie", se réjouit-elle, les pièces de chaque côté, le fond étant réservé au barbecue du dimanche et à la fraîcheur du soir. Une maison de taille moyenne, qui ne transpire pas l'abondance, mais qui n'est pas non plus un exemple d'étroitesse. Sur la droite en entrant, la chambre de Valentino, plus loin, celle de María Luisa ; dans le salon, la bibliothèque. Pour entrer il faut sauter par-dessus un tapis vivant, épais et odorant : quatre bergers allemands aux dimensions extraordinaires, Diana, Abrek, Guera et Argos, dressés par la police. Ils savent reconnaître les habitués et ne bougent pas quand ils les voient ; ils restent éternellement aplatis sur le damier propre, noir et blanc, qui se combine avec les dessins de leurs échines comme s'il les prolongeait avec des lignes droites et non plus courbes.

L'équipement de transmission se trouve dans la chambre de Valentino, le laboratoire photographique (pour illustrer leurs rapports, María Luisa dispose d'un petit Leica) dans une autre pièce fermée, et l'antenne dans le fond, là où on met la viande à griller, là où on prend le frais. Mais les jeunes du premier groupe, qui n'ont jamais vu autant d'omelettes de pommes de terre à l'oignon et au chorizo, ni tant de courgettes farcies de viande hachée et de sauce béchamel (elle), et autant de grappa importée d'Italie et de champagne français (lui), n'ont pas à le savoir et ne tiennent pas spécialement à l'imaginer. Même si certains détails ne coïncident pas ou qu'on les entend grincer. Les enfants, quant à eux, n'ont jamais eu de leur vie de telles moustaches au chocolat et des dents ainsi emplâtrés de bonbons et les bras aussi chargés de poupées blondes et de ballons rouges. Valentino et María Luisa les emmènent promener sur la place, vers le port et la mer, dans leur grande camionnette Commer, pleine de chiens gigantesques mais très gentils ; ainsi leurs jeunes parents peuvent-ils rester un peu seuls, et ainsi eux-mêmes peuvent-ils, en passant, déposer leurs messages dans les cachettes, car qui pourrait se méfier d'une famille aussi heureuse, protégée par une telle meute de chiens.

María Luisa n'a jamais cessé de voyager, mais depuis qu'elle vit avec Valentino les absences se multiplient. En cela, les Ivan qui lui ont envoyé un mari avaient raison : une femme mariée se fait moins remarquer. Maintenant elle peut parcourir en chair et en os les capitales latino-américaines qui font partie de son réseau. Elle va au Mexique, descend jusqu'au Chili, traverse le fleuve pour se rendre à Buenos Aires et surveille ses comptes en Suisse et en Italie.

Au Mexique elle retrouve Abel. Son commandant Abel, son épouvantail merveilleux qui dirige les activités depuis New York. Aucun des deux n'imagine en s'embrassant qu'ils prennent congé pour toujours. L'année suivante, l'homme au chapeau de mafieux tombera, trahi. Prisonnier. Pas pour toujours : plus tard il sera échangé contre un agent également précieux, Gary Powers, le pilote de l'avion U2 abattu en URSS. Mais ce sera la pagaille : on se verra obligé de tout changer, les codes, les fréquences. Fini *les mains qui aiment la farine crue*, maintenant il faut être plus sérieux, parce que le moment est bien mal choisi pour faire des blagues.

Valentino affirme appartenir à une famille originaire de Milan, propriétaire d'une entreprise de transports. Son argent lui vient de là, dit-il. A peine arrivé à Montevideo il a monté une affaire d'antiquités, au 1437 de la rue Bartolomé Mitre. Valentino s'y connaît en objets d'art. C'est un Rital raffiné, qui a voyagé, spécialiste en sculptures jésuitiques. María Luisa ne coud plus, heureusement (la mère de l'homme aux pieds nus sur la plage s'en félicite; elle lui a commandé deux robes que la couturière de haute couture a complètement ratées, "tous ces modèles parisiens pour venir me fabriquer cette horreur!" a protesté la dame, les roulant dans son placard avec une sainte indignation).

La maison de la rue Williman est victime d'une attaque.

– Des voleurs, et violents avec ça: regardez dans quel état ils ont laissé la chambre de María Luisa; il faudra renforcer les serrures, avancent-ils comme prétexte pour sécuriser la maison avec de solides cadenas: un bunker allemand, comme les chiens.

Dans les réunions, Valentino discute avec les hommes et María Luisa avec les femmes. Des rôles distribués à l'ancienne mais qui correspondent à leur âge et à leur vérité. Valentino cite Pavese, récite en *romagnolo*, il connaît sur le bout des doigts les poètes du Trastevere, surtout Trilussa, *c'è un ape che si posa su un bottone di rosa: lo succhia e se ne va... Tutto sommato, la felicità è una piccola cosa*, déclame-t-il doucement, avec le bon accent et, en parvenant au mot *felicità*, il se permet de s'arrêter pour la regarder un peu, elle. En politique il se déclare socialiste de la tendance Pietro Nenni et dévoile, à demi-mots, son penchant pour l'eurocommunisme et va jusqu'à mentionner Togliatti, pourquoi ne le ferait-il pas? En revanche, María Luisa ne parle pas de politique, et de livres encore moins. Elle a beau avoir été l'épouse de Felisberto Hernández, elle ne voit pas la raison de s'étendre sur un sujet qu'elle ne connaît pas et qu'elle se fiche bien de connaître. "Moi je ne comprends rien à tout ça", prévient-elle tout en s'abritant derrière ses mains.

De retour à la maison, la nuit, elle lui fait des reproches, imitant involontairement l'expression chevaline de Caridad Mercader:

– Ta référence au socialisme et à l'eurocommunisme était trop réelle. Ça sonnait vrai.

– Toi aussi tu fais vraie quand tu ne veux pas comprendre.

– Qu'est-ce que tu veux dire ?
Pause.
– Pour continuer à être staliniste, il faut avoir beaucoup de cire dans les oreilles, *mia cara*.

Ils ne parlent pas de Felisberto. Valentino a acheté tous les livres de l'ex-mari de María Luisa, mais il les lit en cachette dans sa chambre pour éviter les histoires. Quand on dit "Felisberto" devant María Luisa, elle sursaute, prête à mordre. Comme une bête féroce. Dommage : Valentino aimerait tellement connaître Felisberto, ou du moins demander à María Luisa des choses précises, des choses sur certains sujets de Felisberto : les objets, l'associé, les appareils… Curieux tableau que celui d'une espionne entourée d'un équipement de radio transmission à côté d'un poète passionné de machines.

Un jour de l'année 1957 ils les croisent dans la rue 18 de Julio. Reina et Felisberto marchent en se frôlant comme deux sphères. Elle le regarde avec une inquiétude maternelle peinte sur le visage, lui regarde tout ce qui bouge autour. C'est pourquoi ni l'un ni l'autre ne les voient : une María Luisa plus matrone que jamais, à côté d'un boiteux à lunettes, l'air attentif et les tempes grisonnantes.

– Les yeux de Felisberto se fixent sur tout et sur rien, dit Valentino, se retournant pour regarder disparaître les sphères. Il me rappelle ce personnage d'Italo Calvino qui saute derrière une poire qui tombe, une feuille emportée par le vent, comme si lui-même était une poire ou une feuille.

– Je ne sais pas qui c'est, Italo Calvino, le freine María Luisa avec une rancœur sincère.

Cependant ils cuisinent ensemble, elle plus cantinière, affectionnant le lard et les mets lourds ; lui, plus sophistiqué avec sa feuille de basilic frais sur les *fettucini*. Mais mis à part ces plats qui expriment une tendresse de grands-parents – tendresse qui malgré les discussions idéologiques, et non pas littéraires, les transforme inopinément en mari et femme –, les recettes de Valentino et de María Luisa ont quelque chose à voir avec ce deuxième et ce troisième groupe dont elle a dit, dans la pénombre de sa chambre, que certains lui étaient utiles.

Dans le deuxième groupe il y a abondance de jeunes et d'enfants, mais il y a aussi des hommes puissants. La nièce d'un ministre, qui est un peu la filleule de María Luisa (ici tout le monde est un peu le parent, l'oncle ou le frère, le grand-père ou la grand-mère de quelqu'un, tous mélangés et emmêlés dans une famille imaginaire, accueillante et chaleureuse ; non qu'ils aient été abandonnés par leur vraie famille, ils cherchent seulement à transformer l'amitié en quelque chose d'encore plus intime, afin de chasser le fantasme de ce qu'ils ignorent à Montevideo, et qu'ils ne tiennent pas à connaître, la solitude), l'invite chez elle pour la présenter à son célèbre oncle. Si les jeunots du premier groupe ont des idées politiques aussi imaginaires que leurs relations de famille (l'homme au nez fin se déclare "anarchiste individualiste expérimental"), les jeunes du deuxième groupe sont "batllistes".

– C'est quoi ? demande Valentino tandis qu'elle le regarde avec la sévérité d'une militante qui, avant d'accomplir une mission dans un pays étranger, prend la peine de bien s'informer.

– Luis Batlle, un ex-président aux idées avancées, dans le groupe duquel certains pseudo-marxistes romantiques ont échoué ; ils sont tous très proches du gouvernement et préconisaient la "socialisation pacifique", mais aujourd'hui ils ne préconisent même plus ça.

– Un social-fasciste, conclut María Luisa, tandis que l'Italien souffle, lève les yeux au ciel et lui tapote le dos en disant d'un air las :

– Tu n'es pas fatiguée de répéter les mêmes petites formules ?

Pourtant il l'admire. Cette Espagnole silencieuse et bavarde à la fois a réussi son coup. Tant qu'elle vivait aux côtés de Felisberto, il lui fallait partager à contrecœur les amitiés littéraires et philosophiques de son mari, pour lesquelles elle n'était qu'une petite couturière quelconque ("une petite couturière qui a fauté", récitent-ils, pour faire allusion au poème et pour insister sur cette curieuse idée d'avoir abandonné Paris pour épouser Felisberto). Par ailleurs, ils n'avaient aucune relation dans les hautes sphères, ils n'étaient les parents d'aucun gamin ou *gurise* (María Luisa était bilingue après toutes ces années à vivre dans le Río de la Plata), qu'ils auraient pu cajôler. Mais une fois libérée, quel saut impressionnant, quelle façon d'occuper des espaces insoupçonnés et insoupçonnables, de s'introduire dans des cercles sans liens visibles entre eux et de façonner un labyrinthe où personne ne trouverait le fil, puisqu'il n'y en avait pas, puisque María Luisa se liait par devoir mais aussi par plaisir, les envahissant avec tact et finesse à l'image d'un poulpe affectueux, ses tentacules pleins de cadeaux d'un autre monde, comme la balle multicolore. Et tout cela de quelle façon ? En se faisant aimer. Et comment ? En aimant. Elle ne se l'est pas dit, bien sûr, comment se le serait-elle dit, avec cet orgueil espagnol et bolchevique qui la sangle de l'intérieur comme si elle avait avalé *Don Quichotte* et *Le Capital* avec couverture et tout ; comment aurait-elle avoué que la seule façon de rester en vie, pour un espion, est de ressentir ce qu'il feint de sentir ?

Quant au troisième groupe, ce n'en est pas un. C'est un couple, mari et femme. María Luisa et Valentino les appellent, s'inspirant de Pouchkine – l'idée ne vient pas de María Luisa –, Ruslan et Ludmilla.

Apprenant que Ruslan a un poste important à l'ambassade des États-Unis, Valentino arbore un large sourire et, donnant un coup de coude dans les côtes de sa collègue, lui dit :

– Parle, je t'écoute.

Cette fois María Luisa lui raconte tout avec force détails. Elle en a besoin. Le contact avec Ruslan n'est pas une chose acquise : Valentino devra finir de l'amadouer, tandis qu'elle-même ira amadouer Ludmilla.

Elle peine à se souvenir du moment où son amitié avec cette femme s'est mise à serpenter à travers une faille ouverte entre les deux. Un peu comme dans ces moments où l'amour s'insinue sans que rien ne l'ait laissé prévoir. Elle ne le dit pas parce que le glissement à travers la faille a un lien quelconque avec l'amour (Valentino sourit), mais parce que Ludmilla a été la seule parmi tous à présenter un autre flanc. Bon, enfin, une faille, un flanc, c'est la même chose. María Luisa ne sait plus à quel moment lui est venue l'idée de dire ce qu'elle a dit, ni pourquoi. Peut-être à cause d'un de ces silences qui s'installent quand le glouglou du maté s'éteint peu à peu ; on retient alors son souffle devant la perception subite que l'heure de la franchise est arrivée.

L'heure de s'ouvrir totalement, celle qui se profilait depuis des années, rampante. Déclarer un nom de famille réel à côté d'un prénom inventé, une date de naissance à demi vraie. Pleurnicher devant ses amies de Montevideo, toutes amies entre elles, en évoquant son fils mort durant la guerre : un bébé de quelques mois ou un enfant de treize ans selon l'amie et l'occasion. Évoquer en soupirant la rencontre avec Valentino, vieil amant ou fiancé récent, toujours au sein du cercle de ses amis qui, un jour peut-être, vérifieront les informations. Porter la longue jupe gitane, trop longue, trop visible dans les rues de Montevideo, de même qu'il est peu habituel, à une époque où les femmes s'assoient de côté les genoux serrés, de prendre ses aises, avec les pans de sa jupe entre ses jambes écartées, une jupe qui semble à présent la couvrir entièrement. Le climat de Montevideo a fait fondre ce plomb qu'elle avait dans les veines et qui la rendait rigide ? De l'intérieur elle s'assouplit et de l'extérieur elle se craquelle ? Elle se détend avec innocence, s'extériorise avec malice ou cède à la tentation de se trahir, comme si quelqu'un au-dedans, Africa, Patria, Ivonne, María Ivanovna, María de la Sierra, Mme Luisa, Znoy, souhaitait être dénoncé une fois pour toutes, pour en finir ?

Alors, c'est la confession : "Je n'en peux plus." "Pourquoi ?" "Parce que je dois faire des petits voyages à l'intérieur du pays qui m'épuisent." "Et pourquoi voyages-tu ?" "Je ne peux pas te le dire, tu ne comprendrais pas." "Je comprends sans doute mieux que tu ne le crois."

– Et tu le lui as dit ? Tu es folle, María Luisa, tu le lui as dit ?

– Suffisamment pour qu'elle me propose de faire les voyages à ma place. Moi, je ne pouvais pas continuer, Valentino (c'est la première fois que María Luisa l'appelle par son prénom ; elle doit se sentir fragile). Imagine un peu que les fossoyeurs et les journalistes de ces petites localités se passent le mot. Une Espagnole pleurnicharde ou une Espagnole autoritaire dans ces patelins paumés… ça ne s'oublie pas.

– Et qu'est-ce qui te fait penser que Ludmilla se fera moins remarquer que toi ?

María Luisa laisse retomber la commissure de ses lèvres. Cela signifie aussi bien "qu'est-ce que ça peut me faire" que "les choses sont comme elles sont" ou "je me remets entre les mains de Dieu".

– Et pourquoi fait-elle ça, pour de l'argent ? insiste Valentino.

– Jamais de la vie ! Par amitié, parce qu'elle aime l'aventure et... pour servir la cause.

Une fois le bolide lancé, nul ne peut l'arrêter. Maintenant il est urgent d'emballer le mari, mettre entre ses deux yeux une "cause" bien précise. Il faudra tout lui révéler, en mettant le doigt sur une plaie que María Luisa a décelée avec son infaillible odorat (elle a beau être assouplie et craquelée, elle aura toujours un excellent flair) : la culpabilité. Travailler pour les Américains en 1961, alors que quasiment tous les amis de Montevideo sont en adoration devant Fidel, alors que l'ambassadeur de Cuba et le Premier secrétaire de l'ambassade soviétique viennent d'être expulsés d'Uruguay : voilà une tâche dont il lui faut se débarrasser, et si cela requiert des sacrifices, eh bien, soit.

Valentino invite Ruslan à l'accompagner dans ses expéditions de pêche. C'est un pêcheur fervent, Valentino. Un "pêcheur d'âmes", soupire-t-il. Il a fait la même proposition à divers gommeux de Montevideo, persuadé que pas un seul ne voudra gâcher son dimanche à pêcher des *mojarritas*. Ruslan accepte l'invitation.

Une fois de retour, Valentino n'est guère bavard. Il est honteux et contrit.

– Nous sommes allés jusqu'au fleuve Uruguay. Tu avais raison, il y a quelque chose chez lui et chez sa femme qui les rend perméables. Quand il m'a vu dessiner les côtes, il a observé mes cartes avec grand sérieux, il a corrigé certains détails, m'a donné quelques indications et m'a demandé : "Ainsi donc tu fais des relevés ?", et il m'a regardé avec malice, empreint de timidité, mais... complice.

– Et alors ?

– Alors, nous l'avons pêché, camarade. Il travaillera pour nous, tu es contente ?

– Pas toi ?

Quelques mois plus tard María Luisa revient d'une rencontre avec Ruslan.

– Il a pissé dans son froc.

– Quoi ?

– Il a pris peur, mon petit, tu comprends ? Il veut nous quitter, il promet de ne pas nous compromettre et demande une trêve.

– Et alors ?

– Qu'est-ce que tu crois ?

Chaque fois que María Luisa enfile sa perruque, Valentino tremble.

– On ne peut pas essayer de… ?

La porte claquée fait office de réponse.

Kirzanov et María Luisa sont d'accord pour penser que les circonstances leur offrent une occasion royale.

Le 17 août un grand rassemblement aura lieu en ville. Che Guevara en personne prendra la parole à l'Université de Montevideo. Il vient en tant que représentant de Cuba devant le Conseil interaméricain économique et social qui dépend de la OEA. Un représentant opposé : Cuba n'a pas signé la Charte de Punta del Este votée par d'autres pays adhérents, parce que le gouvernement de Fidel se dit "contre la colonisation économique du continent".

Une immense foule remplit la salle de conférence, située dans la rue 18 de Julio, et ses alentours. Une foule tendue, recueillie, émerveillée. La police est nerveuse, la surveillance difficile. La sécurité des leaders continentaux, l'Argentin Ernesto Guevara et le Chilien Salvador Allende, est confiée à une force de police flegmatique qui n'a pas l'habitude de s'occuper d'hôtes aussi prestigieux. Et juste au moment où le Che sort par une porte de l'université et Allende par une autre (deux futurs assassinés agissant de la même façon, s'éclipsant de la foule pour ne pas tomber morts avant l'heure), le coup de feu retentit.

Mais le corps qui gît sur le trottoir n'est pas celui du Che, ni celui d'Allende. Il n'y a pas eu d'assassinat, juste un coup de feu qui est allé atterrir dans la tête d'un pauvre type qui avait le malheur de se trouver là. Une balle perdue.

C'est l'anniversaire de Valentino et le groupe de jeunes gens, sans pouvoir et nullement portés sur le sacrifice, est réuni dans la maison de la rue Williman pour la célébration. María Luisa a dû s'absenter pour une affaire d'une extrême urgence. La chose devait être vraiment urgente pour qu'elle sorte précisément ce jour-là, elle qui aime tellement les petites bougies sur les gâteaux et les bonnets multicolores. Est-elle allée se faire soigner par des cardiologues étrangers, une fois encore? Est-ce à nouveau ce cœur que la *gallega* compresse, les deux mains sur sa poitrine, suffoquant et devenant même toute bleue?

Quelqu'un frappe à la porte avec force. Valentino se lève difficilement (il traîne de plus en plus la jambe). Le messager annonce la nouvelle en haletant. Ruslan. Derrière l'université, dans la rue Guayabo. Une balle qui ne lui était pas destinée, dit-on. Ou alors ce sont les fascistes qui ont un siège dans les parages, à quelques mètres du lieu où il est tombé. Mais pourquoi lui, s'il travaillait avec les Yankees et qu'il n'était mêlé à rien?

Quelques jours plus tard, María Luisa, fraîche comme une rose et sans traces de crise cardiaque, rentre chez elle. Valentino la laisse poser sa valise, puis il la pousse comme s'il voulait l'incruster dans le mur, lui serre la gorge avec ses mains aux phalanges doucement poilues et lui souffle au visage:

– *Che hai fatto?*

– Ote tes pattes.

– *Che hai fatto?*

– Ce que je devais faire.

– Tu t'es arrangée pour être absente juste ce jour-là. Tu es une monstrueuse hypocrite, María Luisa.

– Et toi, une lavette.

Certaines nouvelles, que les gens se plaisent à amplifier avec leur éternel mégaphone, sont parvenues jusqu'à la maison de la rue Williman ; elles ne concernent pas Ruslan, mais Felisberto. Un Felisberto serti d'une auréole noire, de plus en plus noire : sa vie dans la pension de la rue Durazno où il est allé vivre – après sa séparation d'avec Reina – avec sa mère qui le nourrit et qui fait la sieste à son côté pour qu'il n'ait pas peur en se retrouvant seul avec ses mains, information que le mégaphone utilise, déforme et magnifie pour augmenter le flux de salive qui coule des commissures humides et pudiquement froncées ; son émission de radio indigne dans laquelle il vocifère comme un forcené contre le communisme, travail pour lequel il est, semble-t-il, bien payé, même si les gens malveillants savent depuis toujours que l'antibolchevisme de Felisberto se limite à défendre la liberté d'expression – à cause de Pasternak –, mais que cela n'a rien à voir avec son appartenance à l'Opus Dei qui, soit dit en passant, ne l'aurait jamais admis en son sein ; sa nouvelle liaison avec la nouvelle María, María Dolores Roselló, que les malveillants félicitent pour sa trempe, souhaitant que ses amours avec Felisberto ne s'inspirent pas de son prénom, même si personne n'ignore que toute femme qui approche cet éventreur à tête d'enfant en sortira meurtrie ; son travail à l'imprimerie ; ses livres qui paraissent finalement en Uruguay, en Argentine, en Italie ; pour finir, la maladie, une leucémie rare qui, selon la rumeur, s'acharne de plus en plus sur cette créature inconcevable, et donc dangereuse – loin de rendre Felisberto plus pâle et plus maigre, cette leucémie le rend plus gros et plus rouge –, une leucémie dont beaucoup se prennent à douter, "c'est peut-être une leucémie, dit-on, mais aussi une cirrhose, un diabète, sinon comment a-t-il pu se transformer en une boule d'un bordeaux translucide, comme un vin de France ?" ; et la mort plaisante, la mort grotesque, une mort bien à lui, la mort que le mégaphone populaire défigure jusqu'à la rendre indigne des larmes, un cadavre si gros qu'on doit lui fabriquer un caisson spécial, dit-on, si large qu'il ne passe pas par la porte, affirme-t-on, et que des amis soulèvent pour le sortir par la fenêtre, tandis que les autres le réceptionnent, s'encourageant mutuellement pour porter la tonne bien pesée qui leur tombe sur les épaules, et un fossoyeur qui creuse en transpirant – un torride 13 janvier 1964 à trois heures de l'après-midi –, élargissant le trou à droite et à gauche, parce que les tombes normales, disent tous ceux qui ne supportent pas de le voir mourir paisiblement, enserrent Felisberto comme dans un corset.

María Luisa garde un silence étrange. Valentino l'a remarqué et se tait lui aussi, craignant avec raison qu'à la moindre insinuation sa femme lui déchire la jugulaire à coups de dents.

Puis elle finit par exploser.

Elle met ses mains sur ses hanches devant un auditoire imaginaire, comme pour affronter tous les fascistes de Málaga et de Vinnitsa (elle semble les regarder derrière l'épaule de Valentino avec une telle fureur qu'il se retourne pour voir si quelqu'un est entré dans la maison) et leur fait face avec sa voix de colonelle :

– Putain. Putain de langues de vipères. Un génie est mort, nom de Dieu, le meilleur que vous avez eu dans vos vies à la con, et vous vous demandez encore si le mort était gros ou mince. Je sais comment il est mort, moi : une leucémie ne vous gonfle pas et ne vous donne pas ce teint violacé, il était maigre comme un clou bien imbibé et avait le teint jaune. Et le cercueil n'est pas passé par la porte parce que le pauvre vivait dans un petit logement ; vous n'avez jamais été obligé de faire ça pour sortir un meuble ?

– Mais le fossoyeur qui… ?

– Moi, j'étais à l'enterrement. En blonde, mais j'y étais. Le fossoyeur a creusé comme il le fait toujours, de l'intérieur vers l'extérieur. Une fosse, nom de Dieu, une fosse, que vouliez-vous qu'il fasse, une montagne pour mettre Felisberto au-dessus avec un petit drapeau ?

Au mois d'août de cette même année Togliatti meurt à Moscou, d'un arrêt cardiaque.

– Tu te rends compte ? dit Valentino en hochant la tête. Cet homme a survécu à plusieurs attentats et il vient de mourir comme ça, de sa belle mort, sans coup de pouce.

Peu de temps après, Kirzanov annonce à María Luisa une visite inattendue : la Bulgare aux dents pourries se trouve à Montevideo.

Elle l'a toujours su, depuis le premier jour, depuis l'Espagne, depuis Moscou : un jour Stella Blagóeva viendrait fourrer son nez dans sa vie avec des intentions nocives.

De retour chez elle, María Luisa lui annonce la nouvelle :

– Tu te souviens de Blagóeva ? Eh bien, je te préviens qu'elle se trouve parmi nous.

Valentino a l'air fatigué. Cela fait des jours, des semaines, des mois que Valentino a l'air fatigué. La mort de Togliatti n'a fait qu'accentuer sa fatigue. En l'écoutant il a un sourire indéchiffrable ; il gratte, l'air songeur, la petite tête de mort sur son épaule, à propos de laquelle il n'a jamais rien dit, comme il n'a jamais donné d'explications concernant sa jambe raide ; il écarte son assiette, termine les dernières gouttes de vin restées dans son verre d'un trait rapide, jusqu'au fond et avec une rare détermination, comme s'il s'agissait réellement des dernières, et, détachant bien les mots, il prononce le plaidoyer qui le condamne.

Il ne se sent plus communiste. Il n'y croit plus. Il a perdu la foi. Cela n'a pas commencé en 1956 avec le 20e Congrès, quand Khrouchtchev, le tondu, a dit ce qu'il a dit ; cela a commencé bien avant, presque dès le début, en 1925, quand il a trouvé refuge en URSS. Ce que Khrouchtchev a dit, tout le monde le savait par cœur, à commencer par Khrouchtchev lui-même. On le savait et… on le faisait. Togliatti aussi. Et lui-même, bien entendu. Et María Luisa, c'est clair. Savoir, de toute façon, c'était participer. Selon les calculs de Valentino, vingt millions de personnes sont mortes sous l'ère stalinienne, dix durant la collectivisation, et le reste par séries successives, sans que personne n'ait compris ni pourquoi ni comment. Lui a longtemps vécu avec les camarades des "partis frères", à l'hôtel Lux. Des partis frères, quelle ironie ; dans sa vie il a connu des fraternités plus chaleureuses. Ou du moins les a-t-il imaginées. Chaque matin à l'aube, les Italiens et les Tchèques, les Polonais et les Hongrois de l'hôtel moscovite, réservé aux frères étrangers, tremblaient ; chacun dans sa chambre, à attendre les coups frappés à la porte. Quand les pas s'éloignaient et que les cris résonnaient dans la pièce d'à côté ou au bout du couloir, chacun se promettait de tenir jusqu'à ce que le nom prononcé fût le sien. Le reste, on le savait : les sous-sols de la Lubyanka, souvent grâce à un rapport de la femme aux dents pourries ; par chance, certains procès duraient des mois, ce qui permettait d'étirer la vie, même si c'était cette vie-là – de quelle vie pouvait-on parler quand on pensait au froid, aux coups, aux menaces, aux privations de sommeil, aux sermons, “tu dois avouer, camarade, tu es un ennemi du peuple, tu as commis des actes de terrorisme, de sabotage, de trahison, et le Parti te demande de tout avouer”. Et si le Parti le demandait, si le Parti avait besoin d'une nouvelle victime pour se repaître de sa chair, de son sang, comme le faisaient les Aztèques en sacrifiant des jeunes gens sur l'autel du soleil, qui aurait pu refuser de mentir contre soi-même, avouant des méfaits imaginaires qui feraient rire s'ils ne donnaient envie de pleurer ? Valentino lui-même, si instruit, si sensible, n'a-t-il pas été obligé de dénoncer plusieurs malheureux pour donner la preuve de sa fidélité ? Chaque balle dans la nuque tirée à cause d'un rapport établi par ses soins, qui n'a miraculeusement pas pourri ses dents, le frappe encore aujourd'hui.

– Mais aujourd'hui, *mia cara*, ça suffit.

María Luisa se bouche les oreilles comme elle l'avait fait devant Caridad.

– Il ne faut pas que je t'écoute.

– Je te raconte ça pour que tu écoutes.

– Si j'écoute il faudra que je répète ce que tu as dit.

– C'est pour ça que je le fais. Et maintenant ouvre bien tes oreilles, c'est la cerise sur le gâteau : Ruslan, je l'avais prévenu.

– Comment ?

– Je lui ai dit de ne pas aller au rassemblement du Che. Pour le malheur de tous, il ne m'a pas cru.

Ils font silence. Elle avale sa salive et évite de le regarder. Un suicide impressionne, même si le suicidé n'est pas un vrai mari. Tout à coup le faux mari demande avec un intérêt sincère, comme s'il n'existait rien de plus important à cet instant :

– Est-ce que Felisberto t'a un jour donné des explications sur cette histoire de maison inondée avec des bougies allumées ?

Pour lui, cela ne fait aucun doute que María Luisa connaît le récit, bien qu'elle ait toujours nié la fréquentation de cette littérature-là, et de tout autre d'ailleurs.

Acceptant avec simplicité l'hommage (le fait qu'il ne doute pas signifie qu'il ne la croit pas si bête), elle lui répond sur le même ton :

– Oui, il me l'a expliqué. Il ne s'agit pas d'une veillée funèbre. C'est quelque chose comme une religion de l'eau. De toute façon, pour moi la nouvelle parle de mort.

– C'est évident qu'elle parle de mort, confirme Valentino.

María Luisa l'embrasse sur la joue, se dirige vers sa chambre et se met à rédiger un message pour Olé dans lequel elle accuse Valentino de trahison.

Les jours suivants, tous deux attendent sans faire allusion à cette affaire. On croirait les étrangers de l'hôtel Lux, recroquevillés dans leur lit au lever du jour, à cette différence que les pas dans l'escalier sont pour Valentino, pas pour María Luisa, sa dénonciatrice.

Mais rien ne se passe. Pas la moindre réponse, comme si Olé s'était évaporé dans l'air moscovite sans laisser de traces.

Elle lui écrit à nouveau. Rien.

Elle est obligée de faire appel à la Bulgare aux dents pourries pour lui exposer le cas. La Bulgare prend contact avec la Centrale.

La Bulgare ne dit pas un traître mot sur Olé. D'ailleurs María Luisa ne lui demande rien. En revanche, sur Valentino l'ordre est précis : utiliser le poison indétectable qui lui a été remis par le Hongrois Ernö Gerö, lequel croupit dans une prison de Budapest.

C'était le 1er septembre, sept mois après la mort de Felisberto. María Luisa revenait de l'ambassade à l'instant où Valentino sortait de la douche. Il avait entendu le bruit de la porte et il avait surgi dégoulinant d'eau, une serviette autour de la taille. Il avait fait quelques pas sur le damier noir et blanc où les quatre chiens s'étaient levés d'un bond ; il l'avait regardée, avait compris, avait porté ses deux mains à sa poitrine – comme elle-même le faisait – et, fidèle à l'ombre qu'il avait toujours été, mais aussi comme une dernière politesse envers elle et pour lui épargner le travail, il s'effondra sur le sol d'un arrêt cardiaque, comme Togliatti, mort de sa belle mort tandis que les gigantesques animaux hurlaient autour de son corps en le couvrant de baisers.

Le 17 septembre 1968, dans la ville de Gênes, la femme de chambre d'un palais seigneurial court avertir sa maîtresse :

– Madame, à la porte il y a une femme avec une valise qui pleure en demandant après vous.

Chichí, tel est le nom de la maîtresse de maison, va voir. María Luisa est là avec un manteau informe et sur la tête un foulard d'un violet maladif.

Le palais est le siège du consulat d'Uruguay. Le mari de Chichí est diplomate. A une époque heureuse, ce jeune couple était intime avec María Luisa et Valentino.

Le récit de María Luisa devant une Chichí stupéfaite s'enroule autour de lui-même comme un fil de téléphone. Ce que Chichí ignore, c'est que le récit s'enroule autour de María Luisa depuis qu'Olé a cessé de maintenir le fil en tension. Elle s'est sentie désarticulée depuis le jour où l'invisible de Moscou a sombré dans le silence. Elle regrette son marionnettiste : ses jambes et ses bras retombent, et aux jointures il n'y a rien, juste des espaces tremblotants, une légère vibration qui ne la soutient pas. Elle continue de recevoir des ordres de la Centrale, bien évidemment, mais on ne lui dit plus de s'asseoir, de se coucher ou de se lever comme il le faisait, lui.

C'est pour ça qu'elle ment si mal. La bonimenteuse exagère, elle perd le sens de ce qui peut se raconter et de ce qui doit être tu. Ce n'était sans doute pas sans raison que Valentino avait vu ses cheveux se dresser sur sa tête en apprenant que Ludmilla… "La preuve est là, se dit María Luisa sans pouvoir contenir ses larmes. C'était une erreur de ma part que nous finissons tous par payer cher."

Elle pleure sans arrêt, elle pleure en s'y employant, elle s'occupe activement de pleurer, elle s'y dédie, s'y consacre.

Après la mort de Felisberto et celle de Valentino, après l'évaporation d'Olé, un robinet s'est ouvert dans ses entrailles.

Comme ça, à gros bouillons, elle raconte des histoires à dormir debout à une Chichí effrayée qui fait des efforts gigantesques pour comprendre.

Valentino est mort, ça, Chichí le sait (le jour même de sa mort – un coup de théâtre de la vie –, elle a reçu une lettre de l'Italien dans laquelle il lui parlait comme un père, l'enjoignant de manger pendant sa grossesse "parce que mieux vaut une grosse en bonne santé qu'une maigrichonne malade"). Après le décès de son mari, María Luisa a liquidé l'affaire d'antiquités et vendu la maison de la rue Williman à une des ses chères amies, à la condition qu'elle loge pendant quelques mois un autre ami cher ; elle réglerait son loyer à María, la couturière, femme de chambre, confidente et parfois complice, qui est atteinte d'un cancer, pour lui permettre de rester dans l'appartement de la rue Colonia, gardant à ses côtés un des chiens, le plus grand, Abrek.

– María a un cancer ? Je ne le savais pas, je l'ai vue il y a peu et je n'ai rien remarqué, dit Chichí, l'air atterré.

– Mais cette chère amie m'a trompée, reprend María Luisa. Jamais je ne lui pardonnerai d'avoir vendu la maison de la rue Williman et d'avoir donné Abrek.

Chichí tente de mettre de l'ordre dans une histoire qui lui donne le tournis. María Luisa avait promis de la tenir au courant de ses activités, et au lieu de ça, quoi ? Envolée, volatilisée sans donner signe de vie ! María Luisa ne devait-elle pas venir pour le baptême de sa fille ? Ne devait-elle pas être sa marraine ? Il est vrai qu'ils ont reçu une énorme valise pleine de jouets pour le bébé, envoyée depuis un hôtel parisien, mais comment expliquer que dans cet hôtel, dont l'adresse figurait sur le paquet, personne ne connaissait ladite María Luisa ? Et maintenant d'où vient-elle, d'où sort-elle, dans quel pays a-t-elle voyagé avec une valise si lourde et ce triste foulard ?

– Je viens de Suisse. Je suis allée m'occuper des comptes bancaires que nous avions en commun avec ce pauvre Valentino, paix à son âme. A Milan je suis allée voir la sœur…

– Ah oui, l'interrompt Chichí, nous sommes allés à Milan avec mon mari, nous avons vu des camions portant le nom de Marchetti et nous nous sommes souvenus que la famille de Valentino possédait une entreprise de transports, n'est-ce pas?

Le regard de María Luisa n'a jamais été évasif, à cet instant il l'est.

– ... et à Paris je suis tombée gravement malade. Le cœur, comme toujours. Je ne voulais pas t'inquiéter, enceinte comme tu l'étais, et donc je suis allée dans une clinique suisse et j'ai pris contact avec le fils de la gardienne de mon ancien appartement à Paris, à qui j'ai donné votre nom et votre adresse, ici à Gênes, pour qu'il parle avec mon médecin traitant, et si ce dernier l'informait que mon état de santé devenait critique, il devait prendre immédiatement contact avec vous.

María Luisa passe trois mois dans le palais génois à pleurer. Chichí a donné l'ordre à la femme de chambre de l'avertir dès que madame retournera s'asseoir devant la fenêtre, le regard égaré tourné vers le bleu de la mer.

Il y a eu un premier épisode où les sanglots et la mer étaient au rendez-vous. Chichí rappelle cet épisode à María Luisa, en mettant les pieds dans le plat, avant de comprendre que tout ce qu'elle dit est comme remuer le couteau dans la plaie. (Dans une autre plaie, certes: mais María Luisa ne pleure pas pour tout ce qui est dit, mais pour ce qui est tu.)

– Ma sœur m'a raconté qu'elle t'avait vue à Montevideo, après ton départ, tu lui aurais dit être revenue pour régler certaines affaires; elle m'a dit t'avoir invitée ce même soir à dîner, et que tu n'y étais pas allée.

– Oui, répond María Luisa en fondant en larmes une fois encore. Je l'ai croisée dans la rue après avoir passé des heures assise sur les rochers de Punta Carreta à regarder la mer. Alors j'ai compris qu'à Montevideo je n'avais plus aucun avenir. Tâche de comprendre: je ne suis pas allée dîner chez elle et je n'ai vu aucun ami, pour ne pas souffrir.

Chichí et le consul comprennent, acceptent, perplexes mais pleins d'"une tendresse sans faille" (ainsi définiront-ils leur sentiment une fois au courant de tout). Ils comprennent même que María Luisa fasse deux voyages en Tunisie pour aller rendre visite à la fille de Valentino, une coiffeuse sous l'emprise d'un malotru qui la maintient prisonnière. ("Comme dans ce tango chanté par Libertad Lamarque, *Besos brujos*", pense Chichí.) Cette fille que Valentino a eue avec une Uruguayenne qu'il a fréquentée lors de ses excursions de pêche, cette fille dont il lui a traîtreusement occulté l'existence, ce qui blesse María Luisa jusqu'au fond du cœur (c'est pour ça qu'elle pleure, dit-elle), en pensant que son mari l'a trompée, lui refusant la maternité qui l'aurait rendue tellement heureuse, après avoir perdu son fils de treize ans pendant la guerre civile.

– Attends, María Luisa, dit Chichí en essayant de mettre de l'ordre. Si cette fille a l'âge d'être amoureuse – ou d'être dominée –, alors Valentino l'a eue avant de te connaître, et si toi, lorsque tu as fait la connaissance de Valentino, tu avais quarante-cinq ans, excuse-moi, mais je ne pense pas que tu aurais pu… Mais dis-moi, ton fils mort pendant la guerre n'était pas un bébé ?

Ils comprennent tout. Le consul a juste quelques doutes quand leur amie espagnole, de retour de son second voyage en Tunisie, et cette fois les yeux secs, leur dit de but en blanc :

– Bien que Valentino m'ait trompée, je me sens moralement obligée de m'occuper de sa fille. Je dois la libérer de la séquestration dont elle fait l'objet. Au nom de l'amitié qui nous unit, je te demande deux faveurs. Je peux laisser mes valises à l'ambassade à Rome ?

– Bien entendu, répond le consul. Et la deuxième ?

– J'ai besoin d'un passeport vierge pour cette pauvre enfant qui n'a pas de papiers.

– C'est impossible, répond le consul, tandis que sa mâchoire inférieure tombe avec un craquement. Tu me demandes de commettre un délit, María Luisa. C'est à toi de me comprendre maintenant, je ne peux pas faire ça.

Avec une mine allongée que María Luisa ne lui a jamais vue, il lui promet de s'adresser au consul de Tunisie à Gênes et à l'ambassade de Tunisie à Rome.

– Donne-moi le nom et la photo de la jeune fille, et nous verrons ce que nous pouvons faire.

María Luisa lui donne le nom mais pas la photo.

Elle a commis une erreur, énorme. Dans des conditions normales, jamais elle ne l'aurait commise. Solliciter un passeport vierge, elle qui avait été capable de parcourir tout l'Uruguay pour chercher des bébés mort-nés! On pourrait presque croire que cette bourde a pour fonction de se dénoncer elle-même. Une façon de moins en moins dissimulée de supplier ses amis d'ouvrir les yeux. Alors qu'il est encore temps.

Elle part pour la Tunisie avant les fêtes, en promettant de revenir, jurant de vivre un jour avec eux, quand la mission du diplomate en Italie aura pris fin. Chichí et son mari, ce dernier avec le visage chevalin dont il ne s'est jamais départi depuis la requête de María Luisa, l'accompagnent à l'aéroport de Gênes. María Luisa les regarde en pleurant derrière la fenêtre arrière de l'autobus qui l'emmène jusqu'à l'avion. Elle agite lentement la main.

Des années plus tard, le diplomate fut nommé en Tunisie. Depuis ce jour à l'aéroport de Gênes, où Chichí et son mari n'avaient pas songé à vérifier dans quel avion elle montait, María Luisa avait disparu sans laisser de traces. Ses bagages se trouvaient toujours chez eux, les lettres de ses différentes banques s'accumulaient sans que sa destinataire ne les réclame ni n'envoie quelqu'un pour les récupérer. Le diplomate avait remué ciel et terre, Interpol, la Sûreté, le ministère de l'Intérieur italien, la police suisse. Sans résultat. Se souvenant tout à coup du nom de la fille de l'ami italien – la pauvre petite coiffeuse séquestrée par l'infâme individu –, le diplomate s'était renseigné auprès des bureaux compétents. Ce nom-là et celui de María Luisa ne figuraient dans aucun registre.

Felisberto ne se trompait pas tellement en soupçonnant María Luisa d'aimer les romans à l'eau de rose. Mais comme elle savait pleurer pour une chose en pensant à une autre, quand en 1968 la Centrale la convoqua définitivement à Moscou, elle ne pleurait pas pour la fausse fille de Valentino, ni pour le bébé ou l'adolescent imaginaire mort en Espagne, encore moins pour l'enfant réel – parce que cela supposait d'autres larmes, versées par d'autres yeux –, ni pour le soi-disant internement dans une clinique suisse, ni pour les cœurs brisés d'un feuilleton radio. Elle pleurait parce qu'elle avait peur. Elle pleurait parce que tous ses chefs étaient ou morts ou en prison. Elle pleurait parce que Moscou n'était pas Montevideo. En tout état de cause, ses larmes étaient bel et bien réelles.

Moscou, 1987. Africa reçoit un coup de fil qui l'arrache de son isolement volontaire. Durant les vingt dernières années elle a travaillé consciencieusement, comme toujours, mais une fois le travail terminé, elle regagnait son logement. Quand ses élèves lui demandaient, sans doute avec une pointe de sarcasme, si un petit-fils, un chien ou un amant, ou des mémoires auxquels donner la touche finale l'attendaient, l'Espagnole souriait en hochant la tête et s'éloignait d'un pas pressé.

Quelqu'un l'attend-il vraiment, ou personne (mais un "personne" qui occupe un espace infini) ? Elle sait que Ramón a été libéré et qu'il est revenu à Moscou avec cette Mexicaine dont il est tombé amoureux dans la prison de Lecumjenesais-quoi, et qu'ensuite il est mort à Cuba, et que Caridad – la femme aux mâchoires de jument – est sous terre depuis plusieurs années déjà (bien fait pour elle, voilà ce que c'est de distiller du poison) ; que Leonid, l'homme au béret de travers, et Abel, celui au chapeau de mafieux, sont également partis dans l'autre monde en se donnant la main. Elle le regrette sincèrement, mais de loin et non sans se réjouir d'être vivante, sans que son cœur, ce célèbre cœur dont elle avait tant rebattu les oreilles de tout le monde, ait jamais flanché.

Quelque chose l'a empêchée de répondre aux lettres et aux coups de fil dont ses camarades l'ont bombardée. Africa n'a plus la tête à ça. Elle n'a plus de temps à perdre, ni l'envie de passer ses nuits enfermée dans une chambrette qui pue la cigarette et la vodka à ressasser les prouesses des uns et des autres ou à attendre, comme Leonid ou Pavel, une réhabilitation qui ne viendra jamais. Elle n'a pas besoin de se soûler, et elle éprouve une répulsion aussi grande pour le tabac que ce juif délicat qui avait pour nom don León. Ses craintes ont été vaines, elle n'a jamais été dégradée et encore moins emprisonnée ; elle a reçu des tas de décorations : l'Ordre de la Guerre patriotique de 2e grade et celui de l'Étoile rouge, la Médaille pour le Courage et Milicien de la patrie de 1er grade, un autre Ordre de l'Étoile rouge et un second pour le Courage, et l'Ordre de Lénine, et l'insigne de Collaborateur honoraire des organes de sécurité, qu'on ne lui a pas encore remis, mais qui porte déjà la signature des Ivan et qui ornera bientôt sa poitrine, à côté des autres. Ce n'est pas pour autant qu'elle s'endort sur ses lauriers russes. Son travail consiste à instruire les jeunes espions. Gorbatchev a tout ruiné avec sa maudite perestroïka, mais on ne cessera pas pour autant d'espionner à cause d'un type qui a une tache sur le haut du front.

C'est Pavel qui l'appelle, Pavel Sudoplatov. Il lui dit qu'Emma, sa femme, ne va pas très bien, il lui raconte brièvement ses années de prison, suite à l'exécution de Beria.

– Mon patron et le tien, précise-t-il, à cette différence près que les Espagnols comme Ramón Mercader et toi n'ont pas payé les pots cassés, comme moi. Vous autres êtes des héros de la patrie et nous, les Russes, des chiens staliniens. Je ne dis pas ça par jalousie, comprends-moi. La Pasionaria et Mercader ont fait leur possible pour me tirer de prison, où on me faisait des ponctions lombaires pour m'abrutir.

Mais quand Pavel lui dit avoir quelque chose pour elle, une chose qu'elle ne peut même pas imaginer, elle accepte le rendez-vous.

La rencontre a lieu dans un endroit absurde, un bar pour étudiants de la rue Bolchaïa Dmitrovka, en face de l'institut MarxEngelsLénine. Ce ne sont pas des étudiants en espionnage, mais des jeunes gens occidentalisés qui ont avalé tout cru cette fable de glasnost, et qui le paieront très cher, marmonne Africa.

Ils lèvent tous la tête quand les deux dinosaures – l'un est féminin et porte un uniforme strict – s'avancent l'un vers l'autre, étrangers aux rires qu'ils suscitent, et vont s'installer à une table retirée pour discuter.

Africa est plus obscure, plus lourde que jamais. L'âge et les honneurs lui ont conféré une solidité définitive, dans le sens où les morts sont définitifs. Cette femme tellement à l'aise dans ses jupes de gitane, puis cette marionnette désarticulée, a laissé la place à une vieille femme comme tant d'autres, une vieille quelconque mais avec la poitrine constellée de décorations, tellement entassées les unes sur les autres qu'elle a du mal à remuer à droite et à gauche (mais une héroïne ainsi étoilée doit-elle remuer de la sorte ?). Elle est encastrée dans sa veste d'une majestueuse rigidité. Même son sourire placide s'est endurci, un sourire plâtreux qui préfigure le masque final. Ses cheveux sont plus rêches et plus frisés que jamais car en blanchissant ils vrillent comme le chou. Mais le plus frappant ce sont les lèvres. Rentrées, disparues. C'est comme si elle les avait mangées, jour après jour, sans pitié, jusqu'à ce que sa bouche s'éclipse.

Avant de s'asseoir, Pavel l'examine de haut en bas comme les vieux s'examinent entre eux, pour voir lequel est le plus décrépit. Il a la déférence d'attribuer sa rigidité au poids de ses médailles.

– Je t'ai donné rendez-vous ici parce que personne n'aurait l'idée de venir nous y chercher, mais je n'aurais jamais cru que tu viendrais en bleu de travail, se moque-t-il.

Africa ferme à demi les yeux pour l'observer entre les fentes, comme le faisaient jadis ses patrons, là-bas en Espagne, et fixe son regard sur ses hanches bloquées, sur sa façon de se pencher en avant à partir de la taille – une inclinaison sans retour possible –, tandis que ses bras, arqués, s'éloignent du corps dans une tentative de rétablir l'équilibre, mettant en avant les extrémités pointues de ses coudes. "Une sauterelle ?" se demande-t-elle, et dans un de ces sursauts qu'elle-même estime être un héritage de Felisberto Hernández : "Non, un cafard plutôt. Ceux de Montevideo, les gros. C'est parce qu'il a la forme du lumbago adhéré à son dos comme une carapace."

Elle se tient bien droite. Comme un I, comme un fuseau. Au garde-à-vous. "Nous, les femmes, nous n'avons pas de lumbago, se dit-elle. Parfois nous nous faisons une torsion au niveau de l'omoplate, surtout lorsque l'homme qui nous a manipulées coupe le fil qui nous retenait, mais nous ne nous transformons pas en insectes géants avec une carapace sur le dos."

Pavel porte un cahier sous le bras. Jaunâtre, assez défraîchi, mais intact.

– Je voulais te remettre ceci, ça va t'intéresser, lui dit-il d'un air coquin pour l'appâter, en l'agitant sous ses yeux, et dans un éclair elle revoit le visage du Pavel mort de rire qui, un jour, l'avait reçue en frappant le sol de son talon pour rythmer le morse (ce même Pavel qui assassinait des nazis ukrainiens en sifflotant). C'est le journal de Dieu.

Africa le regarde sans se départir un seul instant de sa moue placide.

"Inclémente, se dit Pavel. Femme héroïque et courageuse car insensible. Avec une seule idée en tête, obéir. Elle n'a jamais rien compris, elle n'a jamais aimé quelqu'un."

Il lui explique :

– Oleg. Le journal d'Oleg, celui que tu appelais Olé. L'invisible.

– Ah oui, l'invisible. Il a disparu subitement. Qu'est-ce qu'il est devenu ? demande-t-elle avec un détachement qui glace le sang de son ancien chef.

– Qu'est-ce qu'il est devenu ? Et tu me le demandes comme ça, qu'est-ce qu'il est devenu ? Écoute, Oleg est tombé parce qu'il était juif, mais aussi pour ne pas avoir transmis le message dans lequel tu dénonçais Valentino. Il a été fusillé cette même année 1964. Il voulait éviter que tu fasses ce que tu as fait.

– Ç'a été inutile, Valentino est mort de sa belle mort.

– Mais tu l'aurais fait, sinon ?

– Bien entendu, camarade, quelle question !

– Et qu'est-ce que tu me dis de ce Oleg ? insiste l'Ukrainien avec un soupçon d'espoir, lui qui aime son épouse depuis sa jeunesse, cette Emma juive aux yeux clairs, à la coiffure stricte, qui est en passe de mourir ; lui qui est devenu un petit vieux aux yeux humides, un petit vieux romantique, assassin mais romantique (il a su tuer, c'est vrai, mais vivre aussi), et qui rêve sur un fond de violons avant le mot FIN. Tu te souviens de ce que je t'ai dit, qu'il était amoureux de toi ? Je me suis permis de jeter un coup d'œil sur ces pages ; comme tu sais, je ne comprends pas l'espagnol, mais ton nom je peux le lire et... vu le nombre de fois qu'il te nomme, pour moi ça ne fait aucun doute.

Africa le regarde, les yeux vides. Dire qu'on avait eu si peur de ces yeux de gitane, les croyant plus à même de trahir que les yeux des Russes, et maintenant c'est elle qui les vide comme personne.

Elle prend le cahier, le coince sous son aisselle et se dirige, bien droite, vers la porte. Pavel lui court après avec une agilité insoupçonnée, qui éveille des murmures parmi les jeunes, et la saisit par le bras :

– Ne pars pas comme ça. Laisse-moi te raconter comment les choses se sont passées.

Et il lui fait le récit suivant :

Oleg n'a pas été jugé par un tribunal, aucun procès ne lui a été intenté ; il a été jugé par une troïka et fusillé sur-le-champ. Cela signifie : sépulture inconnue, fosse commune.

– Au moins le fait qu'il ait été tué d'une seule fois, comme un chien, lui a évité de souffrir, soupire le vieil homme. Ils ne l'ont pas gardé des années en l'abrutissant comme moi, à coups de piqûres. Ils n'ont même pas pris la peine de lui faire avouer des inepties, des histoires extravagantes (tu sais, nous au KGB, nous rivalisons toujours avec le Bolchoï), pour conserver un témoignage écrit dans les archives. Un mépris absolu, conclut-il avec tristesse, pour ajouter aussitôt : pour ma part je continue à me battre pour être réhabilité, Oleg ne le sera jamais, pas même *post mortem.* C'est comme s'il n'avait jamais existé, tu comprends ?

Quand Pavel est sorti de prison, il s'est souvenu avoir vu le sémiologue à lunettes noircir les pages de son cahier et il s'est dit : "Il doit bien être quelque part." Mais l'appartement avait été mis à sac, on y avait cherché des preuves (comme s'ils en avaient besoin, comme s'ils n'étaient pas assez grands pour monter eux-mêmes une comédie) et il n'avait rien trouvé. Mais, il y a quelques jours de ça, une petite vieille au visage de Baba-Yaga, qui à cette époque nettoyait l'antre plein de livres où Oleg lisait Felisberto en pensant à sa poupée, était venue le voir. "Prenez ça, lui avait-elle dit. Dieu sait dans quelle langue c'est écrit, je n'ai jamais voulu le jeter ni le montrer à personne, mais maintenant, avec la perestroïka, je n'ai plus peur."

– C'est tout ce qu'il reste d'Oleg, murmure Sudoplatov sans cesser de la tenir par la manche près de la porte ouverte, tandis que les étudiants protestent parce qu'un air froid s'y engouffre.

– S'il n'a pas transmis mon message sur Valentino, il a bien mérité ce qui lui est arrivé.

– Écoute-moi, María de la Sierra, il ne faut pas que tu nous en veuilles, que pouvions-nous faire d'autre ?

– Rien, répond Africa très sérieuse, très entière, bien massive, bien sanglée dans son uniforme. Nous avons fait notre devoir.

– Mais tu ne comprends pas que nous t'avons manipulée comme une marionnette ? dit l'ex-patron des Opérations spéciales d'un air désespéré, changeant inopinément de registre, comme s'il ne savait pas très bien ce qu'il lui veut et ce qu'il lui reproche. Toi et Felisberto, nous vous avons inventés !

– Vous avez bien fait.

– Et tu n'as pas compris, non plus, que tu as partagé la vie de l'écrivain latino-américain le plus bizarre, le plus subtil, le plus… ?

– Qui t'a raconté ces bêtises ?

– C'est Oleg qui me le disait.

– Si tu l'as cru, tu es aussi fou que lui. Et maintenant lâche-moi.

Pavel desserra son emprise. L'espace d'un instant il resta la paume de la main ouverte comme pour saluer, regardant Africa s'éloigner dans la rue en pente, la tête droite.

De retour chez elle, dans la rue Kalujskaïa, Africa passa devant le portrait du petit Julián, lui envoya un baiser de bonne nuit, gagna la salle de bains et remplit la baignoire.

Sans y jeter un coup d'œil elle posa le cahier sur une banquette, entra dans sa chambre, retira son uniforme constellé de médailles et enfila l'ample chemise de nuit d'un blanc transparent qui l'attendait, étendue près de la *manola* sur le couvre-lit en satin bleu, aussi bleu que celui de la mer à Ceuta. Après quoi, dans la cuisine, elle chercha le moule à gâteau, le paquet de bougies, les allumettes et retourna dans la salle de bains.

Quand la baignoire fut pleine, elle gratta une allumette, fit couler doucement, avec des gestes qui montraient une certaine habitude, quelques gouttes de cire d'une bougie qu'elle fixa au fond du moule ; elle la redressa, l'alluma, éteignit toutes les lumières de l'appartement, lança le moule sur les flots et y jeta le cahier d'Olé.

Les feuilles enflèrent comme si elles retenaient leur souffle. Le cahier haletait. Africa revit la méduse en chocolat au fond du verre, le jour où avec Felisberto ils avaient parlé de la mort de l'eau, ou plutôt de la religion de l'eau. L'espace d'un instant chaque ligne écrite par l'invisible ondula mollement. Quand les petits vers bleus eurent fini de s'évanouir, le cahier fut entouré d'un halo de la couleur du couvre-lit qui imitait la mer. Les coulures pâlies se transformaient en auréoles. Mais cela ne dura pas. Bientôt, le contenu de la baignoire devint aussi cristallin que si jamais personne n'avait écrit un mot sur une page.

Le moule continuait de voguer en se balançant légèrement. La splendeur de la flamme tremblait en se reflétant sur la surface calme. Assise sur le rebord, la vieille femme, vêtue de sa chemise de nuit d'un blanc transparent, plongea sa main dans l'eau et l'agita pour faire des vagues. Alors le petit bateau tituba et se décida à couler. Quand la bougie fut éteinte, Africa fondit en larmes. Elle pleurait la bouche ouverte comme pleurent les enfants, elle pleurait en sanglotant, avec des hoquets, elle pleurait sans se moucher, elle pleurait comme une madeleine, elle pleurait religieusement comme elle avait pleuré tous les soirs depuis ce 13 janvier 1964, lorsqu'un poète avait confié à l'eau tous ses souvenirs.

Trois messieurs uruguayens fort respectables discutent dans un café de Montevideo. Nous sommes en 1998, et maintenant ils savent tout. A l'article paru dans la revue espagnole, publiée quatre ans auparavant, sur l'héroïne de la guerre civile devenue une espionne soviétique et envoyée dans la capitale de l'Uruguay, sont venus s'ajouter d'autres articles publiés dans le pays. En faisant des recoupements, les chercheurs qui ont enquêté à Montevideo sont parvenus à la conclusion que la placide *gallega*, María Luisa, l'épouse de Felisberto, s'appelait en fait Africa de Las Heras, qu'elle était colonelle de l'armée rouge et agent du KGB.

En apprenant la nouvelle, certains se sont sentis trahis dans leur bonne foi. “Mais si María Luisa était ma sœur, se lamentaient-ils, ma mère, ma marraine, ma grand-mère ! Alors comment se fait-il qu'elle ne m'ait rien dit ?”

– Parce que tu crois qu'une espionne va te raconter qu'elle est une espionne, disent les respectables messieurs avec un rire narquois et tendre, uniquement parce qu'elle est de ta famille.

Concernant le côté soviétique de l'histoire, ils n'ont aucune information, comment pourraient-ils en avoir ? Mais ce n'est pas le plus important. Ils ont fini par admettre que María Luisa était une femme à deux visages. Ils ne s'offusquent pas pour l'une, mais se battent pour défendre l'autre. Non, elle n'a pas pu les tromper. Elle n'a trompé personne, elle s'est montrée honnête vis-à-vis des Russes et honnête vis-à-vis des Uruguayens. Elle n'était pas contradictoire, mais partagée en deux : les Uruguayens ont eu droit à la moitié et les Russes à l'autre, mais aucune des deux femmes n'a été fausse.

Ils l'admirent. Ils ne peuvent éviter de l'admirer. Elle leur a menti avec tant d'esprit et, même, avec tant d'honnêteté.

– Honnêteté ?

– Oui, s'emporte l'homme au nez subtil, en frappant du poing sur la table, une honnêteté qui lui était propre. María Luisa ne nous a jamais fait faux bond.

Ils parlent et ils parlent. Davantage de María Luisa (jamais ils ne pourront l'appeler autrement) que de Felisberto. Ils l'ont davantage aimée, elle, que lui. Et elle ? Qui aura-t-elle aimé l'Espagnole, Felisberto, Valentino, personne ?

– Elle nous a aimés, nous, se congratulent-ils. Elle n'a peut-être jamais ressenti de l'amour, mais de l'amitié, sans aucun doute. Nous avons été ce qui lui est arrivé de mieux dans la vie.

Ils parlent, font des commentaires, discutent, épuisent le sujet. Ils évoquent la différence de destin, visible sur leurs tombes respectives. La renommée de Felisberto s'est étendue, mais parmi quelques élus uniquement, parmi les initiés, parmi les lecteurs qui savent que Cortázar et Calvino l'ont porté aux nues. Ce n'est pas un ouragan qui souffle dans les librairies (car trop énigmatique), et il ne dispose pas d'un endroit ici-bas où l'on puisse déposer une fleur (car trop volatile). Quelques années après sa mort ses restes furent incinérés et ses cendres conservées dans une urne. Certains disent que le numéro d'identification a été écrit à la craie et que l'eau de pluie l'a effacé, d'autres racontent que le fossoyeur avait proposé de poser sur l'urne une plaque métallique mais que, vu le prix du bronze, l'étiquette en papier avait été conservée ; le temps et l'humidité ont fait leur œuvre.

En revanche, María Luisa a eu droit à un monument au cimetière moscovite de Kuntsevskoïe. Les trois ont vu la photo : une lourde pierre verticale, grossièrement taillée, avec son nom et son grade militaire écrits en cyrillique, les dates 1910-1988, et un médaillon ovale en marbre rose, au centre duquel, délicatement poli, le visage d'Africa de Las Heras transmet pour toujours – l'éternité du marbre, elle aussi sujette à caution – une expression de paix.

– Mais vous vous rendez compte, se demandent-ils les uns aux autres pour la énième fois, que cette femme a tout traversé sans une égratignure, ni physique ni morale ? Intacte ? La guerre civile, la guerre en Ukraine, l'affaire Trotski, les vingt années passées à transmettre des messages depuis Montevideo qui ne furent jamais détectés, et qu'en URSS on ne l'a jamais touchée alors que ses chefs et ses camarades ont été fusillés ou envoyés au Goulag; et le plus beau, le plus extraordinaire... ?

– ... s'être offert le luxe de mourir un an avant la chute du mur de Berlin!

– Il y a un détail en particulier qui m'obsède, dit alors un des trois (il l'a répété tant de fois que les autres se taisent et le laissent parler, comme s'ils étaient d'accord sur la nécessité de le répéter, jusqu'à ce que la question sans réponse finisse par s'effacer comme sous l'action d'une pluie fine et tenace). Qui a bien pu avoir une telle idée?

Ses amis le regardent sans impatience.

– Quoi? Quelle idée?

– Celle de l'envoyer séduire Felisberto à Paris. La personne qui a imaginé ça est un écrivain génial.

– Nous ne le saurons jamais, soupire celui qui a la charge de soupirer ce jour-là en le disant.

– Bien sûr que si, tranche le troisième avec le ton exact de la certitude que les autres attendent. En Europe ils ne sont pas comme nous qui perdons tout.

Et chacun d'eux sait que l'autre pense aux cendres de Felisberto Hernández. Alors, effrayés devant la fugacité du temps, souhaitant de tout leur cœur que quelque chose, quelque part, reste à sa place; une chose, même si ce n'est que quelques pages sur un Soviétique inconnu dont ils pressentent vaguement l'existence, tous trois réitèrent de concert leur souhait:

– Vous pouvez être certains que dans les archives de Moscou son nom est conservé. Les Russes ne jettent jamais rien.

Mais les trois respectables messieurs n'en restent pas là. Ce n'est pas parce qu'ils désirent la pérennité et ses clartés qu'ils lui font totalement confiance. Il faut encore dire une chose et ils la disent.

– Quelqu'un a été au courant.

Ici (ils montrent le sol du doigt). Outre María Luisa et Valentino il y a eu à Montevideo une troisième personne qui était au courant. Ils le jureraient: le secret est gardé dans les signes sténographiés de Felisberto, qu'aucun spécialiste n'a réussi à déchiffrer. Une forêt de pattes de mouche, une jungle inextricable de hiéroglyphes tracés pendant que l'écrivain vivait avec l'espionne : serait-ce la clé de l'énigme ?

Ils se regardent, s'interrogent, ouvrent les bras et pour la centième fois ils se consultent, l'air stupéfait.

– Et si la clé ne se trouvait pas dans ce que l'on conserve, mais dans ce que l'on perd, ou dans l'interstice existant entre les deux ?

Trois messieurs uruguayens fort respectables se séparent en souriant. Ils sourient pour ne pas pleurer, et aussi par gentillesse, pour ne pas se sécher les yeux devant les autres. Ils ne se saluent plus en levant leur chapeau, en serrant leur bâton – cette époque est révolue –, mais en creux, derrière leur salut, s'insinue la présence d'un noble haut-de-forme et d'une canne que leurs parents et grands-parents faisaient virevolter avec grâce. Souriant donc et hochant la tête sous leur chapeau absent, tous trois se disent adieu sans trop se presser, tandis que la phrase de l'ami, presque invisible sur les lèvres, parcourt leur esprit, *ce qui nous plaît le plus dans une chose, c'est la partie qui reste cachée, à condition d'en connaître une partie.*

Paris, le 9 novembre 2007

Je tiens à remercier mes amis de Montevideo, l'historien et journaliste Fernando Barreiro, qui a révélé cette histoire dans son pays, et Walter Hernández, Juan Flo, Alberto Methol Ferré, Luis Carlos Benvenuto, Chichí Bonelli de Fernández, Olga Montero et Carlos Maggi qui me l'ont racontée avec un luxe de détails ; ainsi que Miguel Rodríguez, Ana Silvia Galán, Marcela Sola et Luisa Velenzuela pour les livres ; et le radiotélégraphiste Arturo Paganellim pour les machines.

BIBLIOTHÈQUE HISPANO-AMÉRICAINE

Histoires d'amour d'Amérique latine
Présentées par Claude Couffon

Eugenia ALMEIDA
L'Autobus

Federico ANDAHAZI
La Villa des mystères

José María ARGUEDAS
Yawar fiesta

Jaime AVILÈS
La Nymphe et le sous-commandant

J. BLANC, J. HOCQENGHEM, Y. LE BOT ET R. SOLIS
La Fragile Armada (La marche des zapatistes)

Alfredo BRYCE-ECHENIQUE
Le Petit Verre de ces dames
Ne m'attendez pas en avril
Noctambulisme aggravé
L'Amygdalite de Tarzan
Guide triste de Paris
Le Verger de mon aimée

Ana CLAVEL
Les Violettes sont les fleurs du désir

Mario DELGADO APARAÍN
La Ballade de Johnny Sosa
Une histoire de l'humanité
Les Pires Contes des frères Grim (avec L. Sepúlveda)

Pablo DE SANTIS
Le Théâtre de la mémoire
La Traduction
Le Calligraphe de Voltaire

Jesús DÍAZ
Les Paroles perdues
La Peau et le masque
Parle-moi un peu de Cuba
Les Initiales de la terre

Ramón DÍAZ-ETEROVIC
Les Sept Fils de Simenon
La Mort se lève tôt
Les Yeux du cœur
La Couleur de la peau

Mauricio ELECTORAT
Sartre et la Citroneta

Santiago GAMBOA
Perdre est une question de méthode
Les Captifs du Lys blanc
Esteban le héros
Le Syndrome d'Ulysse

Mempo GIARDINELLI
Fin de roman en Patagonie

Javier GONZALEZ RUBIO
T'aimer fut mon châtiment

Sylvia IPARRAGUIRRE
La Terre de Feu

Alejandro JODOROWSKY
L'Arbre du Dieu pendu
L'Enfant du Jeudi noir

Miguel LITTÍN
Le Voyageur byzantin
Le Bandit aux yeux transparents

Elsa OSORIO
Luz ou le temps sauvage
Tango

Leonardo PADURA
Electre à la Havane
L'Automne à Cuba
Passé parfait
Le Palmier et l'Étoile
Vents de carême
Les Brumes du passé

Ángel PARRA
Mains sur la nuque

Alfredo PITA
Le Chasseur absent

Horacio QUIROGA
Contes d'amour de folie et de mort
Anaconda
Les Exilés
Au-delà
Le Désert

Pablo RAMOS
L'Origine de la tristesse

Evelio ROSERO
Les Armées

Hernán RIVERA LETELIER
La Reine Isabel chantait des chansons d'amour
Le Soulier Rouge de Rosita Quintana
Mirage d'amour avec fanfare
Les Trains vont au purgatoire
Les Fleurs noires de Santa María
Le Virtuose

Carlos SAMPAYO
L'Année où le lion s'est échhappé

Antonio SARABIA
Le Ciel à belles dents
Les Invités du Volcan

Luis SEPÚLVEDA
Histoire d'une mouette et du chat qui lui apprit à voler
Journal d'un tueur sentimental
Le Monde du bout du monde
Le Neveu d'Amérique
Les Roses d'Atacama
Rendez-vous d'amour dans un pays en guerre
Un nom de torero
Le Vieux qui lisait des romans d'amour
La Folie de Pinochet
Les Pires Contes des frères Grim (avec M. Delgado Aparaín)
La Lampe d'Aladino et autres histoires pour vaincre l'oubli

Enrique SERNA
Quand je serai roi

Karla SUÁREZ
Tropique des silences
La Voyageuse

Paco Ignacio TAIBO II
Le Rendez-vous des héros
De Passage
L'Année où nous n'étions nulle part
Archanges
Ces foutus tropiques

Cet ouvrage a été composé par
Atlant'Communication
aux Sables-d'Olonne (Vendée)

Impression réalisée sur CAMERON par
CPI Firmin-Didot
à Mesnil-sur-l'Estrée
en juin 2009

N° d'édition : 1690001 – N° d'impression : 95576
Dépôt légal : août 2009

Imprimé en France